JN241995

PBL事例シナリオ教育で教師を育てる

教育的事象の深い理解をめざした
対話的教育方法

山田 康彦　　森脇 健夫　　根津 知佳子　　赤木 和重　　中西 康雅

大日方 真史　　守山 紗弥加　　前原 裕樹　　大西 宏明　　[編著]

三恵社

はじめに　　教員養成教育の新たなパラダイムとしてのPBL教育

　PBL 教育（Problem-based Learning、及びProject-based Learning）とは、現実的な問題や課題に対して、自らの調査・探究、小集団による協同の探究によって解決することを目標・骨格としている。それらは1970年代に欧米において、Problem-based Learningは医学教育で、Project-based Learningは工学教育で開始されたが、1990年代以降他分野の教育にも広がり、両者合わせてPBL教育として展開されるようになってきた。我が国でも90年代から導入され、2000年代からは取り組む大学が増加し、多くの専門分野の教育にも適用されるようになった。その中にあって三重大学は先進的に取り組んできた大学の一つである。

　PBL 教育の試みは大学の授業を一方的な講義から小集団の協同と探求へと転換させた。また学生の意欲やコミュニケーション能力、探究能力はもちろん、知識の活用能力の獲得にも有効であることが示されてきた。

　こうした PBL 教育は、2012（平成 24）年 8 月付け中央教育審議会答申が大学教育に能動的学修（アクティブラーニング）への転換を求めて以来、そのモデル的な学習形態としてより注目されるようになっている。

　教員養成教育の方法として PBL 教育はあまり注目されてはいない。しかしその教育は教員養成教育のあり方を質的に転換させる重要な役割を果たすと考えられる。本書は、三重大学教育学部の教員が核になった大学教員グループが、そうした教員養成教育用に開発された PBL 教育（教員養成型 PBL 教育）、特にその主要部分の一つを構成する対話的事例シナリオ教育の理論と実際を明らかにした、我が国で初の試みである。

　三重大学では、2004（平成 16）年の国立大学法人化を契機に、全学の教育改革の柱として PBL 教育を位置づけてきた。合わせてそれぞれの専門学部は固有の学問性に合致した PBL 教育の開発が求められた。教育学部も、教員養成という目的にふさわしい PBL 教育として、現場連携型 PBL と事例研究型 PBL という大きく 2 種類を設定して開発を進めた（第一部第 II 章参照）。

　教員養成教育の歴史の中で、常に大きなテーマとなってきたのが理論と実践の結合である。一方で理論の裏付けのない実践は経験主義と指摘され、他方でしばしば大学で学ぶ教職や教科専門の内容は実践と乖離していると批判されてきた。そして様々な努力にもかかわらず、理論と実践の遊離を克服する確かな契機は生み出されてはこなかったと言えるだろう。

　さらに現代の教員に求められる資質として実践的指導力が指摘されるようになって久しい。そのため教員養成大学・学部では、教育実習以前から、学校の授業の観察や参加など様々な形態の現場体験を教員養成プログラムに組み込むようになってきた。ところが実践的指導力は、単に現場経験を積めば身につくものではない。その中でたとえば 2006（平成 18）年中教審答申「今後の教員養成・免許制度の在り方について」などにおいて「理論と実践の往還」が改めて指摘されるに至っている。

　三重大学教育学部の教員養成型 PBL 教育が、現場連携型 PBL と事例研究型 PBL の 2 種類から構成されるようになったのは、このような「実践的指導力の向上」と「理論と実践の往還」という要請に応えるためである。したがって現場連携型 PBL は、現場に直接参入する形態を取るが、そうした直接経験で終わるのではなく、省察が必須となるプログラムとなっている。教員養成型 PBL 教育では、この現場連携型 PBL が先行した。しかし近年改めて事例研究型 PBL の必要性や重要性に目が向けられてきた。

　大学の授業を場に、教育実践の中で直面する事象をシナリオにして学生に提示するところから学習活動が始まる。学生にとっては、現実の事象との出会い、問題の発見と課題の抽出、個人及び小集団による思考・探求、そして問題解決という一連の学習プロセスを辿っていくことになる。このような学習プロセスは教員養成教育にきわめて適しているといえよう。なお本書では、そうした事例シナリオ教育では、特に「観」（教育観、授業観、児童・生徒観などの多様な観の集合体）の自覚と相対化が必要とされるために、現実の事象

（シナリオ）との対話、他の学生や教師など他者との対話、自己との対話など多角的な対話を生み出すことが求められるとして、対話的事例シナリオと命名し開発を進めた。

　こうした事例シナリオ教育は、現場の模擬体験や表面的な問題の発見、あるいは現実から遊離した思考や理論的探究だけに終わらないばかりか、たんに問題解決の方策の学習でもない。すなわち教員養成型 PBL 教育における対話的事例シナリオ教育は、長年指摘され続けてきた教員養成教育における理論と実践の乖離を克服して、「理論と実践の往還」を実現する可能性を持ったプログラムだと言えるのである。そしてひいては教員養成型 PBL 教育の展開の中で、教育養成教育に固有の内容論、方法論、及び教材文化の形成を展望することが可能だと考えられる。

　本書はこのような意義を持った教員養成型 PBL 教育における対話的事例シナリオ教育の理論を明らかにするとともに、具体的な事例シナリオ教育の内容と方法を提示することを目的としている。

　その構成は、大きくは理論編と実践編の 2 部に分かれている。第一部理論編は、日本における PBL 教育全体の現段階の到達点と課題を示したうえで、教育養成型の PBL 教育の開発の経過、さらにその中での事例シナリオ教育を成り立たせている諸理論と対話的事例シナリオの作成と授業の方法、そしてその教育の質的向上のために独自に開発された評価方法について明らかにしている。第二部の実践編は、事例シナリオ集となっている。この事例シナリオ集は、3 つの章で構成されている。第 I 章は「教職に関する科目」の各種科目の教材に適した 7 つのシナリオを取り上げている。第 II 章は「日常の教育活動で直面する場面」として、教師がしばしば学校で直面する 4 つの問題を取り上げ事例シナリオ教育として展開している例を紹介している。第 III 章は主に「教科の指導法」の内容に関わる事例シナリオを取り上げている。この事例シナリオ集で紹介される内容は事例シナリオ毎に、①当該事例シナリオの目的と位置づけ、②キーワード、③シナリオの構成と授業の展開、④授業の評価結果などをふまえたシナリオ作成者によるコメントからなり、事例シナリオの内容だけでなくそれを使用した授業の過程や結果もわかるようになっている。第二部では、そのほかに事例シナリオ教育により多くの教員に参加していただくためのガイドとして、「事例シナリオを核とした授業づくりアラカルト」と題して授業方法の工夫を紹介したり、6 種類の「事例シナリオの種」を紹介するなど、2 種類のトピック集も掲載している。

　以上のように本書は、教員養成型 PBL 教育における対話的事例シナリオ教育を構成する諸理論、実際の事例シナリオの展開を内容とした事例シナリオ集、さらにその授業支援のトピックから構成されている。この本書が、大学教育全般だけでなく教員養成教育の中でも様々に PBL 教育が取り入れられるようになり、教員養成教育が固有の性格を鮮明にしつつかつ現代的課題にも応えうるように、さらに発展する一助になれば幸いである。

　なお、本書は、以下の科学研究費助成事業・基盤研究(C)・研究代表者（山田康彦）の研究の成果をまとめたものである。
・2012 年度〜2014 年度「PBL 教育における対話型シナリオの開発研究」（課題番号：24531196）
・2015 年度〜2017 年度「教員養成型 PBL 教育における対話型事例シナリオの作成と評価方法の開発」
　（課題番号 15K04496）

編著者一同

目　　次

第一部
理論編

Ⅰ　日本におけるPBL教育の現段階と今日的課題

山田康彦・中西康雅

1.　PBL教育の歴史的展開と日本における現段階

　本章では、日本を中心に諸外国も含めたPBL教育全体の歴史と展開を素描するとともに、その基礎概念や形態等のPBL教育に対する基本的理解について三重大学の例も挙げながら検討する。そして最後にPBL教育をさらに展開していく上で理論的かつ実践的な課題になっている点について指摘し考察する。

　PBL教育は、教育史上、知識・技能伝達型の受動的学習に対して、20世紀初頭からの学習者による能動的で実際的な学習を主張する新教育の流れに位置する。そして欧米で1960年代の後半から70年代の初めにかけて、一方で医学教育を中心にProblem-based Learningが始まり、他方で工学教育を中心にProject-based Learningが開始された。これら2種類のPBLの違いについては後に4で詳しく取り上げたい。それらは、1980年代以降別々に広がっていったが、90年代にはアメリカのデラウェア大学などで医学・工学に限らずに他の専門分野でもそれぞれのPBLが取り組まれるようになり、2000年代になると両形態の共通性に着目して展開する動向も生まれてきている。

　日本では、そうした海外の動向に触発されて、1990年代からやはり医学教育及び工学教育を中心にPBL教育が導入された。そして2000年代に取り組む大学が増加し、教養教育を含めて導入する幅が広がってきている。

　そのような傾向はPBL教育の研究論文の数の変化にも表れている。山口泰史によれば、論文検索サイト［CiNii Articles］でのPBLをタイトルに含む論文数は、2000年は11件、2005年は73件、2015年は136件、そして2016年は112件に達している（山口，2017）。筆者が確認したところ2017年は102件となっている（2017年12月26日確認）。すなわち2000年代にPBL教育の研究が進み始め、2010年代になって急増し、しかし近年はすこし落ち着いた傾向にあることがわかる

　この2000年代、とりわけ2010年代にPBL教育が注目され、多くの大学で導入されるようになるうえで大きな契機になったのが、2012（平成24）年8月28日付け中央教育審議会答申（以下「質的転換答申」と略す）である。なぜならば、この「質的転換答申」が大学教育のアクティブ・ラーニングへの転換を求めたからである。

　すなわちその答申は、「新たな未来を築くための大学教育の質的転換に向けて」というテーマで、「生涯にわたって学び続ける力、主体的に考える力を持った人材は、学生からみて受動的な教育の場では育成することができない。従来のような知識の伝達・注入を中心とした授業から、教員と学生が意思疎通を図りつつ、一緒になって切磋琢磨し、相互に刺激を与えながら知的に成長する場を創り、学生が主体的に問題を発見し解を見だしていく能動的学修(アクティブ・ラーニング)への転換が必要である。」と指摘した。すなわち今日の大学教育の質的転換の中心課題がアクティブ・ラーニングへの転換だと方向づけた。

　このようなアクティブ・ラーニングとは、文部科学省によって、以下のように説明されている。

　「教員による一方向的な講義形式の教育とは異なり、学修者の能動的な学修への参加を取り入れた教授・学習法の総称。学修者が能動的に学修することによって、認知的、倫理的、社会的能力、教養、知識、経験を含めた汎用的能力の育成を図る。発見学習、問題解決学習、体験学習、調査学習等が含まれるが、教室内でのグループ・ディスカッション、ディベート、グループ・ワーク等も有効なアクティブ・ラーニングの方法である。」（「質的転換答申」用語集より）

　このようにアクティブ・ラーニングは、学習者が能動的に学習するための「教授・学習法の総称」と定義され、さまざまな方法が存在することが示されている。

　その中でPBL教育（Problem-based Learning、またはProject-based Learning）は、上記の「質的転換答申」に示されていた「学生が主体的に問題を発見し解を見だしていく」という学修の姿を端的に表しているために、アクティブ・ラーニングのためのモデル的なあるいは重要な一環となる方法だと理解され、全国で導入する大学が飛躍的に広がったといえよう。そうした中で2006（平成18）年からPBL教育を全学的に展開し始めた三重大学は先駆的な位置にある。

2.　アクティブ・ラーニングとPBLの位置づけ
2.1.　アクティブ・ラーニングをめぐる理論的・実践的課題

　ここで改めてアクティブ・ラーニングとPBLとの関係について検討しておきたい。先の「質的転換答申」において、アクティブ・ラーニングは「教授・学習法の総称」と定義され、様々な方法が存在することが示されていた。一方、溝上（2014）は、アクティブ・ラーニングを次のように定義している。

> 「一方的な知識伝達型講義を聴くという（受動的）学習を乗り越える意味での、あらゆる能動的な学習のこと。能動的な学習には、書く・話す・発表するなどの活動への関与と、そこで生じる認知プロセスの外化を伴う。」

　溝上の定義では、文部科学省のそれのように発見学習や問題解決学習などの活動や方法を挙げるのではなく、聴くだけの授業では働かせていなかった様々な認知機能を働かせ、そのプロセスを外化すると述べている点に大きな特徴がある。これについて溝上は、「アクティブ・ラーニングには、（中略）社会の変化への対応として、認知機能の育成、すなわち技能・態度（能力）の育成という課題も込められている。」と説明している。

　また、松下（2015）はBonwellとEisonが示したアクティブ・ラーニングの一般的特徴を再構成し、次の6点を挙げている。

(a) 学生は、授業を聴く以上の関わりをしていること

(b) 情報の伝達より学生のスキルの育成に重きが置かれていること

(c) 学生は高次の思考（分析、総合、評価）に関わっていること

(d) 学生は活動（例：読む、議論する、書く）に関与していること

(e) 学生が自分自身の態度や価値観を探究することに重きが置かれていること

(f) 認知プロセスの外化を伴うこと

　このようにアクティブ・ラーニングに関する定義や特徴を見れば、知識伝達型授業からの脱却が大きな教育課題として立ちはだかっているということがわかる。例えば、石井（2017）は、アクティブ・ラーニングは大学の授業改善のための問題提起的な概念として提出されたものと見るべきと述べている。そして、先に述べた文部科学省と溝上のアクティブ・ラーニングの定義を概観し、学習者の頭の中がアクティブになっていればよいというわけではなく、一方的な知識伝達型講義を聴く以外の指導方法や学習形態も授業に取り入れていくための概念だと位置づけている。

　では、大学教育以外でアクティブ・ラーニングはどのように位置づけられているのかについて見てみよう。中央教育審議会「幼稚園、小学校、中学校、高等学校及び特別支援学校の学習指導要領等の改善及び必要な方策等について（答申）」（2016）には、アクティブ・ラーニングを子どもたちの「主体的・対話的で深い学び」を実現するために共有すべき授業改善の視点として位置付け、「①学ぶことに興味や関心を持ち、自己のキャリア形成の方向性と関連付けながら、見通しを持って粘り強く取り組み、自己の学習活動を振り返って次につなげる『主体的な学び』が実現できているか」「②子供同士の協働、教職員や地域の人との対話、先哲

の考え方を手掛かりに考えること等を通じ、自己の考えを広げ深める『対話的な学び』が実現できているか。」「③習得・活用・探究という学びの過程の中で、各教科等の特質に応じた『見方・考え方』を働かせながら、知識を相互に関連付けてより深く理解したり、情報を精査して考えを形成したり、問題を見いだして解決策を考えたり、思いや考えを基に創造したりすることに向かう『深い学び』が実現できているか。」と述べられている。この授業改善は知識伝達型講義からの脱却ととらえられ、大学教育以外でもアクティブ・ラーニングが重要視されていることは共通しているだろう。

　これらアクティブ・ラーニングの定義に基づけば、今日のようにアクティブ・ラーニングという名で議論される以前から、大学でも学生の能動的な学習を導く教育方法を採用する授業が多く実践されてきたと感じる読者も多いだろう。それは、例えば、教育方法・技術・ツールとしてのディスカッションであり、評価と実践の一体化を目指した学生によるポートフォリオ作成と自己評価などであろう。また、教育実習など古くから実践されてきた独自の能動的学習を必要とする教育方法があることも事実である。これらの教育方法は、単に大学教員が教育方法として有用であると判断したために実践している場合にとどまらず、将来、目の前の学生が教員として子どもたちの前で授業を行う際に実践することを想定して体験させているといった場合も考えられよう。これら従来の取り組みは、教員養成課程における教育方法の財産として、今後、改めて質の高い実践が検討・発見され、蓄積・共有化されていく必要がある。それは、ファカルティ・ディベロップメント（**FD**）という視点からも重要な課題である。

　一方、アクティブ・ラーニングの形式化が危惧されている点についても触れておこう。例えば石井（2017, 前掲）は、「課題発見」「協働」といった言葉に過度に反応し、実践の形式化に陥ることを危惧している。くわえて、詳細はここでは省くが、アクティブ・ラーニングは問題提起的な概念であるため射程と期限が存在することを指摘している点も重要である。また関田（2016）は、松下が挙げたアクティブ・ラーニングの一般的特徴を読めばその一つひとつは理解できたつもりになるが、これらの特徴を含んだ活動をどのようにして学生から引き出せばよいのか具体策は見えないと指摘し、理論と実践の乖離を埋めることが最も大きな課題となると言及している。

　このような懸念を示されながらも、アクティブ・ラーニングが小学校から大学までの全学校教育の学習論や授業改善の視点として注目されていることに変わりはない。このような視座に立った時、将来の教員を養成する教員養成課程においてアクティブ・ラーニングを導入することは、単なる教育効果の向上や知識伝達型授業からの脱却という授業改善にとどまらず、教職に就いた学生自身が教師としてアクティブ・ラーニングを実施できる教師の育成に繋がると考えられる。ただし、学生自身がアクティブ・ラーニング型の授業で学べばよいということではない。アクティブ・ラーニングの概念を理解し、いかにして授業で実現するかの理論と実践できる技能を身につける必要があるのではないだろうか。

2.2.　アクティブ・ラーニングにおける PBL の位置づけ

　問題解決学習（Problem-Based Learning）とプロジェクト学習（Project-Based Learning）はどちらも PBL と略され、定義は違えども共通点もある。そのため、PBL の教育方法について混乱を生むこともある一方で、PBL は多様な形態をもつ学習として認識されているのが現状であるようにも思う。例えば、『The Power of Problem-Based Learning』（Duch,B.J.,Groh,S.E.& Allen,D.E. ed., 2001）には、医学部モデル、巡回型ファシリテーターモデル、学生チューターモデル、大規模クラスモデルなどデラウェア大学で開発された様々な PBL の授業モデルが提示されている。しかし、それぞれの PBL に共通するのは「学習に問題・課題を用いる」こと、そしてそれを解決する方法について「自己学習やグループ学習に取り組むこと」が挙げられるように思う。このような視点から、三重大学では次のような 3 点を PBL の基礎要件として設定している（三重大学高等教育創造開発センター編、2011）。

1. 問題との出会い、解決すべき課題の発見、学習による知識の獲得、討論を通じた思考の深化、問題解決という学習過程を経る学習を行う　（問題基盤性）
2. 学習は、学生による自己決定的で能動的な学習により進行する　（学習自己決定性）
3. 学生による自己省察を促し、能動的な学習の過程と結果を把握する評価方法を使用する（形成的評価）

　前節で述べたように、様々な手法があるアクティブ・ラーニングの中で、PBL 教育（Problem-based Learning または Project-based Learning）は、上記の「質的転換答申」のアクティブ・ラーニングの説明に「学生が主体的に問題を発見し解を見だしていく」と指摘されていたことに端的に示されているように、アクティブ・ラーニングのための中核的な方法となり得る。

　例えば、長崎大学の大学教育イノベーションセンターの山地弘起（（現、独立行政法人大学入試センター）は、図Ⅰ-1のようにアクティブ・ラーニングの多様な形態を図示している。そこでは、右上の第1象限にプロジェクト学習などが位置づけられ、左上の第2象限に問題基盤学習が配置されている。そして医学系の臨床的推論能力の育成を図る Problem-based Learning と、工学系のものづくりなどに参加する Project-based Learning を例示したうえで、「第Ⅰ象限と第Ⅱ象限にあるものは比較的高度なアクティブ・ラーニング」と位置づけている。そのうえで、「それらの高度なアクティブ・ラーニングに取り組む前に、第Ⅲ象限や第Ⅳ象限にあるような『思考を活性化する』学習形態に十分馴染む必要があるのではないでしょうか。」と示唆している。

　こうした山地のアクティブ・ラーニングの導入の仕方や全体的な意義づけ方についてはここでは省くが、ここで確認したいことは山地が2つの PBL を「比較的高度な」アクティブ・ラーニングとして位置づけていることである。PBL は決して取り組みにくいわけではなく、また学習法に質的な高低があるとは言えないので、山地のように取り組みやすいか否か、あるいは高度か否かという規準で論じるのは厳密には妥当だとは言えないと思われるが、しかし PBL は少なくとも典型的あるいは中核的なアクティブ・ラーニングの方法だと指摘することができる。

図Ⅰ-1　アクティブ・ラーニングの多様な形態

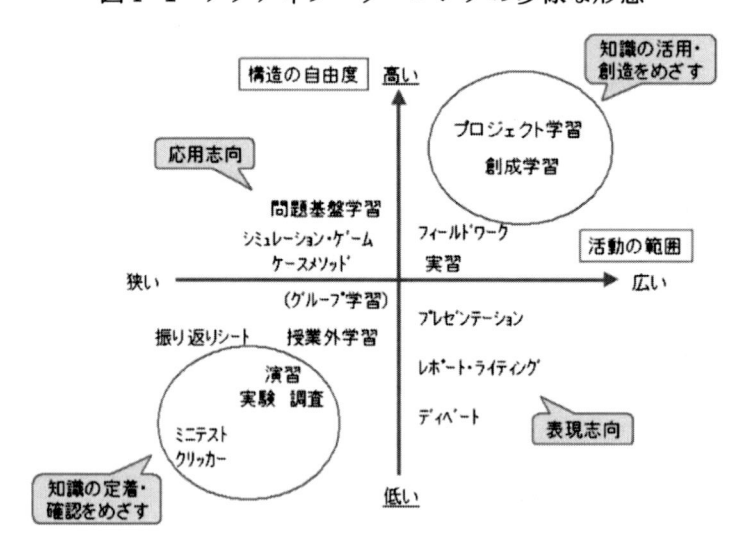

（山地、2014 より）

　このような PBL における学習者の主体的学びに関わる議論とは異なり、溝上（2016）は著書の中で、Problem-based Learning、Project-based Learning という2つの PBL は代表的なアクティブ・ラーニング

の戦略であると位置づけ、次のように述べている。少し長いが引用する。

「問題解決学習であろうがプロジェクト学習であろうが、PBL は、細分化され体系化された教科・科目の学習を超えて（＝脱教科）、実世界に関する問題解決に取り組ませる学習戦略である。なぜ PBL が求められるのかといえば、それは問題解決に取り組ませることで将来取り組むであろう問題解決に必要な態度（自己主導型学習・協働学習）、（問題解決）能力を育てたいからである。知識や考えが知識構成的に、社会構成的に形成され発展するさまを体得してほしいからである。」

このように 2 つの PBL は実世界に関する問題に取り組むところに特徴があることを指摘し、そこから教育的意義について説明している。実際、三重大学では PBL の利点として「身近な問題を提示するので、学生が興味を持ちやすい」「得られる知識が、問題解決レベルの深い知識である」といったことを挙げ、全学的に PBL を展開している。このように、PBL には知識伝達型講義からの脱却というアクティブ・ラーニングの一形態としての位置づけと、問題解決能力と態度の育成という社会的な要請があるのではないだろうか。

3. PBL 教育研究の到達点

これまで見てきたように日本においても PBL 教育は大学教育を中心にさかんに取り組まれるようになったわけだが、次にその研究状況を確認しておきたい。

まず書籍だが、医学・看護学系の PBL については 2000 年代から翻訳書も含めてかなりの数が出版されてきている。しかし多分野にわたる PBL の原理や教育内容・方法を扱っているのは、溝上（2016）やダッチ・B・J 他（2016）などわずかに過ぎない。

ところが研究論文数については、先に示したように近年は［CiNii Articles］で検索できるだけで年間 100 本を超える状況になっている。

その論文の内容について検討したところ、2017 年に CiNii に掲載された論文の傾向は、以下の通りである。

まず指摘できるのは、PBL 教育実践が多様で幅広い分野に広がっていることである。医学や看護学分野のみならず、栄養士養成、経営学、教員養成、大学生教育一般、異文化理解・国際交流などさまざまな分野での教育実践研究が報告されている。それだけ教養教育から専門教育まで多様な領域や分野で展開されるようになったことを示している。さらに高校教育での実践研究も掲載され、大学教育以外にも広がっていることがわかる。

その中で、特に多いのが、地域連携教育、情報教育（プログラミング教育を含む）、工学系の技術者教育の各分野の研究、及び PBL 教育の質的発展を求める研究がそれぞれ年間 10 本以上掲載されており、注目される。これらの傾向は、一方で情報教育や工学教育における技術者教育の面で PBL が引き続き実施されていることを示しており、他方で「地方創生」政策と学生の社会体験を重視する大学側の教育施策の中で地域をフィールドに学習・研究する取組が PBL として進められていることを表している。

ここでもう一つ指摘しなければならないのは、このように PBL 教育の取り組みが多様な分野でさかんに実施されてきているが、それを支える理論の面で発展、深化させる研究が極めて少ないことである。たとえば先の山口（2017）は、人文・社会科学における Project-based Learning が特に増加していることを挙げ、「近年の PBL 研究は、大学（主にゼミ）での実践報告が多いが、それぞれ特色がみられ、事例として興味深い」と指摘するとともに、PBL を効率的に実践する方法論や、効果を高める方策などの理論研究も進んでいると分析している。ところがその一方で、「学術的論拠を持って PBL に取り組まないと、……（引用者中略）……『一つの流行』で終わってしまう危険性があろう。」と提言している。

この指摘にあるように、2017 年に発行された諸論文を概観しても、プロジェクトの実践報告が圧倒的に多く、そして PBL 教育自体を対象とした研究であっても、振り返りの深化、評価のあり方の検討、諸実践の比較、他の研究を進めるための方法としての有効性など、個別の目的に限定されたものがほとんどである。つ

まり PBL 教育理論全体を発展させようとする研究はあまり見られないのである。

　このことからは、今日 PBL 教育理論を発展させるためには、何を研究課題としたり視点にするのかということが明確になっていないのではないかと考えられる。したがって以下においては、PBL 教育の実践上及び研究上の論点をできる限り明らかにすることを試みたい。

4.　PBL 教育の論点(1)─2 つの PBL の理解をめぐって

　これまでも指摘してきたように PBL 教育には主に、Problem-based Learning と Project-based Learning の 2 種類が存在する。前者の Problem-based Learning は、1960 年代後半にカナダのマックマスター大学メディカルスクールで開発され、医学教育を中心に広がっていった。後者の Project-based Learning は、1970 年代前半にデンマークのオールボー大学がこの教育を大学設置の理念として開設されるなど、工学教育を中心に展開されていった。このように異なった出自を持つために、これら 2 種類の PBL はそれぞれ別々に広がっていったが、90 年代以降になると医学・工学に限らずに他の専門分野でも取り組まれるようになり、2000 年代になると両者の共通性に着目して展開する動向も生まれてきた。

　例えば先のオールボー大学の教員たちは、「今日、Problem-based Learning と Project-based Learning はともに PBL と省略されており、成功している高等教育の方策だと立証されてきている」と指摘し、学習法やカリキュラムで伝統的な方法に固執しがちな高等教育において、「PBL という比較的新しい教育の考え方が発展しているのは驚くべきことである」と語り、後述するように 2 つの PBL に共通する学習原理を提示している（Du,X.,Graaff,E.&Kolmos,A.ed., 2009）。このように多くの大学で幅広く展開されてきている現状にあっては、それぞれの PBL の枠に狭く限定されることなく共通性に目を向けて共通の原理を明確にし、理論的なバックボーンを強固にしながら発展させることが求められていることは確かである。

　しかしながら今日の日本の PBL の展開を見たときに、これら 2 つの PBL に関する基本的理解について掘り下げておくことも必要だと考えられる。たとえば溝上（2016）は、我が国の PBL 関係の書籍の中では、多分野にわたる PBL を視野に収め、その原理や教育内容・方法を包括的に論じている数少ない一つである。そこでの 2 つの PBL 理解について検討してみたい。

　本書の中で溝上は、「アクティブラーニングとしての PBL・探求的な学習の理論」というテーマで、2 つの PBL の定義や特徴、両者の類似点と相違点、そして PBL の教育的意義などについて論じている。定義については、次のようにまとめている。まず Problem-based Learning であるが、それを問題解決学習と訳して、次のように定義している。

　　「問題解決学習とは、実世界で直面する問題やシナリオの解決を通して、基礎と実世界とを繋ぐ知識の習得、問題解決に関する能力や態度等を身につける学習のことである。」

　Project-based Learning はプロジェクト学習として、次のように定義している。

　　「プロジェクト学習とは、実世界に関する解決すべき複雑な問題や問い、仮説を、プロジェクトとして解決・検証していく学習のことである。学生の自己主導型の学習デザイン、教師のファシリテーションのもと、問題や問い、仮説などの立て方、問題解決に関する思考力や協働学習等の能力や態度を身につける。」

　これらの定義において、Problem-based Learning の性格の一つとして「基礎と実世界とを繋ぐ知識の習得」を挙げていることや、Project-based Learning で自己主導型の学習であることを強調していることに、溝上の両者に対するとらえ方の特徴を見ることができる。

　さらに溝上は、両者の類似性として、①実世界の問題解決に取り組む、②問題解決能力を育てる、③解答は一つとは限らない、④自己主導型学習を行う、⑤協働学習を行う、⑥構成的アプローチを採る、の 6 点を挙げている。この類似性については、後の PBL の要件をめぐる議論において再度取り上げたい。溝上はこれらの類似性を確認したうえで、両者の違いについても言及している。指摘されている点を、それぞれの PBL

に即して、また違いがより明確な点に注目して挙げると次のようになる。

　すなわち Problem-based Learning は、①問題を教師から与えられて解決プロセスに入っていくことが多く、成果も教師があらかじめ予想した内容になり、②問題解決プロセスにおいては、自己主導型学習や協働学習などの学習態度、問題解決能力を育てることを目指すプロセス重視型であり、③問題解決の時間的展望としては、今現場や社会で起こっている問題を与えられて解決を図ることが多く、④時空間の幅も教室や授業を中心とした広がりになる、と整理されている。つまり Problem-based Learning は、教室の中で、現在起こっていてしかもある程度解答が予定されている問題を教師から与えられて解決を図っていく学習であり、ゆえに特に学習態度の育成に重点が置かれるためにプロセスが重視されるということになる。

　他方で Project-based Learning は、①テーマは教師から与えられるが、解決されるべき問題は学生自身で立て、成果も教師が予想していなかった内容に至ることが多く、②最終プロダクトを仕上げることを目指して問題解決を進めるプロダクト重視型であり、③問題解決の時間的展望としては未来に向かっての社会的な課題解決の学習であることが多く、④教室という時空を超えて、長期間にわたったり、地域や実践現場にも広がるなど時間や空間の枠を大きく超えて取り組まれることが多い、と指摘されている。つまり Project-based Learning は、問題の設定も学生自身に依り、成果も教師の予想を超えるなど本格的に学生による自己主導型学習であり、現在だけでない将来にわたる社会の課題解決を図っていく教室や学校という枠を超えた時間的にも空間的にも広がりのある学習ということになる。

　このように溝上にとって、Problem-based Learning と Project-based Learning はともに自己主導的かつ協働的に実世界の問題に取り組みながら問題解決能力を育てる学習ではあるのだが、どちらかと言えば Problem-based Learning はすでに解答のある現実的問題を教師に与えられて学習に取り組む形になり、Project-based Learning の方は解答がない将来にわたる社会的な課題に対して本格的に学生主導によって解決を図っていく学習という形になる。

　このような溝上の理解は、多分野にわたる PBL に関する文献が少ないこともあって、さまざまな PBL の実践や研究の指針として受け止められている。たとえば先に紹介した山口（2017）でも、近年の PBL 研究の背景には、Problem-based Learning ではなく人文・社会科学における Project-based Learning の研究の増加が寄与していると指摘したうえで、それは溝上のいう「未来に向かっての社会的な課題解決」という Project-based Learning の特徴が人文・社会科学に適合しているからとの推察が可能だと述べられている。

　しかし溝上がまとめたこのような理解にとどまらずに、さらに PBL の概念についても、具体的に展開されている実践とその背景になっている理論に十分に目を配りながら、基本のところから常に問い直し続けることが求められていると思われる。たとえば溝上においても、Project-based Learning の学生による自己主導性については強調されているが、そもそもプロジェクトの課題は社会や教師など外部から示されるという面は十分に検討されていない。他方 Problem-based Learning の方は、すでに答えが決まっている問題を教師から与えられるという面だけが強調され、具体的な事象そのものから学生自身によって問題や課題が発見されるというところから学習が始まることには十分に目が向けられていないのである。

　そもそも溝上の 2 つの PBL 理解には照準の異なる視点が混在している。すなわちそれぞれの起源について、片や Problem-based Learning は 1960 年代後半にカナダのマックマスター大学メディカルスクールで開発され、それが各国のメディカルスクールで取り組まれるようになったと紹介されている。片や Project-based Learning は、20 世紀初頭の初等教育でのキルパトリックの「プロジェクトメソッド」にルーツがあり、その思想的母体はデューイの進歩主義教育であるという説を採り入れている。

　このように、一方は高等教育固有の改革としてとらえ、他方は初等教育をはじめとした教育全体の改革の中に位置づけるという、まったくレベルの違う歴史的評価の仕方をしてしまっている。すなわち、Problem-based Learning はたかだか 1960 年代後半からという近年の高等教育分野での改革に過ぎないのに対して、

Project-based Learning は 20 世紀初頭からという長期にわたる教育全体の改革の一環であるという位置づけになっているのである。

　高等教育改革という視点から見た場合には、Project-based Learning も 1974 年にデンマークのオールボー大学がそれを教育理念に設立されるなど工学教育で開始されていく歴史を持つ。したがって高等教育改革という視点から見た場合は、2 つの PBL はともに 1960 年代後半から 70 年代前半の重要なトピックとして同等に位置づけられるべきなのである。

　また同時に Project-based Learning だけでなく、2 つの PBL はともに、教科内容を教師が一方的に伝達する旧来の教育を批判して、子どもの興味・関心や直接的な経験を重視し、自発的活動を尊重する学習を進めた、件の 20 世紀初頭からの進歩主義教育を含む新教育の流れを汲んでいる。それは、それらの教育の理念や方法を見れば明らかである。

　さらにその新教育の動向を詳細に見ていくと、たいへん興味深いことが浮かび上がってくる。たとえば佐藤学（1996）は、新教育の単元学習を、①子ども中心主義、②社会的効率主義、③社会改造主義、④社会（生活）適応主義の 4 つに類型化している。そのうえで佐藤は、人間の学習を「目的的活動」として「目的・計画・実行・判断」の 4 段階の単元学習で構成するキルパトリックの「プロジェクトメソッド」の性格を、次のように 3 点挙げている。

　①　追求すべき社会像を捨象して「目的的活動」を絶対化している。
　②　中心目的が、知性的経験ではなく「道徳的・社会的態度」に置かれている。
　③　行動主義心理学に基礎づけられ、デューイの「反省的思考」が「反射的活動」に矮小化されている。

　それゆえに佐藤は、キルパトリックの「プロジェクトメソッド」は「進歩的と言うよりも保守的な思想を基盤として形成された単元学習論であった」と結論づけている。

　ここで論じたいのは、キルパトリックの「プロジェクトメソッド」の性格を特定することでも、ましてや Project-based Learning の是非を問うことでもない。たとえば溝上によれば、Project-based Learning は本格的な学生による自己主導型学習であり、「未来に向かっての社会的な課題解決」の学習と理想的に提起されたのであるが、さまざまに検討してみるとそのように理解することは簡単にはできないということを確認したいのである。

　この一例のように、今日は PBL の研究が進められるようになってまだ日が浅い段階である。したがって PBL の起源をはじめとしてその原理的な研究が進むことが求めれていると同時に、さまざまに展開されつつある PBL の理論と実践をたんに PBL だからよいとするのではなくその内容や質を十分に検討しあうことによって、それらの発展を図ることが必要とされているのではないだろうか。

5.　PBL 教育の論点（2）―PBL の意義をめぐって

　PBL 教育の意義についても一つの検討課題になっている。先に見たように、今日アクティブ・ラーニングへの関心の高まりの中で、多くの大学で PBL 教育が注目されてきている。それは、先の 2012 年「質的転換答申」に見られるように、大学教育に、従来のような知識・技能や論理的思考能力だけでなく、社会的能力や問題解決能力を育成し、その成果を示すように求められてきているからである。この「質的転換答申」が準備されていくうえで、2008（平成 20）年 12 月の中央教育審議会「学士課程教育の構築に向けて」（答申）が大きな契機になった。その答申は、「学士力」の指針を示し、その教育の質保証を大学に求めた。その「学士力」とは、①知識・理解、②コミュニケーション・スキル、情報リテラシー、論理的思考、問題解決力といった汎用的技能、③自己管理力、チームワークやリーダーシップ、倫理観や市民としての責任などの態度・志向性、④知識・技能・態度を総合し、課題を解決する統合的な学習経験と創造的思考力、の 4 つから成っている。この「学士力」は、2003 年内閣府人間力戦略研究会による「人間力」や、2006 年経済産業省による

「社会人基礎力」とも重なっている。それらは、社会性を備えた主体的で総合的な能力である。大学に、そうした「学士力」を育成する教育が求められてきているとされたのである。しかしそのためには従来の教育方法だけでは対応不可能であり、何らかの教育改善が必要とされる。その教育方法改善のためにアクティブ・ラーニングの必要性が指摘され、その一方策として注目されてきているのがPBL教育なのである。

だが、このアクティブ・ラーニングひいてはPBL教育の導入をめぐって、大学教育の中でいくつかの論争的な課題があることも確かである。

その一つは、基礎的学習と発展的学習・研究、あるいは教養教育と専門教育の段階論か一体論かという論点である。この論点は、高等教育のみならず、系統学習か生活単元学習か、各教科の学習か総合学習かなど、初等教育からの教育のあり方をめぐる長年の論争点になって今日に至っている。これについても先の溝上（2016）の中で取り上げられている。この前者と後者の段階論や分離論に対して溝上は批判的な立場を表明する。なぜならば探求的な学習の中で育てられる汎用的な能力は、領域固有であり、そう簡単に他の領域の問題解決能力に転移しないからだと指摘している。すなわち「政府やOECD、産業界等から、汎用的な能力（ジェネリックスキル、ジェネリックコンピテンシー）を育てよと要求されるにしても、その能力は、さまざまな領域固有の問題を通して、育てられなければならない」と指摘している。これは単なる二元論や一体論ではなく、専門教育の発展から汎用的能力の育成を展望している点で、すなわち新しい高度な専門能力の育成という本論の以下の記述と重なる主張だといえる。

さらにPBL教育固有の意義や利点をめぐって、PBLを通して学生の学習意欲の向上を求めるのかそれとも高度な能力の育成を求めるのか、さらにPBLの主眼はなによりも汎用的能力の育成にあるのかそれとも新しい質の専門的能力の育成にあるのか、という論点が明らかになってきている。

まず前者の論点に目を向けてみたい。PBL教育を進めている大学等の事例を詳細に見ると、2つの異なったねらいが見受けられる。

たとえば三重大学では、PBL教育の利点として次の諸点を挙げている（三重大学高等教育創造開発センター編、2007）。

・能動的な学習法であり、成人教育に適している

・身近な問題を提示するので学生が興味を持ちやすい

・得られる知識が問題解決レベルの深い知識である

・学習した知識が永く留まる

・小グループ学習なので、①コミュニケーション能力が高まり、②人間性を磨くことができ、③チームで達成する練習になる

それに対して、たとえば全学のさまざまな分野でPBL教育を展開しているアメリカのデラウェア大学では、PBL教育で以下のような能力の向上が成果として期待できると指摘している（Duch,B.J.,Groh,S.E.& Allen,D.E. ed., 2001）。

・批判的に考え、複雑な現実社会の問題を分析し、解決できる能力

・適切な学習資源を見つけ、評価し、活用する能力

・チームや小グループで協力的に取り組む能力

・口頭と文書の両方で、多面的で効果的にコミュニケーションする能力

・生涯学習者になるために、大学で得た知的能力や内容の知識を活用する能力

デラウェア大学は、こうしたPBL教育を全学的に進める理由として、なによりも社会の大きな変化とそれに対応できていない大学教育の現状を指摘している。すなわち、10～20年間で通信手段、仕事の進め方、情報収集と技術の活用法など、社会とりわけ労働環境が劇的に変化し、今日の大卒者には学際的で創造的な方法で複雑な課題を解決する力が求められるようになっている。しかし旧来の大学での教授法では、今日の大

卒者に求められる技能や能力を十分に育成することができないと指摘され、PBL 教育の必要性が強調されるのである。

　このように日本の大学と欧米の大学が挙げる PBL 教育の意義を比較すると、ある違いが浮かび上がってくる。問題解決能力、あるいはコミュニケーション能力やチームで協力する能力を育成するという点は、共通に指摘されている。しかし三重大学では、学生が学習に興味を持ち、能動的になるという点を挙げていることが注目される。他方でデラウェア大学で強調されているのは、何よりも社会とりわけ労働環境の変化に対応できる人材を養成するための大学教育の高度化である。

　このように日本と欧米の大学での PBL 導入の目的にしばしば力点の違いが見られる。欧米の大学では、現代の科学技術や社会の変化に対応した学際性や創造性を備えた高度な能力の育成のために大学教育の高度化を図ることが強調され、日本の大学では、大学の大衆化の中で学生が意欲と関心を持って能動的に学習や研究に取り組むことに重点が置かれる傾向がある。

　さらに後者の論点に関わって、PBL をはじめとしたアクティブ・ラーニング導入による大学教育の内容的改革、あるいは高度化に対する方向性の違いも明らかになってきている。

　たとえば先の「質的転換答申」ではアクティブ・ラーニングの必要性と関わって、「成熟社会に求められる能力」として次のように指摘している。

> 　「『学士力』が土台となって、学術研究や技術、文化的な感性等に裏付けられた我が国固有のイノベーションを起こす能力、我が国が生み出した固有の価値を異なる文化的・言語的背景を持った人々に発信できる能力、異なる世代や異なる文化を持った相手の考え方や視点に配慮しつつ、意思疎通ができる能力など、未来社会の形成に寄与する力が育成される。」

　上記に見られるように、多文化間での受発信能力、コミュニケーション能力のみならず、何よりも学術研究、技術、文化におけるイノベーションを起こす能力という高度な能力の育成を求めている。

　それに対して、山地弘起は、アクティブ・ラーニングが求められてきた背景として、「一部の研究大学を除いて、大学教育では専門知識の探求から知識基盤社会をたくましく生き抜いていくためのジェネリックスキル（汎用的技能）の習得に焦点が移り、広義のキャリア教育が求められるようになったと言わざるを得ません。」と述べている（山地、2014）。

　山地は、中央教育審議会の唱える「学士力」や経済産業省による「社会人基礎力」も総じてジェネリックスキルと理解した上で、多くの大学での教育は専門教育からジェネリックスキルの習得を求める広義のキャリア教育への転換が求められるようになったと指摘しているのである。この広義のキャリア教育とは、現代に必要とされる新たな教養教育に包摂されるものであろう。

　ここに見られる相違は、確かに山地が指摘するように、2005 年中教審答申「我が国の高等教育の将来像」（いわゆる「将来像答申」）に明示されたように大学の機能別分化の進行の中で、「世界的研究・教育拠点」大学とその他のさまざまな機能を担う大学での教育目的の違いとも言うことができる。しかし大学教育の中で育てようとする能力という視点から見た場合には、もう少し異なる面が見えてくるのではないだろう。

　つまり、山地の議論などで主張される大学教育の中心的役割は汎用的能力を中心とした新しい教養の育成である。他方で「質的転換答申」や先の欧米の大学に見られるのは汎用的能力も含み込んだ現代に求められる高度な能力、すなわち新しい質の専門的能力の育成だと言ってよい。

　以上見てきたように、PBL 教育をはじめとしたアクティブ・ラーニングの意義をめぐって、微妙に異なる2 つの理解の仕方があることがわかる。それらは、一方ではデラウェア大学など欧米の大学に見られるように専門教育も含めて大学教育の高度化を進めるためと理解する立場と、他方で学生の学習意欲を高めることも含めて汎用的能力を中心とする教養を育成するためと理解する立場である。ともに汎用的能力の獲得を重視するために、両者の違いはそれほど大きくはないとも言える。しかし実際には、大学教育において新しい

教養を育成することを主眼にするか、それとも汎用的能力も含む新しい専門的能力の育成を目的にするかで、PBL の方向性に大きな違いが生じるはずである。

　PBL 教育が専門教育も含んだ大学教育の高度化を求めるという方向をとったときには、教養教育のみならず専門教育についてもその質を問い直し、その専門教育の質の転換を含んだ高度化、ひいては学問のあり方の転換をも視野に入れて展望することになると考えることができる。

6. PBL 教育の論点(3)—PBL の要件・形態をめぐって

　次に PBL 教育の要件や形態の理解をめぐる違いに見られる論点について確認していきたい。

　先に紹介したように。近年オールボー大学は PBL に共通の学習原理に着目するようになり、それを次の 3 つの側面から整理している。

　① 認識面のアプローチ＝学習が、問題を基盤に組織され、プロジェクトの中で遂行される。

　② 内容面のアプローチ＝学習内容が具体性を持ち学際的であり、従来の諸教科を繋ぎ、理論と実践を結びつけるような性格を持っている。

　③ 社会面のアプローチ＝チームを基盤にした学習によって、対話とコミュニケーションを契機に学習を生み出すといった学び合いや、知識を共有し、自ら協同的な学習を組織していくことを学ぶ。

これに対して三重大学では 2007 年段階で「PBL 教育の 6 要件」を示した。それは次の諸点である。

　1. 学生は自己学習と少人数のグループ学習を行う

　2. 問題との出会い、解決すべき課題の発見、学習による知識の獲得、討論を通じた思考の深化、問題解決という学習過程を経た学習を行う

　3. 事例シナリオなどを通じて、現実的、具体的で身近に感じられる問題を取り上げる

　4. 学習は、学生による自己決定的で能動的な学習により進行する

　5. 教員はファシリテータ（学習支援者）の役割を果たす

　6. 学生による自己省察を促し、能動的な学習の過程と結果を把握する評価方法を使用する

　この 2 大学の PBL の基本概念を比較すると、問題を基盤として出発し解決を図っていく学習であることと、チームやグループによる学習を通して協同性を育んでいくことの 2 点が共通している。そしてオールボー大学の場合は、さらに学際性や理論と実践の結合といった学習内容の性質に着目している。そこに、欧米の大学が PBL 教育に新しい質を備えた学習内容の高度化を期待していることが伺える。それに対して三重大学の場合は、学生の学習姿勢や態度、教員の役割、評価方法などの諸点にこまかく言及している。そこには、日本の大学が抱える、学生の学習上の意欲や能動性の向上のみならず授業形態を講義型から学習者中心に転換することの難しさといった課題が反映されていると推察される。

　しかし両大学の PBL 教育の概念は、Problem-based Learning あるいは Project-based Learning に限定するような内容にはなっておらず、いわば共通性をもった概念となっている。

　三重大学は、その後 2011 年に、多様な PBL 教育の広がりをふまえて、PBL 教育の基礎要件を、上記の 6 要件から 2・4・6 の 3 要件に絞っている（三重大学高等教育創造開発センター編、2011）。その場合には、オールボー大学と共通の基礎概念は、問題基盤性だけになる。問題基盤性は、少なくとも PBL である限り必須の概念であろう。

　このように PBL 教育に共通の基礎概念を明らかにしようとする試みによって、そうした基礎概念がある程度は抽出されはじめている。しかし同時にまだそれぞれの国や大学の環境、あるいは学問の性格に応じて作成されているがゆえに、相違も見られる。今後、こうした共通性に通じる PBL 教育概念を構築しようとしている試みを持ち寄り、PBL 教育概念の理論的吟味を重ねていく必要がある。

　次にそうした PBL の要件にしたがいながらも、全学的に PBL 教育を展開していく場合には、一律の形式

の授業では不可能である。多様な形態の PBL 授業を展開していくことが求められる。

　しかし実際に、多様な形で PBL 授業を実施していくとなった場合に、それぞれの大学での対応はまったく異なった形になっている。

　例えば、先のデラウェア大学では、PBL 授業のタイプを、①医学部モデル、②巡回ファシリテーターモデル、③学生チューターモデル、④大規模クラスモデル、の 4 種類に分けている。この大学は、Problem-based Learning を中心にしていることもあり、授業内容には立ち入らずに、授業規模の大小や、チューター等の補助員の有無とその形式の違いによって分類している。

　ところが、オールボー大学は、次のような 5 つの PBL モデルを提案している。それらは、①認識能力育成モデル、②職業能力育成モデル、③学際的理解育成モデル、④学問横断的学習モデル、⑤理論競争能力育成モデルである。これらは、育成しようとする能力に応じたモデルになっているのが特徴である。大学において教育目標を明確にして、それを達成しうる教育プログラムを設定して実践することによって、大学教育としての質の高度化を図ろうとしていることがよくわかる。

　これらに対して、三重大学では、多様な PBL 授業が実施されるようになってきている段階に応じる形で、一方で先に取り上げたように共通の基礎概念を提示するとともに、他方で様々に展開されてきている PBL をある程度整理できるように PBL の授業タイプ化を試みた（三重大学高等教育創造開発センター編、2011）。
　それは、次の 4 つである。

①問題提示型 PBL（事例シナリオの活用を含む）
　学習の契機になる問題との出会いを教員が提示することによって学習が展開していく。
　学習課題の設定や学習の遂行は学生の自己決定による。
②問題自己設定型PBL
　学習の契機になる問題も学習課題もすべて学生自身が設定することによって学習が展開していく。
③プロジェクト型PBL
　学内外の要請や課題設定に基づいて、ある企画の遂行・達成をめざして問題解決的な学習を行う。つまり問題解決及び課題達成の志向性が強い。企画や課題の設定の方法によって、現場問題解決型授業、課題遂行型授業などの形態がある。
④実地体験型PBL
　さまざまな場での実地体験を通して、問題との出会い、問題・課題の発見、問題解決を進める学習。

　これらの授業タイプ化は、Problem-based Learning と Project-based Learning の 2 つの PBL を受け入れ、PBL 概念における基礎をなによりも問題基盤性・問題解決性に置き、学内の教室や実験室だけでなく学外での実地体験も含み込む形で整理している。

　このように PBL 教育は、その意義や共通の概念についてはある程度の共通の土俵をもつに至っている。ところが具体的な授業や活動の内容や形態は、理論的に十分に整理されていない段階にある。しかし PBL 授業の形式だけでなく、三重大学のように授業内容の違いをふまえた分類や、さらにオールボー大学のように育成する能力の違いによって分類するといった検討に値する試みも見られる。PBL の授業タイプの整理は、それぞれの大学の試みの長所や短所を確認しながら、さらに踏む込んだ検討が必要である。

7.　PBL 教育の今日的課題

　最後に PBL 教育の実践と理論をめぐる今日の課題について、簡単に指摘しておきたい。
　第 1 は、PBL 教育の高度化である。
　先に PBL 教育がめざす方向性として、汎用的能力を核とした新しい教養の育成と汎用的能力を含んだ新しい専門的能力の育成の 2 つがあることを示した。しかし文脈からわかるように本書がめざすのは教員養成教

育という一つの分野ではあるが、後者の新しい高度な専門的能力の育成である。こうした方向は、たんなる汎用的能力一般ではなく、領域固有の問題を通して汎用的能力を育てることを主張する溝上（2016）も同様だと考えられる。PBL教育は、講義型の伝統的な教育方式では不可能な新しい質も持った高度な専門的能力を育成するために登場したのであり、かつそうした能力を生み出す可能性をもっていると考えられる。

ところが実際に取り組まれているPBLはそうした期待に応えるような内実を生み出しているとは言えない状況にある。それは日本のみならず諸外国の取組にも当てはまる。たとえば翻訳されたデラウェア大学の事例を見ても、そのように指摘できる。本書を含めて、それぞれの分野から現代にふさわしい高度な能力を育成するようなPBLの実質を作っていくのが、これからの共通の課題である。

第2はPBLのカリキュラム上の位置づけを明確にしていくことである。

今日PBL教育は、一つの授業科目単位で見ると、その全体がPBLで構成されていたり、一部で実施されていたりしている。そうした個々の授業にPBLを導入する場合には、教員個人の判断や有志グループで実施していることがしばしば見られる。また全学や学部等の単位で組織的に実施する場合も、教養教育等での目玉科目として実施されることが多い。

そのような単発的な実施形態を脱して、全学や学部単位で教育目標や計画の中にPBLを明確に位置づけ、学士課程でいえば4年間の教育課程の中で系統的に配置するなど目的的に位置づけ実施していくことが求められてきている。

第3は、PBL教育の支援体制・環境の充実である。

PBL教育を継続的に実施しかつ内容および質ともに発展させていくうえで最も重要なのはボトムアップ型で推進されていくことである。そのためには、当然全学や部局の執行部の推進や支援の施策が必要であり、そのほかにも支援するセンター的な組織や、学部や全学のさまざまなレベルでの教員の相互交流・支援の関係づくりが不可欠である。

そうした支援環境の中で、PBL教育の実践の促進を図るだけでなく、PBLに対する評価を一層明確にすることによって、その実践的・理論的研究を進展させることができる。

以下、本書では、教員養成教育という一つの分野におけるPBL教育を通して高度な専門的能力を育成しようとするための理論の探求と事例シナリオ教育の展開を記している。

（なお、本章の執筆は、2を中西康雅が担当し、その他を山田康彦が担当した。）

【引用文献】

Du,X., Graaff,E. & Kolmos,A. ed.(2009), *Research on PBL Practice in Engineering Education*, Sense Publishers, 9-14.

Duch,B.J., Groh,S.E. & Allen,D.E. ed.(2001), *The Power of Problem-based Learning*, Stylus Publishing, 4-6, 40-44.（ダッチ・B・J，グロー・S・E，アレン・D・E編，山田康彦・津田司監訳，三重大学高等教育創造開発センター訳（2016）『学生が変わるプロブレム・ベースド・ラーニング実践法—学びを深めるアクティブ・ラーニングがキャンパスを変える』ナカニシヤ出版, 4-5, 38-42.）

石井英真（2017）『中教審「答申」を読み解く』日本標準, 1-2.

三重大学高等教育創造開発センター編（2007）『三重大学版 Problem-based Learning 実践マニュアル—事例シナリオを用いた PBL の実践—』, 1-2.

三重大学高等教育創造開発センター編（2011）『三重大学版 Problem-based Learning の手引き—多様な PBL 授業の展開—』, 7.

松下佳代（2015）『ディープ・アクティブラーニング大学授業を深化させるために』勁草書房, 1-2.

溝上慎一（2014）『アクティブラーニングと教授学習パラダイムの転換』東信堂, 7.

溝上慎一（2016）「アクティブラーニングとしての PBL・探求的な学習の理論」溝上慎一・成田秀夫編『アクティブラーニングとしての PBL と探求的な学習』東信堂，6-21.

佐藤学（1996）『教育方法学』岩波書店，22-26.

関田一彦他（2016）『アクティブラーニングの技法・授業デザイン』東信堂

山口泰史（2017）「わが国における PBL 研究の動向―大学教育での実践を中心に―」『日本地域政策研究』第19号，34-39.

山地弘起（2014）「アクティブ・ラーニングとはなにか」『大学教育と情報』2014 年度 No.1, 3.

溝上慎一（2016）「アクティブラーニングとしての PBL・探求的な学習の理論」溝上慎一・成田秀夫編『アクティブラーニングとしての PBL と探求的な学習』東信堂，6-21.

II　教員養成教育としての PBL 教育

根津知佳子

1.　教員養成型 PBL 教育の展開

1.1.　教育学部における PBL 教育

　1960 年代後半から 70 年代初めにかけて医学教育を中心に始まった PBL 教育は、その後デンマークのオルボー大学などで Project-Based Learning を軸とした工学教育において発展した。また 90 年代には、米国デラウェア大学（1743 年設立）で、多領域からなる専門分野（化学、物理学、生物学、生命工学、栄養学、看護学、法学、政治学、教員養成教育など）における Problem-Based を基本にした実践が展開されているようになった（Duch et al. 2001）。

　一方、オランダのマースリヒト大学（1976 年設立）やデンマークのオルボー大学（1974 年設立）のように創立当初から伝統的な PBL 教育を展開してきた大学であっても、近年では Problem-Based と Project-Based の両方がカリキュラムに取り入れられ、その境界が不鮮明になりつつある。そこで、自国の教育文化や高等教育の事情に合わせた特色のある PBL 教育を創出した事例として、本節では三重大学教育学部で開発・推進された教員養成型 PBL 教育について概観する。

　三重大学は、1997 年度より医学部の授業に PBL 教育を導入したが、その後、2005 年度の年度計画に PBL 教育の全学的展開を示し、推進リーダー育成を企図した「第 1 回三重大学教育開発ワークショップ」を開催した。同年度に作成した PBL 教育ガイドラインに則った 2006 年度以降の各学部における授業数は、表 II-1、表 II-2 の通りである

表 II-1　三重大学における PBL 授業開講数

年度	2006	2007	2008	2009	2010	2011
PBL授業数	100	218	269	429	409	556

表 II-2　2006 年度の PBL 授業開講数

	共通教育	医学部	工学部	生物資源学部	人文学部	教育学部
授業数	24	19	20	5	17	15

　e-learning システム Moodle（Modular Object-Oriented Dynamic Learning Environment）に関する学習会、PBL セミナー公開報告会、シナリオ作りセミナーなどを企画・開催するなど、三重大学全体の PBL 教育を推進したのは、高等教育創造開発センター（2005 年度設置）であった。

　一方、教育学部の年度計画にも PBL 教育の試行的な実施の方針が示され、「カリキュラム改革・PBL 教育推進委員会」が設置されるなど、教育システムの改革が進められた。特に、同特別委員会の答申を受けて設置された「PBL 教育実施委員会」による 2006 年度以降の PBL 教育の普及は、教員養成型 PBL 教育の創出のための基盤となった。

　さて、医学教育における PBL 教育では、初年次よりシナリオを用いた講義を行い、学年進行に伴い徐々に問題事態（事例）における学習を進め、十分な事例研究の学修を基盤として実践体験型 PBL やチュートリア

ル型 PBL を展開するという特徴がある。医学部の学生が医療現場で医療行為を行うために、講義による学修や知識の獲得が重視されることに対して、教育学部の多くの学生の日常生活には、多様な形態で「教える行為（塾講師・家庭教師など）」が存在する。たとえ初年次の学生であっても、日常的に具体的・現実的課題と対峙している。

　また、教育学部は、文系・理系問わず、多様な学問領域から構成されているという特徴がある。そこで PBL 教育実施委員会は、教育学部で PBL 教育を展開する上で、異なる専門領域の教員が授業に導入できるように、教育学部独自の 3 つのガイドラインを策定した。

　　① 学習者の主体的な学習を促している。
　　② ある問題を解決する、もしくは、あるプロジェクトを完成させるといった、「問題解決事態」の中での学習を進める。
　　③ 集団での問題解決活動が含まれている。

　2005 年後期に実施した調査の結果、回答教員（51 名）のうち、3 つの要件を満たしたのは 70 授業（回答授業の 24.48%）であっただけではなく、表Ⅱ-3 のように、PBL 教育の要件を含む潜在的な授業の存在を確認することができた。

表Ⅱ-3　ガイドラインの一部を満たしている授業

ガイドラインの要件	回答授業数	回答授業あたり%
①および②	36	12.59%
①および③	14	4.90%
②および③	7	2.45%
①	59	20.63%
②	11	3.65%
③	12	4.20%

　PBL 教育実施委員会が開催した PBL 教育ワークショップでは、小学校の教科専門科目『小学校専門体育』で行われた、児童の水泳に対する意欲を高めるための水中ジャングルジムの設計・作成・試行や、中学校の教科専門科目『機械工学概論』における工学センスを磨く夢プロジェクトなどの Problem/Project 型授業のコンテンツを報告し、教科専門の教員のコンテンツ開発を推奨した。その結果、法人化直後と比較して量的に安定した授業数を保持するようになった（表Ⅱ-4、表Ⅱ-5 参照）。

表Ⅱ-4　教育学部における推移

年度	2010	2011	2012
ＰＢＬ授業数	132	179	185
割合	13%	17%	18%

表Ⅱ-5　三重大学における PBL 授業数

区分	開講部局	2010年度	2011年度
学部	共通教育	29	71
	人文学部	15	22
	教育学部	132	179
	医学部	51	53
	工学部	30	33
	生物資源学部	18	18
	全学開講教職科目	1	5
	学部合計	276	381
大学院	人文学研究科	3	8
	教育学研究科	38	65
	医学研究科	34	33
	工学研究科	34	41
	生物資源研究科	4	9
	地域イノベーション	20	19
	大学院合計	133	175
	総計	409	556

1.2. 教員養成型 PBL 教育の創出

　三重大学教育学部における PBL 教育の推進の特徴は、前項で述べたような全学の展開を受けたトップダウン的な展開と並行して、学習形態としての PBL 教育の研究というボトムアップ的な動きの両輪からなることである（表Ⅱ-6）。

表Ⅱ-6　教育学部における PBL 教育研究

年度	学部としての取り組み	グループによる研究
2004	PBL 教育モデルの開発スタート	学部長裁量経費：教育学部の PBL チュートリアルトレイニングとしての教育実践へのアクションリサーチの研究 三重大学 COE (B)：感性システムの構造化とそれを基盤としたアクションリサーチ的アプローチの可能性の探求〜感じる力を培う教育モデルの開発に向けて〜（〜2009 年度）
2005	PBL 教育推進特別委員会設置	
2006	PBL 教育実施委員会設置 PBL ワークショップ開催（第 1 回）	教員養成型 PBL チュートリアル教育のためのシステムおよび評価法の開発（〜2007 年度）
2007	PBL ワークショップ開催（第 2〜4 回）	
2008		デマンドサイドのニーズに即した教科領域を超えた教材開発と評価方法の研究（〜2010 年度）
2011		実践体験型 PBL 教育を導入した教員養成カリキュラムの開発に関する研究（〜2014 年度）
2012		PBL 教育における対話型シナリオの開発研究（〜2014 年度）
2015		教員養成型 PBL 教育における対話型シナリオの作成と評価方法の開発（〜2017 年度）

　教科を超えて学生が主導となって企画・立案・実施をしている活動が存在し、学生同士の「教え＝学びあう関係」が自然なかたちで樹立するのは、教育学部の特性ともいえる。しかし、対象者・関係者との継続的な関係を構築する手腕やチューター的な役割を担う学生の人材育成に関しては、教員の支援や専門的な知識が求められる。このような経緯から、法人化と同時に 2004 年度に学部長裁量経費研究として「教育学部のPBL チュートリアルトレイニングとしてのアクションリサーチの研究（森脇健夫代表）」に着手し、その研究は、三重大学 COE(B)「感性システムの構造化とそれを基盤としたアクションリサーチ的アプローチの可能性の探求〜感じる力を培う教育モデルの開発に向けて〜（根津知佳子代表）」に引き継がれた。

　これらの研究グループは、医学部型 PBL 教育（Problem-Based Learning）とは異なる、教育学部の特性を活かした"キャリア教育"の核として、学生チューターの存在を重視した教員養成型 PBL 教育のデザインを進めた。それは 2004 年当時、全学において展開されようとしている PBL チュートリアル教育が事例研究をチューター（教員）のサポートのもとで行うことを想定していたのに対し、教員のスーパーバイズのもとで学生が現場における問題を実践者と協働しながら解決していくことを期待したからである。

　医学部のチューター（教員）と教育学部のチューター（学生）との違いは、後者に"人との相互作用"と、"材（素材・文化）との相互作用"をファシリテートする力量が求められることである。教員養成の段階で、様々なライフステージの対象者の関わりを体験すること、また、それらの対象者に適した教材や教具を開発

することは、大学における理論指導や丁寧な実践の振り返りを必要とするものであり、教育学部の根幹を成す営為であることから、これが教員としての力量の基盤となると考えた。

　また、教員養成における PBL 教育の根幹を、「ある問題の解決やプロジェクトの解決とともに、多角的・多面的に事象をとらえ、問題自体を浮き彫りにすること」とし、現場・他者との協働を基盤とした「現実問題解決志向型アクション」を視野に入れた多様な活動モデル（図Ⅱ-1）を創出した。

図Ⅱ-1　教員養成型 PBL の類型

現場連携型ＰＢＬ		事例研究型ＰＢＬ
Ａ－Ⅰ 教育現場でのアクション・リサーチ	Ｂ－Ⅰ 地域・企業 問題解決型	Ｃ
Ａ－Ⅱ プロジェクト 活動型	Ｂ－Ⅱ 製品開発型	

（根津ほか、2006）

2.　教員養成型 PBL 教育の目指すもの＝学びあう文化の醸成

　教育学部における PBL 教育、とりわけ教員養成型 PBL 教育で重視するのは、以下のようなチューターの役割である。

①　自分なりの実践の見方と考え方や事実への接近の方法論を持ち、それを実際の事実を通して"新参者"に伝えること。

②　場に臨みながら、自分でポジションを取りつつ、"新参者"の場を確保し、関係性を形成する支援ができること。

　チューターは、「現場経験、理論習得を行った上で、新参者に対して教育的な営みを行う力」が求められることから、ある程度実地経験を踏まえた上級生、院生をチューターとして養成する点が医学部の PBL 教育やチュートリアルと異なる点である。

　このチューター育成により、教育学部における PBL 教育の課題として以下の 3 点を改善した。

①　学生の実地研究をある程度自立したシステムの中で行い、教員も単なるコーディネーターに留まらず、より専門的なスーパーバイザーに徹底でき、大学教員の専門性が活かされる。

②　学生同士が「教え合う＝学び合う」ことによって教育学部特有のより深い文化を形成することができる。それは、教師としての力量の基盤になりうる。

③　継続的に現場に関わりながら、自立した責任ある現場への新参者を育てることにより、児童・生徒の発達・生活に長期的に参与することができる。これは、児童・生徒の生活の理解および、教員の仕事の理解を図るものである。

3.　教員養成型 PBL 教育の課題

　これまで概観したように、三重大学教育学部における PBL 教育は、教育学部全体としての教育改革や FD 活動とともに発展しただけではなく、学生や現場との協働に関する研究グループによって推進されたことが特徴である。その結果、図Ⅱ-2 のように学生と教員が協働する授業モデルを創出した。例えば、「参与観察・授業実践モデル」は、小規模特認校などにおける参与観察を蓄積し、現場の課題を提起し、現場の教員と解決するものである。そのプロセスで、学生の参与観察は貴重なデータとなるが、事例検討における大学教員

の専門的知識や、理論を根拠とした省察の過程が重要となる。また、「総合モデル」は、音楽・美術・ものづくりなどの総合的なプログラムであるが、対象となる子どもの理解が必要であることから、教員の関与は不可欠である。

一方、「学生開発型授業実践モデル」「プラクティス・クラブ・モデル」「学習支援型モデル」は、学生の主体性に委ねられる割合が高くなる。

図Ⅱ-2　教員養成型 PBL 教育の類型

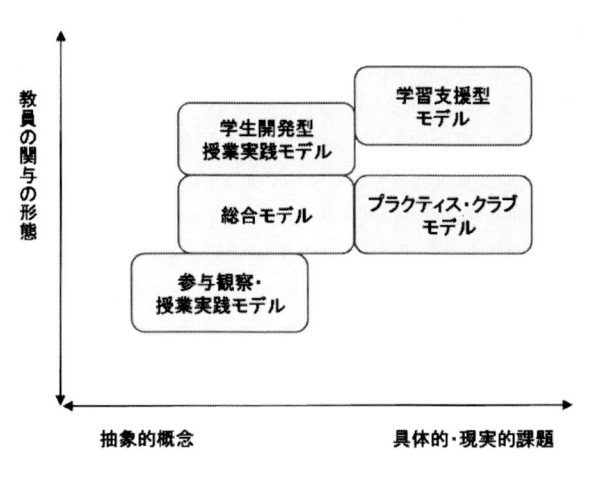

（三重大学 COE(B)、2009）

図Ⅱ-3　授業形態類型化の視点

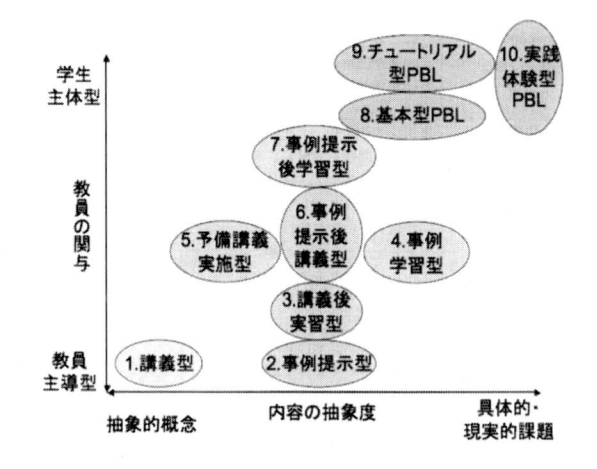

（三重大学高等教育創造開発センター編、2007）

以上、図Ⅱ-2 の図Ⅱ-3 で示した医学部型の授業形態と異なる点をまとめると以下のようになる。

① 医学部の授業形態（図Ⅱ-3）が類型図の左下から右上に進むことに対し、教員養成型 PBL のモデル（図Ⅱ-2）は、類型図の右上から左下に向かう。これは、具体的・現実的課題について、学生が主体的に学ぶことからスタートし、教員が、実践と往還できる理論・知識を提供する役割であることを意味する。
② 図Ⅱ-2 の各モデルには、現場との協働とチューター育成が含まれている。

表Ⅱ-4、表Ⅱ-5 で示したように、近年は、教育学部全体の授業の約 2 割で PBL 教育が展開されているだけではなく、研究レベルにおいても、図Ⅱ-2 のような多様なモデルが創出された。結果、多彩なコンテンツが蓄積されるようになったが、一方で、現代的な教育課題に直結した典型的な事例学習の開発も急務となった。そこで、次章で述べるシナリオの開発を進めるに至ったのである。

【引用文献】

Duch,B.J., Groh,S.E. & Allen,D.E. ed.(2001), The Power of Problem-based Learning, Stylus Publishing.
（ダッチ・B・J，グロー・S・E，アレン・D・E 編，山田康彦・津田司監訳，三重大学高等教育創造開発センター訳（2016）『学生が変わるプロブレム・ベースド・ラーニング実践法―学びを深めるアクティブ・ラーニングがキャンパスを変える』ナカニシヤ出版.）

三重大学 COE(B)：国立大学法人三重大学教育学部 "Kansei" プロジェクト（2009）『感性システムの構造化とそれを基盤としたアクションリサーチ的アプローチの可能性の探究～「感じる力」を培う教育モデルの開発に向けて～　平成 16 年度～20 年度活動報告書』, 16.

三重大学高等教育創造開発センター編（2007）『三重大学版 Problem-based Learning 実践マニュアル―事例

シナリオを用いた PBL の実践－』, 1-2.

根津知佳子・森脇健夫・松本金矢（2006）「教員養成型 PBL 教育の課題と展望～Moodle を使ってのチューター・学生の自立的活動の支援を通して～」『京都大学高等教育研究』, 30.

Ⅲ　事例シナリオを用いた PBL 教育

森脇健夫

1. 事例シナリオの必要性

1.1. 医学分野の PBL 教育における（症例）シナリオ

　PBL(Problem-based Learning)教育の創始は、1969 年、カナダの McMaster 大学にまで遡る。その趣旨は次のようなものであった。それまで医学教育では、教師から一方的に大量の知識を教え込むことが一般的であり、学生の主体性は蔑ろにされてきた。その状況を 180 度、コペルニクス的に転換することを企図し、PBL 教育が取り入れられたのである（なお PBL 教育の歴史的な説明については第 I 章（山田康彦論文）参照）。

　PBL 教育においては、現実の臨床場面を描写した症例シナリオを、少人数グループ（6，7 名）で討論し、患者の問題を解決するために必要な知識、考え方を学生自身が探究することによって教育内容を獲得していくものである。学習者の学習動機を高め、臨床現場に即した主体的な知識の獲得、問題解決能力の養成、討論を介したコミュニケーション能力の獲得が目指された。

　この医学教育の革新は、全世界に広まり、日本においても 1990 年代から医学教育を中心に取り入れられるようになってきた。この PBL 教育において学習者の活動の中心に置かれているのが、（症例）シナリオをめぐって行われる探究、討論である。

　とくに（症例）シナリオは、臨床経験ができない医学教育の初期の学習者にとってきわめて重要なアイテムである。症例をどう判断するかについて必要な情報がシナリオに記載されていることは必要不可欠なのだが、それだけではなく症例の「世界」への誘いができるか、が問われる。

　その点に関して、小田康友（2008）は次の二つの例を出して説明している。まずは事実から判断が可能な最低限の情報が組み込まれているシナリオである。

シナリオ 1（シーン 1）
- 中田勝弘、21 歳男性、佐賀大学医学部 3 年生
- 新入生歓迎コンパで飲酒（ビールジョッキ 4 杯＋焼酎 2 杯）した後、自力で歩けなくなった。友人に背負われて帰宅したが、友人の呼びかけに対する反応が弱く、その後、嘔吐、尿失禁していたため、救急車を要請
- 発熱あり、飲酒前に風邪薬を服用していた模様。

シナリオ 2（シーン 2）
- バイタルサイン（救急車内）
　　意識レベル II -20
　　体温 38.8℃　血圧　130/60mmHg　脈拍 120bbm/整
　　呼吸数 24 回/分　SpO2.97%
　　右下肺のエア入りが不良

　そしてもう一つは次のシナリオである。もう一つのシナリオは、「患者」の様子や周囲の状況、とくに周りにいた学生の判断、感情、行動が入れ込まれたものである。いわばストーリー化されたシナリオである。上

理論編

のシナリオに比べると、まずは分量が多く、必要な情報以外にも多くの雑多な情報がまぎれこんでいる。しかし一方、「患者」を外から見た様子や周囲の人間の狼狽ぶりなど、読み手がこの状況に入り込むための「手がかり」がいくつも存在する。

シナリオ2（シーン1）

「しっかりしてくれよ、まったく・・・」

寝ている中田に声をかけ、隆志は中田のアパートを後にした。新入生歓迎コンパで酒を飲み、歩けなくなった中田を送り届けたところだ。もう22時を過ぎているが、隆志はこれから二次会に合流しなくてはならない

隆志と中田の属するワンダーフォーゲル部にとって、今日は大事な日だった。三日前の入学式以来、地道に続けてきた新入生募集活動が功を奏し、興味を持った新入生3名が、部の歓迎会に来てくれたのだ。にもかかわらず、今日参加した上級生は、三年の隆志と中田、そして四・五年生の先輩を含めて5名だけ。ほかの2人の部員は、「熱が出た」とか言って歓迎会をドタキャンしてしまったのだ。

隆志と中田は、盛り上げ役に徹し、お酒もよく飲んだ（2時間でビールジョッキ4杯と焼酎2杯）。中田が途中から「気分が悪い」といって、壁にもたれかかっていたのは知っていたが、勧誘に忙しくて、気遣っている余裕はなかった。

帰るころには、中田は寝ぼけて一人では立てなくなっていた。アパートに運び込み、布団に寝かせたものの、呼びかけても、うなるだけでちゃんとした返事はしない。へんないびきをかいて、仰向けで大の字で寝てしまった。体が妙に熱っぽく、息が荒い。テーブルの上に、開封した風邪薬があるところをみると、風邪でもひいていたのだろう。今日は薬を飲み、無理して参加したようだ。

シナリオ2（シーン2）

「お茶くらい、買っといてやるか」

ふと隆志は立ち止まった。あの調子では、明日も二日酔いだろう。500 ccのペットボトルを2本買うと、中田のアパートへ戻った。

ドアを開けると、ツンと異臭が鼻についた。「吐きやがったな」と隆志は舌打ちした。

中田は右向きで背中を丸めた姿勢で、枕に吐物をまきちらしている。ときどきゴフッ、ゴフッとむせたように咳き込んでいる。布団をはぐと、何と、尿失禁までしており、ジーンズ・布団までぐっしょりだ。

「すみません、こんな事情で、二次会に遅れそうです」

隆志はキャプテンに電話した。だが、キャプテンの返事は意外なものだった。「バカヤロー、すぐ救急車を呼べ！俺もすぐ行くから！」何で？

救急車に同乗したのは初めてだが、乗り心地はよくない。うるさいし、揺れるし、狭い。こっちが車酔いしてしまいそうだ。

救急隊が連絡しているのは、佐賀大学附属病院の救急部のようだ「意識レベルⅡ—20、体温38.8度、血圧　130/60mmHg 脈拍120bbm/整、呼吸数24回/分　SpO2.97%、右下肺のエア入りが不良で・・・」という声が聞こえてくる。

「大学か...」隆志はつぶやいた。「また学生の急性アル中事件」とかいって、問題になるかもしれない。ワンゲル部、廃部の危機？

でも、ひょっとして、中田って、結構ヤバいのか？？何で？？

小田は、現場経験、知識ともに乏しい初心者は、文字情報から状況を描く実力に乏しく、また文字情報から当事者の立場に二重化しがたい、と述べる。そしてその初学者には後者の叙述的シナリオが有効

だ、と指摘する。

　叙述的シナリオ、すなわちストーリー性のあるシナリオのリスキーな点もあるが、読み手への配慮がシナリオ作成に活かされている点は評価したい。

　なお、小田・増子(2006)はPBL教育の到達点と課題について、「近年、PBLの教育効果についての研究結果が総括されたものによれば、PBLの利点は『卒業生の学習に対する満足度が高い』ということ、『卒業生がより良好な患者・医師関係を構築できる』ということだけで、『基礎医学の成績は従来の教育を受けた学生よりも幾分悪い』、『臨床医学の成績もほんど差がない』こと、『卒後の生涯学習の習慣にも差がない』ことがしめされている」としている。

　また理論的な問題として重要な問題提起を行っている。「PBLは症例（問題解決を要する事例）のグループ討論に基づいた自己主導型の学習である。これは臨床現場での問題解決能力を向上させる学習内容、過程として従来の『知識基盤の構築からそれを応用した問題解決』から『問題解決経験での必要性の認識に基づいた知識基盤の主体的構築』へ、大きな転換がなされたものである。この転換は『患者の臨床的な問題状況に沿って学習された概念は、他の患者の問題解決に応用可能である』という仮説が基盤となっているが、この点についても認知心理学の立場からの問題提起がなされている。学んだ知識の転移は実践や多彩な例を通して、比較や対比によって促進されるものであるが、PBLはそれを促進するものではないとされていることである。概念を臨床的な状況に沿って学習すれば、知識はその状況に沿って習得される。だが、その知識を応用して問題を解決するには、新しく直面した問題状況が、古い問題に類似していることを認識できなければならない。問題状況の類似性の把握のためには、現象そのものではなく構造レベルの類似性を認識できる能力が不可欠である。このような状況特異性(context specificity)を認識できる能力養成への配慮がPBLには不足しているという指摘もある」

　この状況特異性(context specificity)の問題は後に再論する。

1.2. PBL教育の拡がりと事例シナリオ

　第Ⅰ章で山田が述べるように、欧米において1960~70年代に医学教育を中心にProblem-based Learningが始まり、他方で工学教育を中心にProject-based Learningが開始され、90年代になり、日本にも医学部、工学部を中心に導入された。また医学、工学以外の分野にも広がっていくことになる。2006（平成18）年からPBL教育を全学的に展開し始めた三重大学は先駆的な位置にある。

　三重大学の場合、PBL教育の定義を広く解釈すること（三重大学高等教育創造開発センター編, 2011）によって、教養課程を含めた全学的展開を促進しようとしたが、あまりにも拡散しすぎることによってかえってPBLとしての本質が曖昧になってしまった。近年、その反省をもとに、PBLを狭く再定義し、実践内容の質をPBLとしてふさわしいものにしていく方向性に転換してきている。また、さまざまな専門分野を抱える教育学部の場合、左の図のように現場連携型PBLを主軸としたPBL構想が考えられた。（なお、詳しくは第Ⅱ章　根津論文参照）

現場連携型ＰＢＬ		事例研究型ＰＢＬ
Ａ－Ⅰ 教育現場でのアクション・リサーチ	Ｂ－Ⅰ 地域・企業 問題解決型	Ｃ
Ａ－Ⅱ プロジェクト 活動型	Ｂ－Ⅱ 製品開発型	

　工学系を中心に広がったProject-based Learningにおいては、シナリオは不要であり、かつProblem-based Learningでも、必ずしもシナリオが必要とされなくなってきている。そうした動向の中でなぜ今、あえて事例シナリオを用いた学習が教員養成教育として必要なのだろうか。

　なお、医学教育における（症例）シナリオも含めて、事例を内容として扱うシナリオを事例シナリオと呼ぶことにする。

1.3. なぜ教員養成型 PBL 教育で事例シナリオが必要なのか？

1.3.1. 教員養成教育の課題としての実践的指導力（の基礎）の育成

　教員養成教育において、実践的指導力（の基礎）を身につけることは焦眉の課題になっている。従来の教員養成カリキュラムにおいての教育現場とのかかわりは、教育実習に限られていたが、早期（例えば一年次）において教育現場に参入し、子どもとのふれあいをカリキュラムの中に位置づけることはすでに多くの大学で取り組まれている。

　だがそうした現場への早期の参入（early exploring）が実践的指導力を身につけることにつながるか、というとそう簡単には言えない。学生は現場においてさまざまな問題に遭遇するが、それを解決するどころかその糸口も見つけることもできずに、心に傷をおってしまう、あるいは逆に「問題にしない」ことや「やりすごす」方策を身につけてしまうことすらありうる。いずれも実践的指導力を身に着けることからはほど遠い。現場への参入は大学の理論の場との往還が保障されてこそ、その意味づけができるわけだが、理念として往還が掲げられてはいるものの、カリキュラムとして省察科目が実際に機能しているかと言えば疑わしい。

　ところで学生は教員採用試験に合格し現場に出ていくとさまざまな問題に直面する。2017 年 11 月の初任者研修会でアンケートをとったところ（79 名）、80% 以上の初任教師が 1.「児童・生徒個人の課題、あるいは関係」、2.「学級経営上の問題」、3.「授業づくりや授業実践上の問題」の 3 点については、課題（悩み）があると感じており、課題（悩み）は「ない」の回答は 0 であった。

　こうした問題は、教師としてのアイデンティティの危機とかかわっており、問題への拙劣な対処が、「心が折れてしまう」挫折をもたらす可能性もある。しかし教員養成大学としては、現職としての教師が直面する問題状況への対処を直接的に養成の課題としてたてることについてはかなり難しいといわざるを得ない。現場での問題が上のアンケート結果のように定式化できるとはいえ、その現れ方が状況依存的だからである。例えば、A という学校での関係性の問題の対処の方法は B という学校ではまったく通用しないということが往々にしてある。したがって一般的に通用する基礎・基本的な知識は例外としても、マニュアル的な解決方法を養成教育でいくら学んでも、おそらく現場の問題に役に立たない。

　また、大学＝理論の場における講義等で実践現場での事例検討は行われているが、その多くは理論の説明のための事例の使用ということにとどまっている。理論を活用しながら本格的な事例検討が行われる枠組みを有する PBL 教育は、大学での教育実践研究を切り拓く可能性を持っている。

1.3.2. PBL 教育として事例シナリオを用いる教育がなぜ必要か

　PBL 教育の先進分野であり、シナリオが一般的に使われる医学教育では、とくに初学者が臨床場面を体験することが難しいのに対して、教育実践分野の場合は、教育実践に参画し臨床的にかかわることが可能である。もちろん現場の条件や環境によっては難しい場面もあろうが、家庭教師や塾のバイトに多くの学生がかかわる現状をみても、「教える」「学びを支える」「子どもと触れ合う」場に参入することに伴うリスクは社会的に容認できるものであると言えよう。

　現場へのアプローチにおいてシナリオによる事例研究が唯一のルートではないのである。またリアリティ・臨場感という観点から見ればアクション現場において実践者とともに問題を解決するアクションリサーチ型の方が優れているという点もある。

　それでは、教育実践研究においてシナリオを用いる意味はないのだろうか？

　シナリオを用いることに意味があり必要な場合もある。

　1 つ目は、教育実践研究においても学生がなかなか出会う機会のないトピックや対処の仕方を間違えば、人間関係を損なったり、あるいは事例によっては命にかかわる問題につながる（例：大津のいじめ自殺事件）ような問題についてはシナリオ化すること自体に意味があるだろう。新任教師が出会うであろう既述の 3 つ

の問題についてもシナリオ化が早急に求められる。

　2つ目は、教育実践研究分野できわめてはっきりとした理論や基礎・基本について事例研究を通して獲得させることができる、という意味である。

　3つ目は、シナリオを明文化することによって、教材として共有したり、発信・受信しながらより質の高い教材文化を作っていく道を開くことにつながる、という意味である。

　教師として課題解決をOJT(On the job training)で学んでいく問題も多くある。しかし現場に入る前に、現場とは離れた空間・場の中で、教育課題と向き合いながら、理論および多くの実践的な知見を持って解決にあたるという経験は、課題に対する見方・考え方を多角的、多面的にするという意味においても貴重な経験である。

2. 事例シナリオとは何か？事例シナリオが兼ね備えるべき要件とは何か？

　PBL教育においては上のような経験は事例シナリオとして示されることになる。事例シナリオは、日常の経験に即した事例を扱い、したがって虚構の創作例と比べると、圧倒的な具体性とアクチュアリティを兼ね備えている。そしてそのことが学習者の学習をリードしていく。しかし、一方では特有の課題も持っている。まず、事例シナリオをつくるにあたっての課題（困難性）を検討しておきたい。事例シナリオは現実からの言語による「切り取り」を必然的に伴い、それが学習の質を規定するからである。さらにその前提の上に事例シナリオの原理、及びどのような形態が考えられるかを論じたい。

2.1. 教育実践研究の特質と事例シナリオ

　事例シナリオ作成の一般的な課題として次の点を挙げることができる。

　第一に挙げられるのが、全体状況の全体性を損なわずに事例シナリオとして記述できるかという点である。この点は読み手が感じるアクチュアリティ・臨場感に関係する。

　さきほどの小田康友の作成した2つのシナリオをもう一度取り上げよう。

　確かに小田が述べるようにストーリー化することによって、読み手がよりリアルに状況に入り込むことができる。しかしストーリー化はもろ刃の刃でもある。それはストーリー作成が語り手（ストーリーの著者）によってなされることによる。ストーリーの著者によって全体状況は切り取られ、再構成されているのである。小田も「過不足でない事実がそろった症例報告的シナリオでは場面から事実を見出す努力が不要となり、問題発見力や情報収集力が育たない」と述べている。本来ならばストーリーから全体状況へと探究がひろがっていかなければならないのだが、ストーリーに読み手がからめとられてしまうのである。

　つまり全体場面は理解が難しい。だからと言って必要な情報だけ取り出したbone of content（内容の骨子）では状況の理解が難しいし、ストーリー化すれば内容の理解は進むが分析的な問いを阻んでしまう（森脇, 1994)、このアポリアをどのように解決すればよいのだろうか？このことが第一の論点である。

　この論点についての筆者の考えは以下の通りである。全体の状況を記述することは不可能である。そして内容の骨子だけでは状況を理解することが困難である。つまりストーリーを使わざるを得ないのである。ストーリーの使用の方法としてそのストーリーを相対化しうる、つまり別のバージョンのストーリーが成立つことを学習者に意図的に意識できる機会を与えるという方策を用いることができる。すなわちストーリーを異論にさらすという方法である。異論にさらされることによってストーリーの不備が明らかになる。そのことによって学習者はどのような情報が不足しているのか、コンテクスト（文脈）の理解が不足しているのか、を自覚することができる。

　もう一つ、この論点は医学と教育（実践）学の専門性の違いに所以するきわめて奥深い問題だが、その問題が教育実践を対象としたシナリオ作成にかかわって存在する。

それは、さきほど述べたようにシナリオ化された状況における問題発見、解決が果たして他の状況における問題解決に役に立つかどうか、という点について医学とその他の学問の違いということが挙げられる。グレイザー(Nathan Glazer,1974)は、メジャーな専門家（医学、法学）とマイナーな専門家（社会福祉、教育）の違いとして、その目的の明確さを挙げている。目的が明確であることは、問題解決的なシナリオづくりにとって決定的である。シナリオにちりばめられた有用な情報をピックアップし、他の症例と対応させながらそれを総合的に判断し、診断すればよいからである。医学が、診断・治療というそのこと自体がきわめて明確な方向性を持つのに対して、教育実践における実践的解決はそう簡単ではない。目の前で子どもどうしの「けんか」が起こったとしよう。それをやめさせることが唯一の実践的な目標になるとは限らない。ある場合にはとことん「けんか」をさせ、お互いに言いたいこと言わせることも必要かもしれない。そしてそれは状況や条件によって変わってくる。一対一なのか、複数なのか、口げんかなのか暴力を伴っているのか等、目標そのものが移り変わる状況に左右されてしまうのである。

「正解」に至る問題解決過程、すなわち医師の思考・判断を「なぞる」ことに意味がある医学教育に対し、「正解」そのものが一つとは限らない、ときには「正解」がないことすらありうるのが教育実践である。

ショーン（Schön,D,1983）は従来の専門家像を「技術的熟達者」とし、その根底に実証的な認識論があること、また理論と応用のヒエラルキーが産み出されることを明らかにした。彼は現代の混沌とした実践現場において技術の応用が通用しないことを明らかにした上で新たな専門家像＝反省的実践家を提示した。

医学教育の事例シナリオは、ショーンが批判した技術的熟達者像のイメージをそのまま持ち込んでも成立するシナリオであるように思える。医学教育の場合、なんらかの明確な目的とそれに至る方法論があって、それをどのように学習者に伝えればより知識が活性化する形で伝えられるか、が教育課題となる。同じ正解であっても、問題解決的にその正解に至るのか、それとも正解が教える側によって押しつけられるという受動的な学習とでは、同じ知識であってもまったくそのヴィヴィッドさが異なる。ただし、さきほどの小田の問題提起のように、「患者の臨床的な問題状況に沿って学習された概念は、他の患者の問題解決に応用可能である」という仮説自体が揺れていることも指摘しておかなければならない。

それに対して教育実践は技術の応用の前に常に問題の確定と解決の目標が刻々と変化する過程の中にある。したがって事例シナリオを作ることができたとしても、教育の専門家（「技術的熟達者」と仮定しよう）がその問題を解決できるとは限らない。むしろ現場において求められるのは「反省的実践家」でイメージされた専門家のように瞬間的に自省（reflection in action）しながら最善の手を打っていくことである。

そのことをどのように事例シナリオに表現することができるのか、かなり困難な課題である。

この課題を意識し克服するために次のような事例シナリオの原理を提案する。

2.2.　対話的事例シナリオの原理

教育実践分野においても、その教育として基礎的・基本的な知識と技術の伝達が必要な場合がある。その領域や部分においては、問題の発見と「正解」に至る解決の方法の習得が目標となる。しかしながら、教師の実践的指導力のその大部分は、○○な状況の中で△△が□□してしまった、どのような手を打てばよいか？という問題状況をどのように解決すればよいか、という際に発揮されなければならない。さらに複雑なのは、その「打った手」によって状況が変わり、また新たな問題状況が生まれることである。例えば問題行動を起こした子どもをとりあえず教室の外で別室指導をしようとすれば、別室での指導は成り立つかもしれないが、その後の教室は「教師のいない無秩序な場所」に変わってしまう可能性がある。一つの小さな「教師の行為としての正解」が大きな問題を引き起こすことも多々ある。

現場の教師は経験によって得た実践的知識によってこうした問題に対処している。実践的知識とは、職業生活の中で生きて働く知識であり、領域、場面固有に働き、身体的、暗黙知的で言語化して説明するのが難

しい知識である。専門家である教師はその状況においては特有の思考様式を発揮している（実践的思考様式）。佐藤学(1996)は、その思考は熟練教師の語り(narrative)の中に表現される、と述べている。

　教員養成の学生に熟練教師と同じことを望むべくもない。しかしながら、個別的な文脈の中で、熟練教師がどのように思考・判断し、働きかけを行うか、ということを自分の思考・判断と対照させながら理解することに意味がある。そこで私たちは、事例シナリオを状況との対話が可能であるように組織できないだろうか。そして辿り着いたのが対話的事例シナリオである。

　対話的事例シナリオの原理は次の三つである。

1.　目的は、正解に至ることではない。むしろ多角的に問題をとらえ、問題の所在を確定し、問題の探究のために必要な情報や知識を得ることが目的となる。そのためには観の自覚化、相対化、変容が必要になる。観についてはあらためて論じる。

2.　専門家の知識（見識）に触れる機会は重要だが、専門家の解決過程をなぞる、ことが学習のたどるべき過程となるわけではない。専門家の解決が唯一無二の「正解」ではない。

3.　対話的シナリオの授業実践化（授業実践における使用）にあたっては、事例シナリオと学習者が対話できるように授業者は支援を行う。

2.3.　3つの「筋立て」

　学習者にストーリーを示すことを基本的な要件とする対話的事例シナリオだが、その「筋立て」についてはおよそ3つの構成が考えられる。

　1つ目は、「問題状況判断型事例シナリオ（以下、「判断型シナリオ」とする）」である。

　この事例シナリオでは、状況から問題を析出することが課題となる。例えば、さきほど例にあげた「けんか」のシーンである。休み時間に教室に戻ってきたら、A 君にぶたれたと言ってB 君がやってくる。そのときにこの「けんか」を「いじめ」ととらえるのか、それとも「けんか」ととらえるのか、が問題になる。「いじめ」については文部科学省の示す定義があり、それにあてはまると判断するならば、毅然とした態度が求められる。その際には問題の本質をとらえる観点や視点がきわめて重要であり、この事例シナリオの目標はその観点や視点を獲得するところにある。

　2つ目は「判断根拠追求型事例シナリオ（以下、「追求型シナリオ」とする）」である。

　この事例シナリオは、1 の判断型シナリオとは逆に先に結果を示し、なぜそのような判断をしたかを問う事例シナリオである。事例としては、おそらく1 の事例よりもより困難で複雑な状況における問題解決やまた問題の解決の仕方として複数の解がある場合、有効である。例えば他の学年の子どもたちとけんかをして、自分から手を出したことについて謝らなかったC 君に対して、教師がその場で謝らせるのではなく、クラスに持ちかえって指導をしたという例がある（秋田・佐藤，2006）。そこでその教師がそういう対処の仕方をした理由や判断の根拠を問うのである。

　なぜ、その場で謝らせなかったのか、という批判はそれとして可能だろう。しかしそうしなかった訳に、すなわち教師がどのようにその子どもをとらえているのか、そして学級の中でそのことをきっかけにどんな「できごと」が起こるかを願っていたのか、ということに寄りそって考えてみることに価値をおくのが、追求型シナリオの特徴である。

　3つ目は多様な「物語産出型事例シナリオ（以下、「物語型シナリオ」とする）」である。

　問題状況だけを示して、その問題状況に対して自分なりにどのような判断をし、どんな解決をしていくのか、その際にどんな反応や新たなできごとがあるかを予測させるシナリオである。学習者が予想する物語は1つの可能性としての未来であり、それとして尊重されるべきである。一方、さまざまな物語に触れさせ、自分の物語を相対化し、リフレクションする機会も大事である。

　対話的事例シナリオにおいては、このように事象との対話、事象に向き合う教師（実践者）との対話、そして他者（学習者同士）との対話を通し、問題状況の中でより的確に本質に迫り、唯一の解決策ではなく、ベターな解決策を求めることができるように構成されなければならない。

2.4.　対話的事例シナリオでできることとできないこと

　教員養成教育の授業科目の目標は、汎用的な能力を育てる一面をもちながら、一方では、授業科目特有のものもある。対話的な事例シナリオによる教育ですべての授業科目の目標をカバーすることはできない。したがって、授業のシラバスをどう組み立てるかは、探究に値する課題である。

　事例シナリオにはその力を発揮し、効果をあげうるポイントがある。

　1つ目は、教育実践研究においても学生がなかなか出会う機会のないトピックや対処の仕方を間違えば、人間関係を損なったり、あるいは事例によっては命にかかわる問題につながる（例：大津のいじめ自殺事件）ような問題についてはシナリオ化すること自体に意味があるだろう。新任教師が必ず出会うであろう問題行動を起こす子どもへの対応以外でも、特性を持った子どもへの対応、保護者や同僚（管理職）との関係における対応、などである。

　2つ目は、教育実践研究分野できわめてはっきりとした理論や基礎・基本について事例研究を通して獲得させることができる、という点である。教科教育の基礎・基本、あるいはマナーなど、誰もがきちんと理解し、その上に立って授業を行わないといけないような事象である。

　とくに1つ目の稀少例だが、対応の基本的な考え方をきちんと持っておくことが必要な場合には、この事例シナリオが効果を発揮する。ただし、問題解決の方法は状況によって異なる。医学教育における PBL 教育が期待している問題解決能力（症例シナリオの分析を通して診断の正確さと解決に至る過程の的確さ）ではなく、問題の所在の発見に重点が置かれる。その発見のプロセスのターニングポイントは学習者の観の自覚と相対化、変容である。

3.　対話的事例シナリオを用いた PBL 教育の目標・・・観の自覚と相対化
3.1.　個別事例研究との相違点

　事例シナリオを用いた PBL 教育は個別事例研究ではない。個別事例研究は、事例が抱える課題の発見と解決が目的となる。またその一方、事例解決の原理の獲得やその応用が目的となる。それに対して事例シナリオを用いた PBL 教育の目的は、観の自覚化と相対化にある。教育的な事象の場合、学習者はその事象に被教育体験を通してかかわりを持っている場合が多い。例えば「いじめ」問題を一つ取り上げても、いじめ、あるいはいじめられる体験を持っている割合は、三重県でもほぼ6割をこえている。ある意味、学生は「いじめ」を知っている。だが、そのことが、解決を困難にしている場合がある。「いじめられる方にもいじめの原因があるのではないか」という原体験が、「いじめ」に対する曖昧な態度をもたらしてしまう。このような「ものの見方、考え方」＝観そのものを自覚化、相対化し必要な場合は転換することが必要になってくる。対話的事例シナリオを用いた PBL 教育での狙いはそこにある。

3.2.　「観」とはなにか？「観」の相対化と変容はどのように起きるのか？

　「観」とは、実践者の信念の体系、すなわち哲学とも言えるべきもので、教育実践に対するコアとなる考え方である（図Ⅲ-1）。

　私たちは、"問題の所在を発見する力"に「観」が関与していると考えている（森脇・根津，2009）。図Ⅲ-1に示すように「観」は、教育観、授業観、児童・生徒観などの多様な観の集合体であって、具体的には授業要素（目標・教育内容、材、教授行為、学習者把握）に一貫性を与えるものである（森脇，2011）。

図Ⅲ-1 「観」の構造

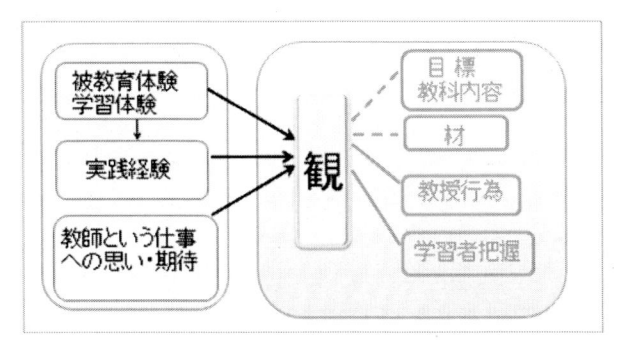

(森脇、2011)

図Ⅲ-1 で示したように、実践者個人におけるこれまでの様々な経験や思考の積み重ねによって「観」が形成され、実際の実践の中での授業要素（学習者や教授行為など）との相互関係によって更に「観」が形成されていく。その一方で，まだ現場経験のない教員養成段階の学生に置き換えると、現場経験のない学生においても、それまでの被教育体験を通して持っている素朴概念が既に存在しており、それが教育実践を見る一つの「観」として形成されていると考えることができる。このことは、学生の授業における教育や教師に対する内容のレポートを自身の「こだわり」に基づいて記述する場合があることからも見て取れる。

教育に関する何らかの素朴概念を持っている学生ではあるが、現場の教師がもつ「観」との明確な違いは、実際の実践（学習者や教授行為など）とのつながりが経験不足により意識されていないという点にある。こうした点から、学生の「観」の自覚と変容のプロセスの具体的な姿を明らかにし，そうした契機を与えられる実践づくりが求められる。

3.3. 「観」の自覚化、相対化、変容はなぜ重要なのか？

教育事象は学習者もすでに「知っている」事象であるだけに、学習者がその見方、考え方から自由になることが難しい。そしてそのことが、問題の所在の発見、解決を困難にしている場合が多い。例えば問題行動を起こす子どもに対応する場合、問題行動だけが目に入り、個別の対応に終始してしまう。しかも否定的な事象だけに目が奪われ、それを解消しようとする。否定的な事象を改善しようとする試みはたいていうまくいかない。しかもその間、全体への指導が空白になり、違う場所でまた問題が起こったりする。そうなると「もぐらたたき」状態になり学級全体が「崩壊」していく。いじめ問題にしても、当事者（加害者と被害者）だけを問題にしていては、その問題の解決の糸口をつかむこと、また「いじめ」が起きる「土壌」（場）を変えることができない。いじめの「被害者」、「加害者」の周りには「観衆」「傍観者」（森田洋司はこの構造を「いじめの四層構造」と呼ぶ。）（森田，2010）が存在する。そこに働きかける必要がある。それには、加害者と被害者から目を転ずる必要がある。

目の前の事実は変えられないかもしれないが、ものの見方・考え方によって事象の意味のとらえなおしができる。そのことによって新たな問題の所在の発見、解決の別の方法が見つかる可能性がある。つまり観の転換が必要なのである。

そのプロセスをリフレクティブに構成し、単に結果として新たなものの見方・考え方を得るというだけではなく、自らの「ものの見方・考え方」（「観」）を自覚化、相対化し、必要であればその転換をはかっていく経験を組織することが必要である。

4. 対話的事例シナリオの要件（事例と「観」の「行き来（往還）」の設定）
4.1. 4つの展開場面

対話的事例シナリオは"観"の対象化と変化・深化が、教育実践者に不可欠であることから（赤木・山田・森脇・根津・中西・守山・前原，2014）、学習者が他者や自己と充分な"対話"ができることを担保する学びの"しくみ"も必要になる。そこで、筆者らは、対話的学びを促進するために、「唯一の正解（問題解決）」を提示しない「対話的事例シナリオ」の次のような原理を創出した。

(1) 事例の提示

(2) 定説（よくありそうな対応）の提示

(3) 定説に対する批判

(4) 定説にかわる実践例の提示

4つの局面を具体的事例をもとに提案した赤木の報告を紹介する。（赤木・岡村，2013）

(1) 事例の提示は次のように行われる。

水が苦手
プールに入らない
感覚過敏？

【質問1】あなたが保育者ならどのように
　保育を行いますか？

(2) 定説（よくありそうな対応）の提示

よくありそうな対応

■無理に誘いかけず、徐々に慣れるように

「気になる子」や、発達障害の子どものなかには、感覚の過敏さを持つことがあります。私たちが思っている以上に、水に濡れるのがイヤなのです。だから、他の子どもと同じように誘いかけるのは禁物です。手だけを濡らすようにするなどの工夫をして、徐々に水に慣れることを大事にします。

■ご褒美を用意する

徐々に水に慣れることも大事ですが、すぐにはプールに入ることは難しいでしょう。その場合、ご褒美を準備します。「プールのあとは、好きなおもちゃで遊ぼう」と言うことで、プールに入る気持ちを少しでも高めましょう。

徐々に慣れさせる（手だけ）

ご褒美を用意する（プール
のあとは好きなおもちゃ）

確かに、このような対応でもいいような。でも、やっぱりなんか違うんじゃないかなぁ……気になるあなたは、次のページを！

【質問2】この対応について
どう思いますか？

(3) 定説に対する批判① 水が「怖い」ことをどこまで理解しているの？

よくありそうな対応の気になるところ

■子どもに無理をさせないで、水に徐々に慣れさせることは必要です。しかし「慣れさせる」対応をする前に、2つ押さえておきたいことがあります。1つは、水を怖がる子どもの気持ちをどこまで理解しているかということ。もう1つは、子ども自身が水に慣れていくプロセスを大事にしているかということ。この2つの視点がない「徐々に慣れさせる対応」は、子どもにとっては、水に触れさせられたという強制感につながります。

■ご褒美を用意することのすべてを否定しません。しかし、このような取り組みをすることで、L君はプールあそびをこれから好きになるようには思いません。プールそのものの魅力を保育者は伝えることができていないからです。

ご褒美よりも，プールそのものの魅力を伝えるのが保育者の仕事では？

水が苦手でプールや水あそびを怖がる

そこで、視点を変えるとこんな実践も

プールのまえは
ダンゴムシおどり
好きなあそびで安心

りょう……3歳児。お水が苦手でお水に近づく姿は、あまりない
ABCDE……クラスの子ども

定説に対する批判②

　　子どもの視点で
　　「怖いもんは怖い！」
　　あこがれが嫌なものを乗り越える

この日も暑い日ざしに朝早くから水あそびが始まりました。Aちゃんたち5～6人は、ホースのトンネルくぐりで、わざと水にかかって喜んでいます。Bちゃんは、ビニールプールで魚釣りごっこ。Dちゃんは、プリンカップを蛇口に置き溢れさせてはじけるのを喜んでいます。Eちゃんは、ジョロで花に水をあげながら時々頭に水をかけています。

そのうち、Bちゃんは、Aちゃんが洗たくごっこをし始めると一緒に仲間入りです。

そんななか、りょう君は、園庭でダンゴムシ探し。捕まえると「いたーいたー」とプールの傍にいる保育者に見せてくれます。そこで、

保育者「どこにいるのかな？」と言うと、

りょう「しってる。しってる。こっち。こっち」と案内してくれました。

りょう「あっ。いない。いない」

保育者「いるかなー」

りょう「いた。いた。いたよー」

保育者「本当。いた。いたねー」の声に、プールから出てきた何人かの子どもたちが集まってきました。

りょう「あっ！　まるくなった」

　A　「うごかないねー」

って、プールやりながら、ダンゴムシあそびもしちゃうのか？　全体のプールの時間は？　着替えは？「プールの時間」っていう枠で考えちゃうと、想像できないかも。しかも、この事例、りょう君をプールに一切誘ってないし

でもね、子どもの側から見てみると

「怖いもんは怖い！」

怖いものは怖いのです。イヤなものはイヤなのです。これは理屈ではなく、感覚だから、しょうがない。

感覚は個々に違います。嫌いな食べ物が、ちょっと料理に入っているだけでも気付く。虫が嫌いだと、ほんの小さな虫の存在にも他の人よりも早く気付く。そんなものなのです。だから、多くの子どもたちが好きな水あそびだとしても、嫌いな子だっているのです。

年少さんだったら、まずは「大嫌い」が「ちょっと嫌い」とか、「そんなにイヤなものじゃないかも」って思えるくらいを目標に。

イヤなものを乗り越えるには

保育現場でも、"感覚過敏に対して配慮を"という原則はずいぶん浸透してきていますが、最終的には感覚過敏を乗り越えてほしいという願いは消えませんよね。

その先生たちの願いは大事なことです。しかし、問題は方法です。

「発達には憧れが必要だ」と言われますが、苦手なこと、イヤなことを乗り越えるにも、

やっぱり「やってみたいなぁ」「ああなりたいなぁ」と思えるような憧れが必要なのです。それは、勧められた、説得されたということとは違います。自分が「やりたい」と思えるかどうかなのです。

子どもたちにとっての憧れは、やっぱり子どもたちです。お友だちがどんなふうに水で遊んでいるのか、笑顔で楽しそうに遊んでいる様子を見ることはできているでしょうか？

そして、お友だちの様子を見て「やりたい」と思うためには、みんなと一緒がいいと思える関係になってないと成立しないですよね。少なくとも、好きなお友だちがいなくては。

(4)「定説」に代わる実践例の提示

　　無理にプールを進めない
　　その子の好きな遊び（ダンゴムシ）をプールの近くで
　　ダンゴムシが好きな子どもと同じ班に
　　→好きな友達がプールに入ると・・・

【質問3】この実践のポイントはどこに？

【質問4】全体の感想

　　この展開により、学生の認識に変容が見られたことを赤木は次のように報告している。（赤木・

山田・森脇・根津・中西・守山・前原，2014）

カテゴリー	言及数	例（要約）
保育観・子ども観の転換	10	次スライドで詳しく
子どもの内的状態への言及	2	プールに入った後の子どもはどんな気持ちだったのか？
シナリオから学んだ教訓	4	「やらせてあげたい」とゴールに焦りすぎてしまうと失敗する
シナリオにない保育への言及	2	保育者が普段からの声かけを意識しているからこそだろう
授業形式への言及	2	考える順番が自分の学びにあっていてよい。ただし、自分1人で勉強できるかも。
疑問・感想	5	小学校でもこのような実践ができるのだろうか

【表】1回目授業における質問4の自由記述（受講者19名）

※1人の学生の感想が複数のカテゴリーにカウントされている場合もある

「Aだったが，Bに〜」「Aではなく B」という感想が 19 人中 10 人に見られた。

例）水が怖い子をどうやって水に近づけるかということを考えてしまいますが，実践を見て，話を聞くと，プールに入るということにこだわりすぎず，先を見据えた対応をじっくり行うことが大事だと思った。

例）「プールの時間がなくなってしまう」というように目先のことばかり考えるのではなく，もっと長いスパンで子どもを見て，信じて見守っていくというのがすごく心に残りました。強制してやらせるのではなく，やってみようかなと思える気持ちを育てていくアプローチがだは大事だなと改めて思いました。

例）最初事例を聞いたときは，「いかに水に慣れさせるか」ばかり考えていたが，実践では，そこに働きかけるのではなく，その前段階の「苦手なことに取り組むだめの足場づくり」（今回は友だちづくり）に働きかけていたのが衝撃的だった

そして保育観・子ども観の転換を促した要因として「シナリオの対比的な構成」を挙げている。

「シナリオの対比的な構成」により、学生は事例との対話の中で、自らの「観」を自覚し、新たな実践例と効果の提示の中で、「観」の転換の重要性を認識する。その構成が 4 つの局面の提示である。

ただし、この 4 つの展開場面は、順序を示すものではない。学習者が持っている観を先に問うてしまうという展開もあるし、自ら展開をつくりだす構成的な展開もある。4 つの場面は、事例と観の関係を比較対照可能なように提示する際の指針となるものである。

4.2. ポイントとなるガイディング・クエスチョン

「判断型シナリオ」は3つのシナリオ類型の中でもっとも基本的なものであり、教育実践の固有性を反映したシナリオにあたる。そのモチーフや作成過程についてはすでに森脇他（2013）において詳しく述べた。

「判断型シナリオ」においては、問題状況から問題を析出することができるようになることがもっとも大きな目標である。本書事例シナリオ集「Ⅱ.1 問題行動を起こす子ども」の事例を参照していただきたいのだが、A君の答案用紙を示したあとに、「あなたが教師だったらどう思い、どう対応しただろうか？」と問うたあとに次のようなガイディング・クエスチョンを提示している。

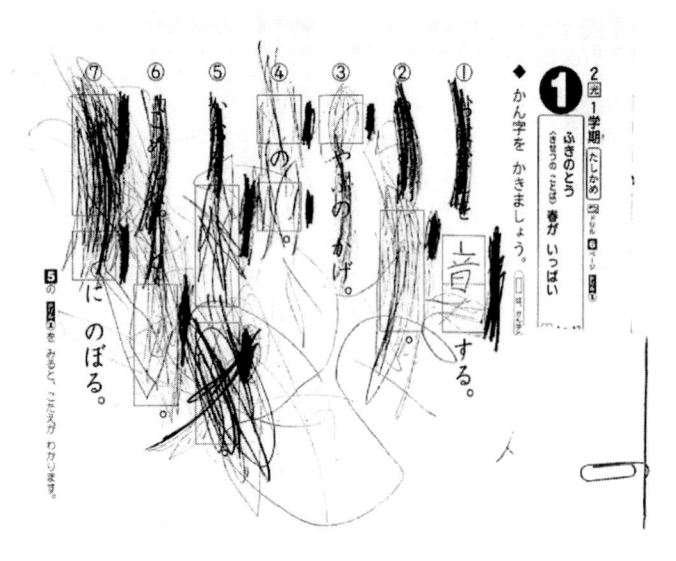

ガイディング・クエスチョン

G・Q1. この答案を見て、A君ができていることを見つけてください。

G・Q2. A君のできていることからどのようなことがわかりますか。

上記の事例シナリオの作成過程を簡単に説明する。

この事例をベテランの教師に示し、どのようなことが読みとれるか聞く機会をもった。特別支援教育歴の長い二人の教師は下のように述べた。

「なんらかの障がいのある子はこんなに『音』という字をきちんと書くことができない。字がつながらな

い。また最後まで投げ出さずに解答欄を塗りつぶしている。この塗りつぶす作業を最後までやりぬいているところからも障がいではないのではないか？だとしたら、何らかのストレスや情緒的な問題がある子だと思う」（Mさん、教育歴20年そのうち特別支援教育歴9年）

「答案用紙を見せていただき、『音』を丁寧に書いていますよね。自信を持って書いたと思います。答案用紙を鉛筆で消していますが、丁寧に（執拗に）消しています。……中略……（A君は）書けないのが悔しいのだろうなと思います。」（Kさん、特別支援教育歴20年）

この事例から問題をどう析出するのか、その析出にあたっては、事例を「見る眼」がきわめて重要なカギとなることが明らかになった。ベテランの教師は、A君の答案用紙に、A君ができているところを見ようとしている。そしてそのできているところを根拠にしてA君をとらえようとしている。その「見る眼」を現実化するのが、ガイディング・クエスチョンだと考えた。

ガイディング・クエスチョンについて三浦真琴（2012）は「『答』をみちびくためのガイドではなく、知の探検にいざなうガイドであってほしい、あるべき」と述べる。しかしながらPBL 教育における事例シナリオにおけるガイディング・クエスチョンについての理論的な探究は未だ手がつけられていない。「知の探検にいざなうガイド」であるためにはいったいどのようなガイディング・クエスチョンの構造が必要なのだろうか。

この問題に対して一つ参考になるのが、日本の学校教育における授業研究で蓄積されてきた発問論への探究である。中世のカテキズム（教理問答）から始まったとされる問答法だが、記憶法の一つとしか考えられてこなかったものは、「子どもの発見」以来、その意味付けが変わっていく。つまり知識の穴埋めではなく、知識へのアプローチ、あるいは子どもの思考を揺さぶる方法としての発問の再定義である。

吉本均は発問の機能として、本質を指さすことを挙げ、次の三つの類型を挙げている（吉本，1974）。それは「否定による指さし」「類似による指さし」「比較による指さし」である。いずれも教師が指さすことで、発見をしていくのは学習者である子どもである。またそこで習得されるべきは本質への迫り方である。

さきほどの事例に即して言えば、A君という子どもがどのような子どもなのか、何が問題なのか把握したいと誰もが考える。それを本質と呼ぶことができる。しかしながらその本質をそのままの形で問うても、一般的に考えても問いに答えること自体難しいし、ましてや初学者にその答えを望んでも、湧き上がる感情を抑えることすら難しい状態である。したがって、A君をとらえるときに、A君とは？と直接問わずにA君の書いたものを丁寧に見とることが必要なのである。ともすると、人間（A君）を対象とした場合には主観的になりがちであるが、物（A君の提出物）を材とする場合、比較的冷静にA君の性格、発達課題等を見とることができる。A君の問題行動を、特殊事例で終わらせることなく、一般化することができる可能性もある。つまり問題行動の問題に目を奪われることなく、行動の肯定的な側面を把握することの重要性は他事例へ転用可能である。

この二人のベテラン教師は、A君の答案用紙に着目し、そこにA君のできていることを読みとろうとしている。このベテラン教師の冷静で専門的な見方を学生が体験することはできないだろうか。

ガイディング・クエスチョンは、吉本の言葉を借りれば本質を指さす機能を果たす。どのような見方をすれば、本質に迫ることができるのか、その見方を示す。その見方は従来の「ものの見方・考え方」＝「観」とはまったく違う見方を示す。そしてその見方の中に新たな実践の可能性が存在していることを感じる時、学習者は自らの観を転換する必要性を感じるのである。そのような役割をガイディング・クエスチョンは担っている。

5. 事例シナリオは対話的な過程を必要としている・・・認識の成立に必須としての他者との対話的過程と自己内対話の過程

5.1. なぜ対話的過程が必要なのか？対話はどこに存在するのか？

　事例シナリオの構成、使用にあたっての対話的な過程が必須である。学習者と事例シナリオとの対話、教師と学習者の対話、学習者どうしの対話、自己内の内的な対話、4 つの対話が成立してこそ初めて学習者は自分の観を自覚化し、相対化し、変容の必要性を感じることができる。

　なぜ対話的な過程が必要なのか。

　一つはこれまでも述べていることだが、教育実践の場合、常に状況は流動的で、その状況にあわせた判断が必要であるからである。状況の中で問題の所在はなにか、ということ自体がキーポイントになるからである。したがって、状況との絶えない対話ができるように事例は構成され、ガイディング・クエスチョンによって導かねばならない。また「観」の自覚と相対化、変容については、学習者どうしのピアな関係、あるいは自己の自由と責任のもとで行われなければならない。権力・権威を持つ何者かが強要するような環境では、「分かったつもり」しか生み出すことができない。認識の深化にとって対話的な過程がどれほど大切か、それは次項のバフチンの見解が参考になる。

5.2. バフチンの対話論から学べる事・・・認識論的な関係の中での学習

　生物学的なヒトと対比的に理解される「人間」は、社会的な存在であることを示す。まさに人間は人との関係の中で生きている。人間が人間として存在するために他者の存在は必須である。しかしながら、その必要性のレベルはあえて言えば二つに分けて考えるべきである。存在論的な関係と認識論的な関係（森脇, 2012）である。その関係を混濁してしまうと、関係の必要性がいつのまにか意義に挿げ替えられてしまうという誤りに陥ってしまう。学校教育における「仲間づくり」が授業における関係を浸潤してしまうのもこの分別ができないからである。分別を踏まえた上でその存在論的な関係と認識論的な関係のつながりを考えるべきである。

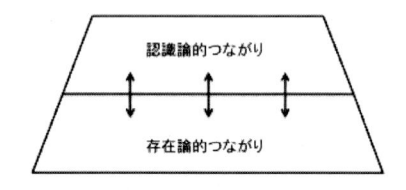

存在論的つながりと認識論的つながりの関係図

認識論的つながり

存在論的つながり

● 認識論的つながりは、存在論的つながりの上に成り立つ。つまり、存在論的つながりは、認識論的つながりの基盤である。

● 実践の方向性としては、いずれが後先ということはない。授業という空間の中で認識論的つながりを作っていくことが、存在論的つながりをつくることにもなる。

　左図のように、存在論的な関係は、認識論的な関係を支える前提である。しかしながら他者との関係は、存在論的な関係に収れんしてしまうわけではない。認識論的な関係は独自の成立要件と課題を抱えているのである。

　他者とは誰（何）か、さしあたっては、バフチンは「自己以外の者」と言う。それに従っておこう。他者との関係の中で認識論的にはいったいどのようなことが実現可能となるのだろうか。

　バフチンの対話論の射程はきわめて広範囲に及ぶ。バフチンは自己が占める唯一かけがえのない視点からの世界の意味解釈を人間研究の起点とする。それを「視点の余剰」と呼ぶ。人間どうしの「絶対的な分かり合えなさ」がバフチンの出発点である。しかしながら同時に他者は私の言語の意味を規定し侵入する存在でもある。それでも自己意識は他者に規定されない未完結の部分を持つ。

　その分かり合えなさが、ともに声を出すこと（協働）とさまざまな声があること（対立）の始原である。そして対話が続く原理でもある（田島, 2014）。

　バフチンの対話論をあえて三つのテーゼにまとめると次のようになる。

①対話の起点と永続性

      モノローグではなく多声性

②発話の宛名性

③対話における「学び」

      Appropriation（収奪、専有）による「言葉」の獲得

      意味交渉過程の実現による理解の深化

  （「権威の言葉」 ➡ 「内的説得力のある言葉」）

この中でとくに注目されるのが③である。

まず、バフチンは了解について次のように述べる。

  「他者の発話を了解するということは、それにたいして定位し、しかるべきコンテクストのなかにしかるべき場所を見つけるということである。われわれは、了解している発話のそれぞれの語に、いわばわれわれ自身の応える一連の語を積み重ねる。それらの数が多く、それらが本質的であればあるほど、了解は深く、本質的なものとなる。………このようにしてわれわれは、発話のなかの抽出可能な意味的要素のそれぞれ、あるいは全体としての発話を、応答のある別の能動的なコンテクストに移す。<u>あらゆる了解は対話的である</u>（下線、筆者）。了解は，対話の一方の言葉が別の言葉に対置しているように、発話に対置している。了解は、話し手の言葉に対置している言葉をさがそうとする」（バフチン，1989）。

つまり、了解とは、何かを言葉を受け取る受動的な過程ではなく、了解しようとする者が了解しようとする他者の言葉を自分の言葉と対照させる能動的な過程なのである。その過程をより明確に述べているのが次の言葉である。

appropriation（収奪、専有）に関してバフチンは次のように述べる。

  「言語の中の言葉は，なかば他者の言葉である。それが〈自分の〉言葉となるのは，話者がその言葉の中に自分の志向とアクセントを住まわせ，言葉を支配し，言葉を自己の意味と表現の志向性に吸収した時である。この収奪の瞬間まで，言葉は中性的で非人格的な言語の中に存在しているのではなく，（なぜなら話者は，言葉を辞書の中から選び出すわけではないのだから！），他者の唇の上に，他者のコンテキストの中に，他者の志向に奉仕して存在している。つまり，言葉は必然的にそこから獲得して，自己のものとしなければならないものなのだ。（バフチン，1934-1935/1996）

了解する、ということは、相手の言葉をその文脈から引きはがし、自分の文脈に引き入れること、それをきわめて激しい言葉、収奪という言葉を使って説明する。こうして了解という認識の過程がきわめて対話的な過程であることが示される。

では、その了解（理解）の本質はどのようなものか？

バフチンの理解についての考え方は以下のようなものである。

① バフチンは、ことばの「理解」を、複数の話者間で交渉を行うことで、相互に意味を創出する「対話」ととらえた。

② 「いかなる真の理解もその本性は対話的である。………したがって、意味は言葉そのものに属するという言い方はできない。本質的に、意味は話し手と話し手の間に位置する言葉に属している。」

  → no last words

③ 「理解」とは特定の意味に到達する静的な「状態」ではなく、常に生成可能で動的な「過程」である。

図示すると以下のようになる。

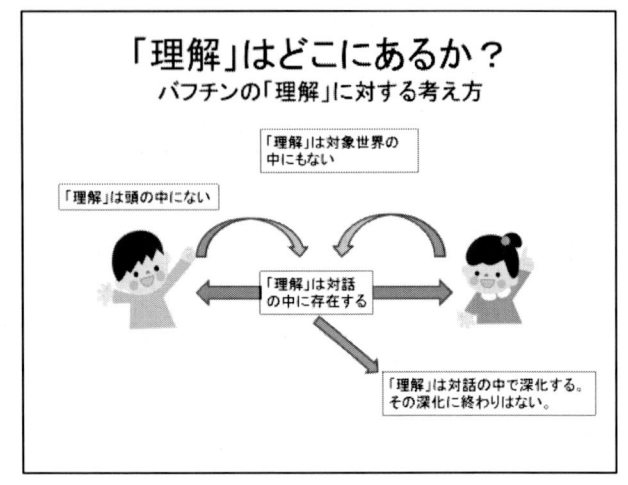

しかし学校現場の多くでは、権威の言葉が横行し、左図のようなダイナミックな理解の過程は実現しない。対話による意味交渉過程が成立しない。そのために、子どもたちは理解の深化の過程を進まずに、権威の言葉に閉じ込められ、「分かったつもり」（田島, 2010）に陥る。

権威の言葉を意味交渉過程に引きずり込むのが、対話である。

教師＝ことばの意味を説明する役、児童・生徒＝教師のことばを受け入れる役となると、権力関係が固定化する。それはすなわち他者がいない教室空間になる。そうなると、他者との意味交渉を不可能にする「権威的なことばの産出」しかおこなわれなくなってしまう。それを「内的説得力のある言葉」にしていくにはどのようにすればよいのか、

「分かったつもり」とは、田島によれば、社会的言語を共有する仲間の間では、通用することばの意味を

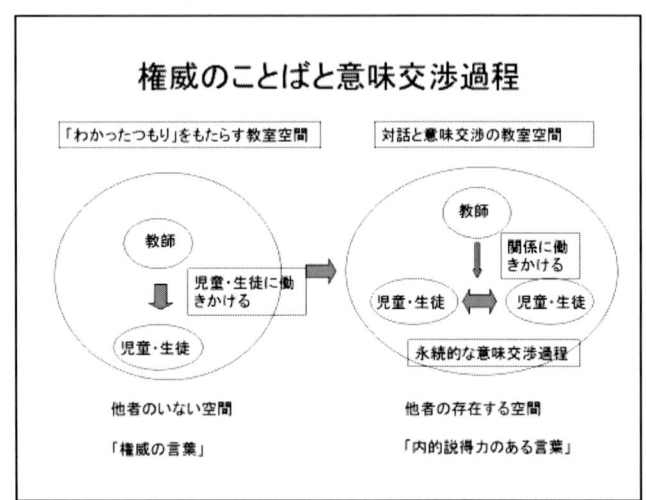

獲得しており、その意味では「理解」している。

しかし、仲間以外の他者がそのことばの意味について「説明」を求めると、意味交渉ができない。（このような対話を行ったことで「分かったつもり」は可視化される。）

他の文脈に属する他者と意味交渉を拒絶しているという意味で、「権威的なことば」と化している。

こうした状態を脱し、意味交渉過程の中に導きだすのが、対話過程の設定なのである。

例えば、「ベル着」という言葉がある。「ベルが鳴るときにはすでに着席している」という意味である。チャイムは学習の時間を確保するためのツールである。しかし授業の終わりの時間にもチャイムが鳴る。この終わりのチャイムをどう考えるか。教師によっては今日の予定していたところまで内容をこなすために当然のように延長する者がいる。いわば教師の自己都合である。自己都合が「学習者のため」ということで正当化される。「みんなの勉強のためだから」と。

グループで学生に話合わせても、それには反対の学生が多い。それならば「子どもたちと合意ができれば、つまり『もう少しきりのいいところまで終わりたいから少しだけ延長ね』で納得がえられたら延長してもいいのでは？」と聞くとそう考える学生がけっこう多くなる。このときに収束しそうな議論に異論を出す（いわゆる「つっこみ」を入れる）ことができるかが、この議論の深みをつくりだすことができるかのポイントとなる。「ベル着のときの発想（学習時間の確保）と同じように考えると授業終わりのチャイムは子どもの時間の確保ではないか。休み時間は子どもの時間ではないか」との異論である。対話における「つっこみ」が「チャイムによって区切られた時間」の意味合いの深い理解に誘う。

このようなことは、議論しているときにいくらでも起こり得ることなのではないだろうか。対話が必要なのは、こうした理解の深まりをつくりだすことができるからである。

対話的事例シナリオを用いたPBL教育はその過程をどのように実現するか？本章のまとめとして以下の3点を挙げておく。

①　対話的事例シナリオを用いた PBL 教育は、正解への過程をたどらせるのではなく、あくまでも理解の深化が目的である。したがって、その過程に、ピアな学習者どうしの対話は必須であり、その環境と形態を整えなければならない。

②　理解の深化のために「観」の自覚と変容が必要・・・他者の声（対話）の必要性

対話的事例シナリオを用いた PBL 教育の認識の深化の過程は、事例➡従来の実践的対応➡批判➡新たな実践的対応➡観の自覚と変容という過程を経る。この過程は、ショーン、アージリス(Schön,D, with C. Argyris, 1978)の「シングルループ学習」、「ダブルループ学習」の過程とも通じる。その際に、バフチンの述べる対話における意味交渉での内的説得力のある言葉の獲得がその鍵となる。

③「観」の自覚と変容は、視座の転換により起こる。視座の転換は、見えていなかった重要な事実の指摘、問題の所在の新たな発見、オルタナティブな視点の提供、による。教師の役割は正解を与えることではなく、問題提起と「内的説得力ある言葉」への道案内（ガイディング・クエスチョン）が求められるのである。

【引用・参考文献】

赤木和重・岡村由紀子（2013）『「気になる子」と言わない保育：こんなときどうする？考え方と手立て』ひとなる書房，76-79

赤木和重・山田康彦・森脇健夫・根津知佳子・中西康雅・守山紗弥加・前原裕樹（2014）「教員養成型 PBL教育の課題と展望（X）—特別支援教育教員養成における対話的事例シナリオの開発—」第20回大学教育研究フォーラム，京都大学，2014年3月19日

秋田喜代美（1992）「教師の知識と思考に関する研究動向」『東京大学教育学部紀要』第 32 巻，221-232.

秋田喜代美・佐藤学編著（2006）『新しい時代の教職入門』有斐閣アルマ，82-85.

バフチン.M.,(Mikhail Mikhailovich Bakhtin) (1989)『マルクス主義と言語哲学』(改訳版) 桑野隆訳, 未来社, 158.

バフチン,M.,(Mikhail Mikhailovich Bakhtin) (1934-1935/1996)『小説の言葉』平凡社, 67-68.

三重大学高等教育創造開発センター編（2011）『三重大学版 Problem-based Learning の手引き—多様な PBL 授業の展開—』, 7.

三浦真琴（2012）「三者協働型　アクティブラーニングの展開〜LA 賛歌」『大阪商業大学 FD 研修会』第 11 号.

森田洋司（2010）「いじめの四層構造」『いじめとはなにか』中公新書.

森脇健夫（1994）「教材と学習者の間に—教材『青い目の人形物語』再論」グループ・ディダクティカ編『学びのための授業論』勁草書房.

森脇健夫・根津知佳子（2009）「教育実践の質的研究の射程とアプローチ—記述データによる "観" の照射の可能性と求めて—」第 6 回日本質的心理学会，ポスターセッション，北海学園大学，9 月 13 日

森脇健夫（2011）「授業研究方法論の系譜と今後の展望」田中耕治・森脇健夫・徳岡慶一『授業づくりと学びの構造』学文社，37-87.

森脇健夫（2012）「『存在論的つながり』と『認識論的つながり』」『学習研究』第 456 号，24-29,

森脇健夫・山田康彦・根津知佳子・中西康雅・赤木和重・守山紗弥加（2013）「教員養成型 PBL 教育の研究（その 1）：対話型事例シナリオの原理」『三重大学教育学部研究紀要（教育科学）』第 64 巻, 325-335.

Nathan Glazer,(1974) ,"Schools of the Minor Professions", Minerva.

小田康友（2008）「シナリオ作成のコツ—Active PBL のために」http://www.smssme.med.saga-u.ac.jp/event/081205/1.pdf

小田康友・増子貞彦（2006）「医学教育の現在と佐賀大学医学部の挑戦—PBL の理念と課題—」『佐賀大学教育年報』2, 60-66.

佐藤学（1996）『教育方法学』岩波書店

Schön, D.,(1983) ,The Reflective Practitionner : How professionals think in action , Basic Books.

Schön, D., (with C. Argyris), (1978),Organizational learning: A theory of action perspective. Reading,

MA: Addison-Wesley.

田島充士（2010）『「分かったつもり」のしくみを探る－バフチンおよびヴィゴツキー理論の観点から』ナカニシヤ出版.

田島充士（2014）「異質さと向き合うためのダイアローグ－バフチン論からのメッセージ」『心理学ワールド』第 64 号.

吉本均(1974)『吉本均　訓育的教授の理論』明治図書，102.

IV　対話的事例シナリオの作成と授業過程

赤木和重

　本章の第一の目的は、対話的事例シナリオ作成の方法論を提示することである。第二の目的は、そのシナリオを用いて、授業展開する際に、どのような点について留意すべきかを明らかにすることである。

1.　対話的事例シナリオ作成の目的

　事例シナリオ作成の方法論について述べる前に、事例シナリオを作成する目的について述べる。なぜなら、目的を意識しない方法論というのは原理的にはありえないからである。目的を意識せずに方法論を精緻化していった場合、往々にして、方法にあわせて授業内容が無自覚に規定されてしまうことになりかねないからである。

　本書における対話的事例シナリオを用いた教育目的は、第III章に書かれているように、「観の自覚化・相対化・変容」である。「ある特定の答え」を教師から提示することは目的ではない。学習者がシナリオ・他者（同じ学習者や教師）と対話をしながら、他者の「観」との比較を行う（相対化）なかで、自分の「子ども観」「教育観」がどのようなものであるかを認識（自覚化）し、自分の観を場合によっては、変化・深化（変容）させることが目的である。

　ここでは、このような目的を達成するために必要な、対話的事例シナリオを作成する方法論と授業展開について述べる。ただし、過度なプログラム化は難しい。それぞれの授業内容や、受講している学生の知識状況によって、授業展開が異なるからである。あくまでガイドラインとしてご理解いただきたい。

2.　一般的な事例シナリオ作成の方法

　一般的な事例シナリオの作成方法については、三重大学高等教育創造開発センター（2007）がすでにまとまったガイドラインを出している。そこでは、4つのステップにわけて、事例シナリオを作成するガイドラインが提起されている。長くなるが、本章の土台となるので、概要を紹介する。

　ステップ1は、「事例シナリオ作成準備」として、事例シナリオのテーマを決めたり、対象となる学生の特徴や学力水準、動機づけなどを把握すること、事例シナリオでどのようなストーリーを設定するかを準備する時期である。

　ステップ2は「事例シナリオを段階化して草稿を作成」と名づけられ、事例シナリオの分量やガイディング・クエスチョンを設定したり、ストーリーをいくつかの段階に分割していく時期である。なお、ここでいう段階化とは、事例シナリオをいくつかの段階（パート）にわけて、学生の思考を深めていくような構成のことをさす。第1段階は、ガイディング・クエスチョンによって多様な意見を引き出し、第2段階では、問題の特定と学習項目の特定に役に立つような記述やデータを示す。そして、最後の第3段階では、追加的な事例やデータを示し、問題解決や意思決定を促すとしている。

　ステップ3「事例シナリオから引き出される学習項目の確認」では、学生の視点でシナリオ草稿を読んだり、学生への問いかけを考えるなどして、学習活動の評価基準を準備する時期である。

　最後にステップ4「事例シナリオのブラッシュアップ」では、ブラッシュアップとして、学習時間や参考文献、ガイディング・クエスチョンの内容、学習目的との関連などをセルフチェックすることが推奨されている。

　そして実例のシナリオ（医学部での実施を想定）として、「風邪で検査にいったところ、HIV（エイズ）が疑われた男性」を主人公にしたストーリーが紹介されている。第1段階としては、そのときの男性の気持ち、および、その際の医師・看護師の対応を考えさせている。そして、第2段階では、検査の結果、HIVに感染したと判明した当該男性の状況を描いたうえで、「感染と発症はどう違うか」「当該男性なら、看護師にどのようにかかわってほしいか」などをガイディング・クエスチョンとして設定している。最後、第3段階では、エイズに感染したことを妻に話せずに逡巡している当該男性の姿を描き、「なぜ妻に話すことをためらうのか」「当該男性にはどのようなサポートが必要なのか」「当該男性を含めた一家を支えるには、どのような人が必要なのか」というガイディング・クエスチョンを設定している。

　ここに紹介したステップは、事例シナリオのオーソドックスな作成方法であり、重要な1つの基準として参考になる。その一方で、本章で扱っている対話的シナリオの作成を考える場合、このようなシナリオ作成のステップだけでは十分ではない。

　なぜなら、私たちの目的である「観の自覚化・相対化・変容」を達成するには、対話的ではない事例シナリオを通してでは困難であるからである。

　対話的ではない事例シナリオの目的は、事例シナリオを通して、「問題との出会い、解決すべき課題の発見、学習による知識の獲得、討論を通じた思考の深化、問題解決という学習過程を経た学習を行う（三重大学高等教育創造開発センター，2007）」とされる。確かに、先のシナリオでも「感染と発症の違い」や「どのようなサポートが必要なのか」といった問題の解決に向けての検討が多い。ここでは、知識の獲得や深く思考することが重視されている。

　しかし、森脇ほか（2013）が述べているように、教員養成の領域においては、問題解決だけが優先されない。むしろ、「何が問題か」を確定したり、ある問題に対する別の解釈を見いだすことに重きが置かれる。そして別の解釈を見いだすためには、知識の加算では担保できず、観の変容が重要となる。

　そういう意味で、従来の事例シナリオの作成方法は参考になるが、それだけではなく、対話的シナリオ独自の作成方法を検討する必要がある。そこで、以下は、対話的事例シナリオの作成に焦点を当てて述べる。

（1）作成 STEP1：学習者の「観」の状況とその問題をとらえる

　シナリオを作成する前提としておさえておくべきことは、まず、学習者が当該授業内容に関し、どのような「観」を有しているのかを知るとともに、その「観」がどのような問題を有しているかをとらえることである。

　例えば、「障害のある子どもの理解」（本書事例シナリオ集「Ⅱ.2 インクルーシブ教育」参照）についての「観」は、大学1年生と3年生との間では、当然前提となる知識が異なる。1年生であれば、発達障害の理解がほとんどない場合がある。このような知識状態の場合、学生の中には「障害のある子どもはなんだか怖い」「自閉症の子どもはコミュニケーションをとりたがらない」といった素朴な（場合によっては「誤った」）障害観を有している可能性がある。一方、3年生であれば、発達障害の主な特徴については把握しており、代表的な指導方法（写真など用いた視覚支援など）を知っていることも多い。その場合、「障害観」は、「自閉症の子どもは、視覚的に外界を理解し、抽象的な事柄を理解する能力が困難だ」という見方をとっている可能性もある。

　対話的事例シナリオを作成するうえで、授業を履修している学習者が、どのような知識や、その知識の背景にある「観」を有しているのかを把握する必要がある。この見立てが誤っている場合、どれだけ魅力的なシナリオを用意したとしても、自らの観を自覚し、変容する契機にはなりにくい。

（2）作成 STEP2：こちらが伝えたい「観」を明確にする

　次に、学習者にどのような「観」を伝えたいのかを明確にすることである。1 つの考え方として、授業者が、学習者の観の問題点を指摘し、そのあとは、学習者に自由に考えさせ、「観」の変容が自発的に起きるのを待つということもある。しかし、現実的に、学習者だけで観の変容にいたることは難しい、というのが実情である。

　そのため、学習者の観に対置する形で、教師が重視する観を伝えるような事例シナリオを作成する必要がある。その際、STEP1 で示したように、現時点での学習者の観を踏まえて、教師の観を提示する必要がある。

　例えば、「自閉症の子どもはコミュニケーションをとりたがらない」という「自ら閉ざす」という名称のような障害観を有しているのであれば、その問題点を提起し、そこに対置的できるような観（例えば、「自閉症の子どもは、一見すると閉じこもっているように見える。しかし、実は、友達がほしい」）を、事例シナリオを用いながら提示していく。上級生などですでに、自閉症の基本的な理解や指導法を有しているのであれば、その観を揺さぶるような新たな観を提起していく。

　なお、対話的事例シナリオを用いた授業の難しさの一つは、学習者の観の把握と授業者の観を明確にすることにある。学習者の観の把握ができない場合、学生の興味・関心にあわない可能性がある。逆に、授業者の観を明確にしていない場合、学習者の観については批判できるものの、そこで終わってしまい、異なる「観」同士の対話が生成されにくくなる。

（3）作成 STEP3：「衝撃的」エピソードを軸にしたシナリオの収集

　シナリオの収集方法には様々なものがある。学校の授業などを見ることでシナリオのもとになる「ネタ」を見つけることもあるだろうし、本や論文の中から見つけることもあるだろう。ただ、その収集方法の原点にあるのは、「衝撃的」エピソードを意識することである。

　「衝撃的」エピソードというのは、森脇ほか（2013）にあるように、学習者（ときに授業者も含まれる）が有している既存の観（子ども理解や教育方法）では、理解することができないエピソードのことを指す。もっとも「衝撃的」にもいくつかのカテゴリーに分けられる。1 つは、子どもの行動の衝撃性である。例えば、本書事例シナリオ集「Ⅰ.1 子どもの主体性」は、「〜〜屋さん」というごっこ遊びをしているなかで、ある幼児が自らの髪をはさみで切ったうえで、その髪を売り出すという特殊ともいえるエピソードをもとにシナリオを組み立てている。

　2 つは、教師の対応の衝撃性である。赤木（2018）は、障害のある子どもが答えを言えないときに、教師が「よう考えた。それが考えるっていうことや」と子どもに伝えたエピソードを報告している。一見、マイナスに見える現象をプラスにとらえる教師の「衝撃的」ともいえる対応から、シナリオを組み立てることができる。

　3 つは「衝撃的」な状況を設定することである。例えば、本書事例シナリオ集「Ⅰ.7 カリキュラム・メイキング」では、「宇宙船の学校」という日常の学校から大きく離れた状況を軸にしたシナリオを作成している。

　衝撃的なエピソードが、対話的シナリオの軸になる理由は、自身が有している子ども観や教育観が揺さぶられる点にある。例えば、子どもがごっこ遊びの中で「自分の髪を切って売りに出す」行動を、私たちは予測したり即座に受け入れることは難しい。だからこそ、「なぜ自分は驚いたのか。子どもの遊びについてどのような考えを持っていたのか」と自覚するきっかけになりうる。この衝撃が、自身の観を自覚化したり、相対化する契機につながっていく。

　なお、STEP1 から STEP3 の作成順序は、この通りとは限らず、前後したり同時並行で進むことも多い。例えば、「衝撃的」なエピソードに出会ってから、なぜ自分がそのような衝撃的な印象を受けたのかを内省することで、学習者や授業者の観が明らかになることもある。

（4）作成 STEP4：シナリオの構成

　「衝撃的」なエピソードに出会うことは大事だが、それだけでは、シナリオを作成することはできない。例えば一方的に「衝撃的」なエピソードを授業者が語るだけでは、対話が起きにくく、それゆえ観の変容にはつながりにくいからである。

　そこで、エピソードを用いたシナリオの構成が重要になる。本書の事例シナリオ集に示されているように、シナリオやそのシナリオを用いた展開は多様である。ただ、それでも、その多様さに共通する典型的なシナリオの構成が土台にある。

　対話的事例シナリオの典型的な構成は、赤木・岡村（2013）、赤木他（2014）に示すように、以下の 4 つのパートを用いたストーリー形式、すなわち、①【事例の提示】、②【定説の提示】、③【定説に対する批判】、④【定説にかわる実践例の提示】である。

　この 4 つの順に添って、それぞれのパートの意味と作成の要点について説明する。

　なお、シナリオ作成の前提として、本章ではストーリー形式を採用する。第Ⅲ章でも指摘されているように、ストーリー形式には、作者によって全体状況が再構成されるために、作成者の視点の枠内で考えてしまう危険性がある。しかし、対話的事例シナリオでは、「いくつかの症状や状況から、1 つの疾患を特定せよ」といった 1 つの正解を目指さない。逆に、1 つの状況に対して複数の観を立ち上げていくことを目指している。

①　【事例の提示】：典型性と具体性

　事例の提示において重要となるのは、「典型性」と「具体性」である。前者について述べる。学習者にとってあまりに未知のものである場合、興味・関心が惹きつけられず、かつ、学習者のもつ観が引き出されない。そのため、学習者が、児童・生徒時代に体験した、もしくは、教育実習時に体験するような「あるある」事例を出すことが必要となる。例えば、本書事例シナリオ集「Ⅰ.3 教育観」にあるように、教師の「水はふっとうしなくてもじょう発するのか」という発問に対し、ある子どもから想定外の意見（おおいをしたビーカーの水がふえた）が出てきたときの対応などは、学習者にとってもよく経験する事例であり、それゆえ、学習者も関心を持って考えやすく、また、関心を持ちやすい。

　もう 1 つ求められるのは具体性である。学習者にとって、典型性だけでは十分ではない。学習者が典型的な事例を「あるある」と認識したとしても、そのエピソードへの関与が薄ければ「だからそれで？」となって、深く考えることがなく、結果として観の変容が起こりにくいことが予想されるからである。関与を深めるためには、そのシナリオへの具体的な状況を出すことが必要である。ポイントは、登場人物や状況に「質感」を盛り込むことである。登場する子どもの服装や特徴的なしぐさ、その子を象徴する印象的なエピソードを語り、その子の姿がイメージできるようなシナリオを創ったり、口頭で補足していくことが重要である。

②　【定説の提示】同意・納得

　事例の後、定説を提示する。ここでいう定説とは、学習者の多くがもっている観であり、その観を象徴するような指導方法や子ども理解のことを指す。定説になりえているかどうかの基準は、教授者が定説を提示したときに、学習者の多くが、「確かにそうだ」と同意・納得できるかにある。例えば、先ほどの「水がふえた」という子どものエピソードでは、「若手教師は、その発言をスルーした」という定説が提示されている。実際、授業場面で、教師が子どもの発言（それも教師にとって都合のわるい発言）をスルーすることはしばしばみられる方略であり、だからこそ学習者も同意・納得しやすい。このような定説が「よい定説」である。

　もっとも、学習者の学年や専攻によっては、この「定説」が「定説」にならない場合もある。その場合は、次回の授業の際に改善していく必要がある。また、定説の提示を、授業者が必ずしも行う必要はない。本書

事例シナリオ集「Ⅲ.2 作品を作ろうとしない子どもとの関わり」のように、学習者が事例について考え回答したものを「定説」として採用することもできる。

③ 【定説に対する批判】

　「定説」（よくある実践や子ども理解）に対する批判を述べる。例えば、先の「子どもの発言をスルーした教師の行為」が、どのような点で問題があるのかを考える部分である。ここでは、学生に「どのように問題か？」と尋ねるだけではなく、「このような行為を行った教師の思考・判断で一番問題なのはどれか？」と尋ねることで、より深く定説の批判を行っている。

　もちろん、学生からの批判的な意見だけではなく、授業者が定説に対する批判を述べる場合もある。本書の事例シナリオ集でも、授業者が批判を述べているシナリオのほうが多い。その場合、授業者が気をつけるべきポイントは、2つある。1つは、「定説」を100%批判しないように意識することである。定説を全否定した場合、学習者にとっては、過剰な反発や学習意欲の喪失を招く場合がある。それでは、観の自覚化や変容は起こりえない。「定説」のような子ども理解や教育指導をとらざるをえない実践者の思いや理屈もあわせて説明することが必要である。2つは、単にその対応そのものを批判するのではなく、定説のような対応の背景にある「観」に言及することが必要である。例えば、「子どもの発言をスルーする教師の対応」でいえば、その対応そのものを批判して終わるのではなく、スルーせざるをえない教師がもつ（暗黙の）観に言及していくことが必要である。例えば、そこには、「教師から子どもへの『教科書的な知識』の伝達こそが教育である」という教育観・学習観が横たわっている可能性がある。そのような観に言及したり、もしくは学習者自身が気づくように構成される必要がある。

④ 【定説にかわる実践例の提示】観の転換を土台にしたエピソードの提示

　最後に、定説にかわる実践例を提示する。ここでも「衝撃性」が鍵となる。具体的には、「定説」とは真逆であったり、学習者が想定しえないような実践であるとよいだろう。急いで断っておくが、インパクトそのものが大事という意味ではない。その衝撃性が、自分の観を自覚したりゆさぶられたり変容が生起しやすいという意味で重要なのである。例えば、「子どもの発言をスルーする教師の対応」に関していえば、「教師が子どもに聞いてみる」という対応を提起している。なお、③【定説への批判】と同様に、対応そのものの面白さだけではなく、その対応の背景にある観についても言及する、もしくは学習者が気づくような展開が求められる。この例では、「子どもの発言を尊重する」という意味だけではなく、学習に対する考え方にまで言及している。つまり、学習というものは、子どもの発言から「科学的なものの見方・考え方」を共同で構築していくものである、という学習観が新たな観として提示されている。

3.　授業過程でのポイント

3.1.　対話的事例シナリオの限界

　対話的シナリオを、授業のなかで実施するにあたって注意すべき点がいくつかある。それは、対話的シナリオを行ったとしても、観の自覚化や変容が生起にしにくい場合があることである。具体的には2つの状況が考えられる。

　1つは、「強制的観の転換」になってしまう状況である。すなわち、教授者の説明を「正解」と受け取ってしまう可能性がある。学習者の多くは、これまでの被教育体験から、教授者の説明を「正しい」「覚えるもの」として受けとる可能性がある。特に、教授者が一方的に定説を批判し、新たな事例を提示した場合、学習者は、「こういう対応をとればいいのね」とハウツー的に理解してしまったり、場合によっては、「こういう観が大事、とレポートで書いておけば単位がとれるのね」と形式的な答えを覚えるのみになってしまいかねな

い。

　もう1つは、逆説的ではあるが、対話的事例シナリオの構成が、「きれい」「お見事」なほど、学習者が納得してしまい「観」の自覚化や変容が起こりにくいというジレンマ的状況である。特に、自分たちの問題点を激しく批判されることなく穏やかに自覚され、そして、それにとって代わる事例が鮮やかに展開された場合、容易に納得してしまう場合がある。しかし、常識的に考えてみれば、葛藤なく、自分の観が変容することは難しい。自分の観は、その本人が価値を置いているものであり、それをすんなりと別の価値に変容することは起こりにくいはずである。もし、容易に観が転換しているのであれば、実は表面的なものである可能性があることに留意する必要がある。

3.2. ガイディング・クエスチョンの重要性

　上にあげた2つの状況は、ベクトルが違うと言える。しかし、学習者のなかでシナリオとの対話が起きていないという点では共通している。対話的事例シナリオ単体だけでは、自動的に対話が生起するわけではない。対話を引き起こすなんらかの仕組みが必要である。その1つが、ガイディング・クエスチョンである。ガイディング・クエスチョンとは、第Ⅲ章で三浦や森脇が言及したように、「『答え』をみちびくためのガイドではなく、知の探検にいざなうガイド」と考えられている。

　ガイディング・クエスチョンが、観の変容につながるような対話を生起させるのは、クエスチョンの中に、自分の観を自覚させたり、対比させたり、疑ったりする機能を有するからである。例えば、本書事例シナリオ集「Ⅲ.1 子どもができること・できないこと」では、カンボジアの小学校で子どもたちに対する音楽の指導に関する動画を用いたシナリオを作成している。そこでは、カンボジアの子どもたちが、模唱できなかったり、演奏が十分できない様子を見せている。このシナリオに対し、いくつかガイディング・クエスチョンが用意されている。その1つに「子どもたちができることは何か考えてください」というものがある。子どもに「できない」様子が目立つと、私たちは「できない原因」「できるようにする支援」を考えがちである。しかし、このようなガイディング・クエスチョンのもとで、思考・対話を行うことで、自分のもっていた観が明るみになり、自覚化と変容とを促す契機になる。そういう意味で、このガイディング・クエスチョン自体が、観の変容につながる。

　対話を生起させるガイディング・クエスチョンの作成に関する具体的な方法論は、理論的整理が不十分なこともあって、まだ明確に述べる段階にはない。そこで、ここでは、その一歩手前として、ガイディング・クエスチョンをいくつかに分類して整理するところからはじめる。ガイディング・クエスチョンは次の3つに分類できる。

　1つは、自己関与を引き起こすガイディング・クエスチョンである。端的にいえば、エピソードを紹介した後、「あなたがこの先生ならどうしますか?」として、そのシナリオを外側からではなく内側から考えさせるような質問である。こうすることで、学生自身が、よりアクチュアリティのある思考を展開する契機になる。

　2つは、子どもの行動や教師の対応の理由を尋ねるガイディング・クエスチョンである。例えば、「なぜ子どもは、パニックに陥るのか」「この教師の対応についてどう考えるか」と理由を尋ねるような質問である。オーソドックスではあるが、実はこのような質問は、学習者の観を引き出すうえで重要である。なぜなら、問題行動が激しいなど衝撃的な事例ほど、学習者は、「どうするか」の対応に行きがちで、その前提となっている「なぜ」が隠されることが多い。そこで、理由を問うことで、あまり意識していない理由について思考を展開することができる。

　3つは、否定的・逆説的なガイディング・クエスチョンである。学習者の観を自覚化・相対化するうえで重要な質問である。例えば、先ほども出したように、できない様子が多い子どもの「できる」ところについて尋ねたり、「教育者として決定的に欠けている点は?」(本書事例シナリオ集「Ⅰ.2 教師の権威・権力」)や「カ

リキュラムが機能しなくなる場合は？」（本書事例シナリオ集「I.7 カリキュラム・メイキング」）などである。このような否定的・逆説的な問いは、普段の実践ではあまり提起されることは少ない。いかに「うまくいくか」を考えるのが実践者としては当然であるし、学習者もそのように意識している。だからこそ、このような否定的・逆説的なガイディング・クエスチョンを設定することで、学生が普段意識しない視点からの思考を促す、いわば、「思考実験」の状況を創り出す。そのことが、普段は、意識しない（できない）子ども理解や授業方法を考え、同時に、自身の観を自覚化する契機になる。

3.3. 今後の課題：対話を生起させるためのガイディング・クエスチョン以外の工夫

　ガイディング・クエスチョンは、対話的事例シナリオを実質化させるために非常に重要である。その一方、ガイディング・クエスチョン以外にも、学習者の対話を喚起するような工夫はある。今後の課題として 2 点あげる。

　1 つは、授業の最後に、学生に感想や授業の振り返りを書いてもらうことである。次章のテーマでもある評価ともかかわるが、学生がどのように観を自覚化・相対化・変容しているかをみることができる。その際、本書事例シナリオ集「III.2 作品を作ろうとしない子どもとの関わり」のように、「A 君に対する別の関わり方があると思った方は、それも書いてください。」のように、授業者が提示した実践例とは、別の解釈をさらに問うことで、観の変容を閉じたものにするのではなく、開いたものにしていくことも重要な工夫となる。

　2 つは、学生間の対話が起きるような工夫である。ここまでは、どちらかといえば、学習者と授業者、学習者と事例シナリオでの対話に重点をおいていた。しかし、学習者どうしの観も当然異なるために、学習者どうしの対話を行うことで、観の自覚化や変容につながる可能性は十分にある。この点については、理論的・実証的にさらに検討を行う必要がある。

【引用・参考文献】

赤木和重・岡村由紀子（2013）『「気になる子」と言わない保育：こんなときどうする？考え方と手立て』ひとなる書房

赤木和重他（2014）「教員養成型 PBL 教育の課題と展望（X）—特別支援教育教員養成における対話的事例シナリオの開発—」第 20 回大学教育研究フォーラム，京都大学，2014 年 3 月 19 日

赤木和重（2018）『目からウロコ！驚愕と共感の自閉症スペクトラム入門』全障研出版部

Dutch, B.J.et al.（2016）「深い学習を促すための事例問題作成法」ダッチ・B・J 他『学生が変わるプロブレム・ベースド・ラーニング実践法』ナカニシヤ出版

三重大学高等教育創造開発センター編（2007）『三重大学版 Problem-based Learning 実践マニュアル—事例シナリオを用いた PBL の実践—』

森脇健夫・山田康彦・根津知佳子・中西康雅・赤木和重・守山紗弥加（2013）「教員養成型 PBL 教育の研究（その 1）：対話型事例シナリオの原理」『三重大学教育学部研究紀要（教育科学）』, 64, 325-335.

Ｖ　事例シナリオ教育の評価方法

根津知佳子

1.　対話的事例シナリオを用いた授業の構造

　第Ⅲ章・Ⅳ章で述べたように、筆者らは「問題の所在を発見する力」に「観」が関与しているという視座で、「観の自覚と問い直し」に焦点化した「対話的事例シナリオ」を開発・試行してきた。学問領域は、教育方法学、発達心理学、教科教育学（音楽、美術、技術）などである。

　言うまでもなく「対話的事例シナリオ」を用いた授業には、多様な対話が存在する。とりわけ重要なのは、教材（活動）と学習者がどのように出会い、向き合うことができるのか（図Ｖ-1B）と、学習者同士がどのように意見交流を行うことができるのか（図Ｖ-1D）という観点である。この二つの対話を促進するために教師はどのような発問をし、どのように学習者に応答するべきか（図Ｖ-1C）を視野に入れながら教材づくりや教材選択をする。その際の観点として、具体性（リアリティ）、現実性（アクチュアリティ）、意外性、文化性、発展性、ストーリー性などが重要になる。特に、このような授業づくりにおいては、教師と教材（活動）の関わりに教師の「観」が照射されると言っても過言ではないだろう（図Ｖ-1A）。

図Ｖ-1　授業内の対話

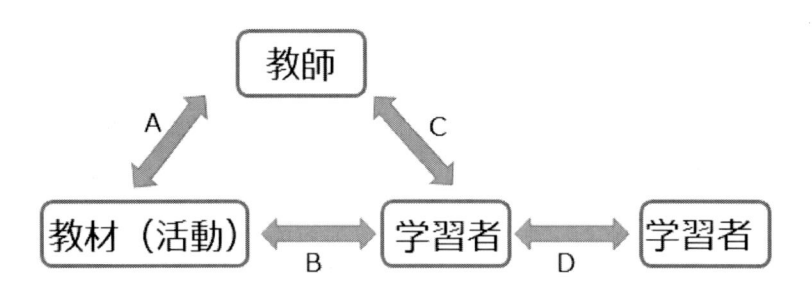

　さらに、筆者らは第Ⅲ章の「対話的事例シナリオ」の原理に則りながら、図Ｖ-1 でモデル化した対話よりもさらに輻輳した対話の創出を目指している（図Ｖ-2）。

図Ｖ-2　対話の深化・拡大

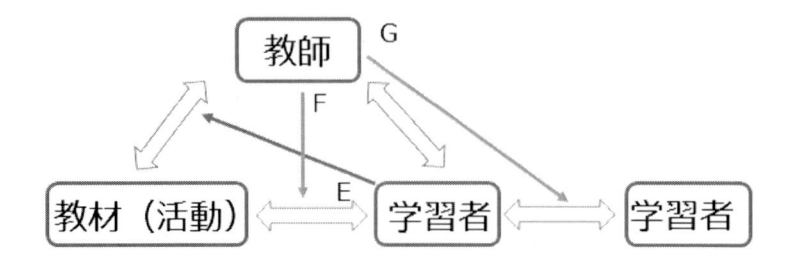

理　論　編
　「対話的事例シナリオ」を用いた授業において、教師の発問は「知の探検にいざなうガイド＝ガイディング・クエスチョン」として重要な役割を果たす（森脇ほか，2013b）。また、授業者は、想定できる学習者の反応を視野に入れながらも、さらに次のような多様な対話を把握しながら、いわば即興的・応答的に授業を進めることが求められるのである。

　　　①教師は、学習者がどのように定説に対する批判を行うかを見極めながら（図V−2FとG）、定説にかわる実践例の提示を行う。
　　　②学習者は、教材と事例を提示した教師の文脈を読み解く（図V−2E）。

　このような「対話的シナリオ教育」によってどのような力量が形成されたかを評価するには、どうしたらよいのであろうか。次節では、これまで開発した対話的事例シナリオのコンテンツを整理し、従前の教員養成型 PBL 教育の評価と照合し、評価の観点を確認していく。

2.　現場連携型 PBL 教育における評価との照合

　教員養成に関する授業は、教育職員免許法施行規則第 6 条により第 1〜6 欄の科目群（表V−1 中央列）として分類され、教育職員免許取得のために必要な力量として制度的に明確にされている。ここで、これまでに開発した事例シナリオのコンテンツを教育職員免許法施行規則第 6 条に基づいて確認する。

表V−1　対話的事例シナリオのコンテンツ

	科目	授業科目名（三重大学他）
第 1 欄	教職に関する科目	−
第 2 欄	教職の意義等に関する科目	教職入門
第 3 欄	教育の基礎理論に関する科目	知的障害の心理・生理・病理 演習
第 4 欄	教育課程及び指導法に関する科目	授業論、教育課程論、音楽科教育法、美術科教育法 特別活動論 II
	生徒指導、教育相談及び進路指導等に関する科目	
第 5 欄	教育実習	
第 6 欄	教職実践演習	

　ところで、教員養成型 PBL 教育の評価方法に関しては、学習者の記述したポートフォリオから照射されたキーワードをルーブリック（rubric）の評価項目としたパフォーマンスアセスメント（performance assessment、以下 PA とする）に関する研究がある（根津ほか，2006）。具体的な報告例としては、「問題の所在を発見する力」を「底力」と規定し、力強さを象徴させるために学生自身が「SOKO-ZIKARA」と規定した実践など、第 II 章 1 節「現場連携型 PBL」に属する活動群に関する報告が主である（安部，2006 ; 根津ほか，2007b）。表V−2 は、学生によって開発された評価項目である。

　これらは現場連携のフィールドにおいて帰納的に開発された評価方法であることから、大学での講義に適用するにあたっては、いくつかの手続きが必要である。つまり、開発した PA やルーブリックは、あくまでも現場での直接的体験を前提としているため、大学の講義で用いる「対話的事例シナリオ」のルーブリックとして一般化できるかどうか確認する必要がある。

表Ｖ-2　学生によるルーブリック評価項目

問題の所在を発見する力	評価項目		
Ａ：現場を把握するチカラ	プロジェクトの理解 学校現場の流れの理解 中学生の理解		
Ｂ：記録するチカラ			
Ｃ：寄り添うチカラ	距離	物理的距離 心理的距離	
	働きかけ		個々の状況に応じた教え方の工夫 個々の状況に応じた言葉かけ
	受け取る	学習面 心理面	

　そのためには、これまでに開発したコンテンツ（表Ｖ-1）に通底する規準がどのようなものであるかを規定することが必要となる。さらに、異なる学問分野の授業で用いられる「対話的事例シナリオ」における固有の「問題の所在を発見する力」が何であるかも明確にすることが求められる。以下に、「対話的事例シナリオ」の評価方法の開発のプロセス（4段階）を示す。

①学生が作成した「現場連携型 PBL」の評価項目を基盤として「対話的事例シナリオ」の評価項目を検討する。
②高等教育において組織的 PA を行っている米国のプロジェクト研究を先行研究とし、ルーブリックを作成する。
③開発した授業において試行する。
④開発したルーブリックの適用可能性と課題を明らかにする。

3.　対話的事例シナリオの評価項目の検討（第1段階）

　第1段階として、学生によるルーブリック評価項目（表Ｖ-2）のうち、「問題の所在を発見する力（A〜C）」を教育職員免許法施行規則第6条で求められる力量に照合する（表Ｖ-3）。

　「現場を把握するチカラ（表Ｖ-2A）」は、全体的な文脈を理解しつつ、その文脈が多声的であることを理解する、という柔軟な態度や能力であるため、全体（全欄）に共通する評価の観点と考えることに異論はないだろう。また、児童・生徒の理解、関係性や心理や対象者の発達段階を理解するための「寄り添うチカラ（表Ｖ-2C)」も全体に関わっている。このことから、「現場を把握するチカラ」と「寄り添うチカラ」を「対話的事例シナリオ」に通底する観点として置き換える。特に、前者を第1の観点「シナリオとの対話」とし、問題の捉え方や文脈性、問題の複雑性の捉え直しに関する評価対象とする。また、後者を第2の観点「他者との対話」とし、他者理解や自身の体験の相対化として評価対象とする。

　これまで、フィールドでの PBL 教育の評価項目として挙げていた「記録するチカラ（B）」は、事後の省察を文字化することが前提であったために重要な観点であった。なぜならば、現場連携型 PBL 教育の省察では、「暗黙知を形式知に変換する過程」を重視するからである。しかし、「対話的事例シナリオ」を用いた授業では、即時に文脈を読み解きながら、問題の複雑性を捉えなければならない。そのためには、「他者との対話」だけではなく「自己との対話」が求められる。授業において、教師や他の学生との意見交流を通して、

「他者との対話」と並行して「自己内対話」も求められるということは、自身の経験や観について自覚し、相対化しているか否かが重要になる。一方で、「自己内対話」を新たな観点として規定することによって、授業空間の多声性・多層性を明確にすることができる。

　以上から、「対話的事例シナリオ」における独自の観点として「自己内対話」を第3の観点とし、「学習の統合（普遍化・自分化）」「観の変容」の評価項目を設定する。

表V-3　教員養成における「問題の所在を発見する力」

	科目	（学生による）問題の所在を発見する力
第2欄	教職の意義等に関する科目	「現場を把握するチカラ」
第3欄	教育の基礎理論に関する科目	「現場を把握するチカラ」 「寄り添うチカラ」 距離　　　　物理的距離 　　　　　　心理的距離
第4欄	教育課程及び指導法に関する科目	「現場を把握する力」 「寄り添うチカラ」 働きかけ　　個々の状況に応じた教え方の工夫 　　　　　　個々の状況に応じた言葉かけ
第4欄	生徒指導、教育相談及び進路指導に関する科目	「現場を把握するチカラ」 「寄り添うチカラ」 距離　　　　物理的距離 　　　　　　心理的距離 受け取る　　学習面 　　　　　　心理面

以上、評価方法の作業過程の第1段階をまとめると次のようになる。

　①教員養成のために開発したコンテンツに共通する規準として、"問題の所在を発見する力"を抽出した。

　②表V-3より、「シナリオとの対話」「他者との対話」を抽出した。

　③「対話的事例シナリオ」の独自の観点として、「自己内対話」を導いた。

①～③を総合し、ルーブリックの観点と評価項目をまとめると以下のようになる（表V-4）。

表V-4　ルーブリックの観点と評価項目

ルーブリックの観点	評価項目	開発した評価項目
（第1の観点）　シナリオとの対話	問題の捉え方 文脈性　問題の複雑性の捉え直し	現場を把握するチカラ
（第2の観点）　他者との対話	他者理解 相対化	寄り添うチカラ
（第3の観点）　自己内対話	学習の統合（普遍化・自分化） 観の変容	当該研究により新規に抽出した項目

4. 対話的事例シナリオのルーブリックの作成（第2段階）

　高等教育実践の評価ツール開発研究の著名なプロジェクトとして、AAC&U（Association of American Colleges & Universities）による VALUE プロジェクト（Assessment of Learning in Undergraduate Education）を挙げることができる（松下，2012）。本節では、前節で作成した「対話的事例シナリオ」の評価項目（表Ⅴ-4）と、2007年から2010年に実施されたプロジェクトである VALUE（Valid Assessment of Learning in Undergraduate Education）の評価項目を照合して作成したルーブリックの作成プロセスについて述べる。

　VALUE ルーブリックでは、教養教育によって形成されるべき能力として16領域の力を「知的・実践的スキル」「個人的・社会的責任」「統合的・応用的学習」の3つに分類している（VALUE, 2015）。松下（2012）は、この VALUE ルーブリックの特徴として、メタルーブリックとしての性格を指摘している。筆者らは、抽象度の高いメタルーブリックと照合することによって、教職課程のために開発した「対話的事例シナリオ」の評価項目を検討することが可能であると考えている。以下、VALUE ルーブリックおよび松下（2012）による翻訳資料を基盤とした、評価項目と評価規準作成手順を概観する。

①第1の観点　「シナリオとの対話」＝「問題の捉え方」
　　VALUE の「探究と分析」の領域の「これまでの知見・探究・観点」における「さまざまな観点やアプローチについて述べている」「適切なソースからの詳細な情報を総合的に扱っている」を援用し、「シナリオの多声性を理解し、総合的に問題を捉えることができる」と規定した。

②第1の観点　「シナリオとの対話」＝「文脈性」「問題の複雑性の捉え直し」
　　VALUE の「批判的思考＝自己や他者の仮定を徹底的（体系的・方法論的）に分析し、見解を示す際、文脈の重要性を慎重に評価している（文脈や仮定の影響）」と、「問題解決＝問題の多種多様な文脈要因を徹底的に深く扱うというやり方で解決を実行している（解決の実行）」を精査し、「問題の多種多様な文脈要因を認識し、問題解決しようとしている」と規定した。

③第2の観点　「他者との対話」＝「他者理解」「相対化」
　　「多様な文化的文脈において効果的で適切なインタラクションを行うのを支える認知的・情意的・行動的なスキルと特質の集合」である VALUE の「異文化知識・能力」の領域から、「他者理解」は「知識＝文化的自覚」を選び、「相対化」は、「スキル＝共感」を選んだ。「文化的自覚」とは、自身の文化的規則や偏見についての洞察を明確に述べることができることを意味し、「共感のスキル」とは、自身の世界観、および一つ以上の世界観の見方から異文化経験を解釈するとともに、異なる文化を持つグループの感情を認識した支持的なやり方で行動できる能力を意味する。これらを総合し、「ガイディング・クエスチョンに即して、他者の意見を理解しながら、事象を解釈することができる」と規定した。これは、前節の図Ⅴ-2 で示される F・G の矢印と学習者間の対話を介した E で表される。

④第3の観点「自己内対話」＝「学習の統合＝普遍化・自分化」「観の変容」
　　VALUE の「統合的学習」の領域の項目を抽出し、「学習の統合＝普遍化・自分化」を「複数の分野・領域を統合させて、新たな課題を提出できる」とし、「観の変容」を「他者の観を理解し、自らの観を再認識し、変容を自覚できる」と規定した。VALUE ルーブリックでは、「統合的学習」は、学生がアイディアと経験との間の単純なつながりを作ることから、大学での学びを超えた新しく複雑な状況に対して学習を統合・転移できる力としていることからも、筆者らの研究における"問題の所在を発見する力"に該

当すると考えられる。

以上の作業を通して、「対話的事例シナリオ」の特徴を踏まえながら評価項目を設定した（表V-5）。また、基準に関しては、VALUE ルーブリックの「Capstone－Milestone（2 段階）―Benchmark」を参考にし、「1－4」の 4 段階とした（表V-6）。したがって、本研究で開発したルーブリックは、6 つの評価項目を 4 段階（24 のマトリックス）で評価するという構造となる。

表V-5　VALUE ルーブリックの評価項目との比較

観点	評価項目	VALUE ルーブリック
第 1 の観点	「シナリオとの対話」 　問題の捉え方	探究と分析（これまでの知見・研究・観点）[1]
	「シナリオとの対話」 　文脈性 　問題の複雑性の捉え直し	批判的思考（文脈や仮定の影響）[2] 問題解決（解決の実行）[3]
第 2 の観点	「他者との対話」 　他者理解	異文化知識・能力 （知識＝文化的自覚）[4]
	「他者と自己との対話」 　相対化	異文化知識・能力 （スキル＝共感）[5]
第 3 の観点	「学習の統合」 　普遍化 　自分化	統合的学習 （学問分野とのつながり）[6]
	「観の変容」	統合的学習 （省察と自己評価）[7]

表Ⅴ-6　対話的事例シナリオのルーブリック（全体）

学習項目	4	3	2	1
「シナリオとの対話」 問題のとらえ方	シナリオの多声性を理解し、総合的に問題をとらえることができる。	シナリオの多声性を理解し、分析的に問題をとらえることができる。	シナリオの多声性に気づいている。	単声的に捉えている。
「シナリオとの対話」 文脈性 問題の複雑性の捉え直し	問題の多種多様な文脈要因を認識し、問題解決しようとしている。	問題の多種多様な文脈要因に気づいている。	文脈を意識している。	文脈を単声的に捉えている。
「他者との対話」 他者理解	ガイディングクエスチョンに即して、他者の意見を理解しながら、事象を解釈することができる。	ガイディングクエスチョンに即して、事象を解釈しながら自分の意見を述べることできる。	ガイディングクエスチョンに対する自身と他者の意見の相違に気づいている。	ガイディングクエスチョンに対して、自分の意見を述べることができる。
「他者と自己との対話」 相対化	自己や他者の考えを適切に分析し、対話の文脈を重視している。	自己や他者の考えを対話の文脈内で意識している。	自分の経験を相対化しようとしている。	自分の経験で文脈を理解しようとしている。
「学習の統合」 普遍化 自分化	複数の分野・領域を統合させて、新たな課題を提供できる。	複数の分野・領域を意識して課題を解決している。	他の分野・領域とのつながりを意識している。	他の分野・領域への関心が低い。
「観の変容」	他者の観を理解し、自らの観を再認識し、変容を自覚できる。	対話を通して、他者の観と自らの観の相違を認識できる。	対話を通して、自らの観を意識し、形式化できる。	対話を通して、自らの観に暗黙的に気づいている。

5.　ルーブリックの試行

　ここでは、音楽教育に関するシナリオの試行例を紹介する [8]。授業内容の詳細については、事例シナリオ集「Ⅲ.1 子どもができること・できないこと」を参照されたい。以下は、大学院生Ａのレポート（抜粋）である。

【大学院生Ａ（抜粋）】

　そして、このことは言語についても同じである。よく国語の授業では自分の気持ちや考えたことを言葉や文章にして表せることが重要だとされていて、それが重要なことには間違いないが，一方で言語や文章にできないことを大切にすることも重要である。言葉や文章で表すということは、一定のルールに則って表すということであって、それはまだ記号によって認識していなかったモノ・コトの形を既存の記号で限定してしまうということである。<u>言葉や文章によって可能になったことは多くそのような技術の習得は学校教育では大変重要なものではあるが、言語化・記号化の裏側に限定されてしまったかもしれないモノ・コトがあるということを教員は意識する必要があるのではないだろうか。</u>

　学生は、国語教育（文字）と音楽教育（音符）を比較し、「カンボジアの子どもたちに音階（ドレミ）を教える」というシナリオの枠内で問題解決しようとし、自分の意見を述べることができているため「シナリオとの対話」については，段階4としたが、「異文化を理解した支援の在り方を問う」シナリオで重視した多声性への気づきが弱いと判断し、それ以外は段階3になっている。授業者は、大学院生Aは、"観"の変容はありながらも、自分の専門領域（国語）にとどまっていると判断している。（表V-7）

表V-7　大学院生Aの評価

学習項目	4	3
「シナリオとの対話」 問題のとらえ方	シナリオの多声性を理解し、総合的に問題をとらえることができる。	シナリオの多声性を理解し、分析的に問題をとらえることができる。
「シナリオとの対話」 文脈性 問題の複雑性の捉え直し	問題の多種多様な文脈要因を認識し、問題解決しようとしている。	問題の多種多様な文脈要因に気づいている。
「他者との対話」 他者理解	ガイディングクエスチョンに即して、他者の意見を理解しながら、事象を解釈することができる。	ガイディングクエスチョンに即して、事象を解釈しながら自分の意見を述べることできる。
「他者と自己との対話」 相対化	自己や他者の考えを適切に分析し、対話の文脈を重視している。	自己や他者の考えを対話の文脈内で意識している。
「学習の統合」 普遍化 自分化	複数の分野・領域を統合させて、新たな課題を提供できる。	複数の分野・領域を意識して課題を解決している。
「観の変容」	他者の観を理解し、自らの観を再認識し、変容を自覚できる。	対話を通して、他者の観と自らの観の相違を認識できる。

　一方、カンボジアにおけるアクションリサーチに関する事例シナリオに対して、大学院生Bは、複数の分野・領域を統合させて新たな課題を提供した（下線は，授業者による）。授業者は記述全体から、他者の「観」を理解し、自らの「観」を再認識し、変容を自覚できていると判断し、すべての項目で段階4と評価している。VALUEルーブリックの基準に例えるならば、大学院生Bは、授業者の想定する「対話的事例シナリオ」のCapstoneのレベルということになる。（表V-8）

【大学院生A（抜粋）】

　前述のP. ブルデューは次のように述べる。「教育システムは、まさしくその存在によって、その存在に由来するいっさいの疑惑を解決している」（『再生産』）。教育＝よいもの（こと）という認識ゆえに、私たちはもはや、それに疑いの目を向けることはなくなってしまっているのである。これは音楽においても言えることではないだろうか。したがって、音楽における学修支援のより良き在り方を常に考え続けることが大切である、私はそう考えた。おそらくそれが、音楽を通しての（学習）支援を継続させることでもあるからである。

表Ⅴ-8　大学院生 B の評価

学習項目	4	3
「シナリオとの対話」 問題のとらえ方	シナリオの多声性を理解し、総合的に問題をとらえることができる。	シナリオの多声性を理解し、分析的に問題をとらえることができる。
「シナリオとの対話」 文脈性 問題の複雑性の捉え直し	問題の多種多様な文脈要因を認識し、問題解決しようとしている。	問題の多種多様な文脈要因に気づいている。
「他者との対話」 他者理解	ガイディングクエスチョンに即して、他者の意見を理解しながら、事象を解釈することができる。	ガイディングクエスチョンに即して、事象を解釈しながら自分の意見を述べることできる。
「他者と自己との対話」 相対化	自己や他者の考えを適切に分析し、対話の文脈を重視している。	自己や他者の考えを対話の文脈内で意識している。
「学習の統合」 普遍化 自分化	複数の分野・領域を統合させて、新たな課題を提供できる。	複数の分野・領域を意識して課題を解決している。
「観の変容」	他者の観を理解し、自らの観を再認識し、変容を自覚できる。	対話を通して、他者の観と自らの観の相違を認識できる。

6.　課題

　開発されたコンテンツにおける実践において、ガイディング・クエスチョン（G・Q）やルーブリックなどのツールによって、学生の思考過程とその変容を可視化できるという可能性を見いだすことができつつある。何よりも実践を行った授業者は、対話の変容の手ごたえと、授業に関する問題の所在をルーブリックによって確認することができるという利点を挙げている。また、「対話的事例シナリオ」を使った他の試行授業（表Ⅴ-1：知的障害の心理・生理・病理演習、授業論、教育課程論、音楽科教育法、美術科教育法、特別活動論Ⅱ）においては、このルーブリックを通して GQ の改善やグループ活動のあり方の再検討が必要であることが明らかになっている。このことから、このルーブリックが授業における対話の質的な改善に有効であると考えることができる。

　図Ⅴ-2 の E と F の対話は、「対話的事例シナリオ」のモデルの特性を象徴するものであるが、開発したルーブリックにより、対話的事例シナリオでの学びの評価が可能であることが明らかになった（表Ⅴ-9）。

表Ⅴ-9　全体における試行のレベル

対話	評価開発（試行）	試行方法
A　教師＝教材（活動）	◎	PDCA
B　学習者＝教材（活動）	○	自己省察（レポート、付箋紙）などを通して、「シナリオとの対話」で評価可能
C　学習者＝教師	○	エピソード記述、レポートなどを通して、すべての学習項目で評価可能
D　学習者＝学習者	○	エピソード記述、ワークシートなどを通して、「他者との対話」で評価可能
E　学習者から見た　A：教師＝教材（活動）	◎	当該ルーブリック
F　教師から見た　　B：学習者＝教材（活動）	◎	当該ルーブリック
G　教師から見た　　D：学習者＝学習者	○	グループによる省察、観察などを通して、「他者との対話」で評価可能

　また、Aの「教師と教材（活動）」に関しては、開発したルーブリックを活用して教材の改善を進めることができる。しかしそれにとどまることなく、シナリオ開発（Plan）－授業実践（Do）－省察（Check）－授業改善（Action）のPDCAサイクルを回していることから、今後は、記述以外の方法でのPAの実施方法について検討することが課題となる。つまり、大学の講義で用いる教材として、「文字化されない対話の評価方法」について検討することが喫緊の課題である。

【注】

1) VALUE(2015)では、Inquiry and Analysis の領域の Existing Knowledge ,Research ,and/or Views を抽出した。／松下（2012）p.100
2) Critical Thinking の領域の Influence of context and Assumptions／松下（2012）p.101
3) Problem Solving の領域の Implement Solution／松下（2012）p.109
4) Intercultural Knowledge and Competence の領域の Knowledge (Cultural self-awareness)／松下（2012）p.101
5) Intercultural Knowledge and Competence の領域の Skills (Empathy)／松下（2012）p.101
6) Integrative Learning の領域の Connection to Discipline、 See(makes) connections across disciplines、perspectives／松下（2012）p.114
7) Integrative Learning の領域の Reflection and Self-Assessment／松下（2012）p.114
8) 根津知佳子教員により三重大学教育学研究科共通科目『教育科学特別研究』において平成27度前期に実施。41名（教育学研究科2年）

【引用・参考文献】

赤木和重・山田康彦・森脇健夫・根津知佳子・中西康雅・守山紗弥加・前原裕樹（2014）「教員養成型 PBL 教育の課題と展望(X)—特別支援教育教員養成における対話的事例シナリオの開発」『第20回大学教育研

究フォーラム』 178-179.

安部剛 (2006)「共に変化するデザイン～螺旋につながる感性から生まれるもの～」日本感性工学会感性哲学部会＆三重大学 COE（B）合同発表予稿集

Duch,B.J.et al(2001),THE POWER OF PROBLEM-BASED ―LEARNING A Practical "How To" for Teaching Undergraduate Courses in Any Discipline―, Stylus Publishing, バーバラ・ダッチ他編（山田康彦・津田司監訳，三重大学高等教育創造開発センター訳）(2016)『学生がかわるプロブレム・ベースド・ラーニング実践法』ナカニシヤ出版

廣岡秀一・森脇健夫・根津知佳子・松本金矢 (2008)「PBL を媒介とした「現場」と「大学」の往還関係の構築と評価システムの開発」『日本教育大学協会研究年報』26，183-194.

国立教育政策研究所 (2015)『教員養成教育における教育改善の取組に関する調査研究～アクティブ・ラーニングに着目して～』

松下佳代 (2012)「パフォーマンス評価による学習の質の評価―学習評価の構図の分析にもとづいて―」『京都大学高等教育研究』18，75-113.

松本金矢・根津知佳子・森脇健夫 (2012)「教員養成型 PBL 教育の課題と展望VI―教員養成スタンダードによる分析―」『第 18 回大学教育研究フォーラム』127-128.

森脇健夫・根津知佳子 (2009)「教育実践の質的研究の射程とアプローチ―記述データによる"観"の照射の可能性を求めて―」第 6 回日本質的心理学会，ポスターセッション，北海学園大学（9 月 13 日）

森脇健夫 (2011)「授業研究方法論の系譜と今後の展望」『授業づくりと学びの創造』第 2 章，学士社，40.

森脇健夫・山田康彦・根津知佳子・中西康雅・赤木和重・守山紗弥加 (2013a)「教員養成型 PBL 教育の研究（その 1）―対話型事例シナリオの原理―」『三重大学教育学部研究紀要』64，325-335.

森脇健夫・山田康彦・根津知佳子・中西康雅・赤木和重・守山紗弥加・前原裕樹 (2013b)「対話型事例シナリオによる教員養成型 PBL 教育」『京都大学高等教育研究』19，13-24.

森脇健夫 (2015)「事例シナリオを用いた PBL 教育」『PBL 教育における対話型シナリオの開発研究』，基盤研究（C），山田康彦代表，課題番号 24531196，19-23.

三重大学 COE(B)(2009)「感性システムの構造化とそれを基盤としたアクションリサーチ的アプローチの可能性の探求～「感じる力」を培う教育モデルの開発にむけて～」，根津知佳子代表

中西良文・松本金矢・根津知佳子 (2009)「教員養成型 PBL 教育の課題と展望IV―ポートフォリオによる学生の変化の検討―」『第 15 回大学教育研究フォーラム』78-79.

根津知佳子・森脇健夫・松本金矢 (2006)「教員養成型 PBL 教育の課題と展望―Moodle を使ってのチューター・学生の自立的活動の支援を通して―」『京都大学高等教育研究』12，27-39.

根津知佳子・森脇健夫・松本金矢(2007a).「教員養成型 PBL 教育の課題と展望II―学生による PA 開発―」『第 13 回大学教育研究フォーラム』56-57.

根津知佳子・安部剛・圓道衣舞 (2007b)「Collage 制作過程に内包される多様な対話」『三重大学教育学部研究紀要』58，169-179.

根津知佳子・森脇健夫・中西康雅・松本金矢・高林朋世・前原裕樹・伊藤亜季 (2010)「教員養成型 PBL 教育の課題と展望V―学びの履歴から照射される学生の変容―」『第 16 回大学教育研究フォーラム』116-117.

山田康彦 (2015)「PBL 教育における対話型シナリオの開発研究」科学研究費補助金基盤研究（C）課題番号 24531196，報告書

山﨑準二 (2012)『教師の発達と力量形成―続・教師のライフコース研究―』創風社

Alverno college (http://www.alverno,edu/)（平成 28 年 2 月 25 日）

VALUE (Valid Assessment of Learning in Undergraduate Education)

(http://www.aacu.org/about/index.cfm) (http://www.aacu.org/value-rubrics) （平成 28 年 2 月 25 日）

教育職員免許法及び教育職員免許法施行規則 （教員免許課程認定関係条文抜粋）

(http://www.mext.go.jp/a_menu/koutou/kyoin/1268593.htm) （平成 29 年 9 月 14 日閲覧）

第二部
事例シナリオ集

I　教師として考えておくべきこと（教職科目における PBL）

　第二部では、対話的事例シナリオを取り入れた実践事例を紹介する。

　各事例ともに、「シナリオの目的と位置づけ」「シナリオの構成と展開」「シナリオ作成者からのコメント」という構成になっている。

　事例シナリオⅠ章では、「教師として考えておくべきこと」と題し、教職科目でどのように展開しているかについて述べる。

　本章で紹介する事例シナリオの形態は、映像記録やドラマ・フィクション、実際の観察記録、学習者自身がシナリオを構成する、など多岐にわたる。いずれも学習者がシナリオと対話しながら、現実に即して教育的事象を深く考えることができるように工夫されている。

1. 子どもの主体性
−子どもの「やりたい」を大事にする、とは？−

[教職の意義・教員の役割]

守山紗弥加

キーワード：子どもの主体性、あそび、根源的な問い

1. シナリオの目的と位置づけ

　本シナリオは子ども主体で展開される「あそび」場面を題材とし、支援・指導者として、子どもの主体性に基づく自発的な行為をどのように受け止め関わっていくかということを考えるものである。

　中学校・高等学校の教員免許取得希望者は、小学校免許取得希望者に比べて、自身が専門とする教科についての学修がメインとなりがちであるが、教職科目の学修においては将来自分が相手にする生徒が、どのような幼児・児童期を経て「生徒」としてのいまを生きているのかについても考えてほしいと常々感じている。また、学びや発達について考えていくにあたり、特に幼児・児童期に顕著である「根源的な問い」に向き合うことが、人間存在そのものを問い直す契機をも与えうると考えている。

　そのような状況の中、筆者の授業では取得希望校種の如何に関わらず、「『こども』とはどのような存在か？」「『あそび』と『まなび』はどのような関係にあるか？」というような根本に立ち返る機会を設けることを心がけている。その中で、様々な問題に対する見解において自身の依って立つところがどこにあるのか、そのように考える自分とは何者なのか、といったところまでいずれ思考が及ぶことを期待してもいる。

　対象実践である教職入門の授業では、「学校教育や教職をめぐる様々な事象や考え方を知り、多様な視点や立場から教職という仕事を理解する」こと、「多様な視点との出会いや学び合いを通して自身の教職イメージを捉え直し、教職に関して自分なりの問いや見解を持つ」こと、その上で「教職を目指す上での自身の課題を明確化するとともに、希望を持って学び続ける姿勢を育む」ことを目的としている。先述したような根源的な問いに向き合う中で、教育や教職を捉える自分なりの視点や角度を模索することを目指す。

2. シナリオの構成と展開

　今回取り上げる事例シナリオは、全15回のうち第12回目に該当する。全15回のうち、前半（1-8回）は教職という仕事や学校教育をめぐる問題を取り上げる各論を配している。後半（9-13回）は教師を志す上で向き合っておくべき根源的な問いを設定し、それに関する考察を進める回として構成している。第12回のテーマ（問い）は「子どもの主体性をどう考えるか？」である。本授業では、全回の学びを通して自身が今後探究したい「問い」を見つけることを最終課題としており、毎回の省察課題をもとにその「問い」を見出す学習活動を第14・15回に設けている。

2.1. 事例シナリオの概要

　事例シナリオの素材としたものは映像資料であり、「子どもの心により添う」を基本姿勢に保育を行っている保育施設での、子どもの遊びを追った一コマを紹介する（映像資料：Eテレ『すくすく子育て』2015年12月19日放送「保育の現場から知る『子どもの気持ち』」）。取り上げたのは次の場面である。

　子どもたちがめいめいに好きなあそびをすきな場所で展開している中、段ボールで作ったレジを使ってお

店を開こうとしている女の子の隣で、直重くんという男の子が自分の髪の毛をはさみで切り始め、それを「商品」として売ることを思いつく。左手で引っ張った髪を右手に持ったはさみでジョキジョキ切る様子を、少し笑いながら興味深そうに見上げる女の子をよそに、「なおしげの髪も買えま〜す」と宣伝。そこへお客さん（子ども）が来て、「髪の毛売ってるの？…何円？」と訊かれ、なんと「売れる」（！）のである。隣で笑顔混じりにも「え・・・」という驚きを隠せない、なんとも言えない表情でそのやりとりを見ているもう1人の男児も印象的である。

　学生には、視聴前に子ども主体のあそびについてどう考えるか、自身の意見を記述した上で、この映像を見た率直な感想を述べてもらう。続いて、自分ならどう対応するかについても記述を求める。

　映像では"青くん"と呼ばれる指導者が登場し、その様子を見て「わ〜結構切ったなぁ。もうその辺でやめときな。」と穏やかに声をかける。「青くんも自分で切ったことあるけど大変なことになったよ。」と自分の失敗経験を控えめに話すところで映像は終わる。一見、可もなく不可もない声かけのようだが、否定も肯定もせずに自身の経験談を交えて程度を治める、というこの絶妙な「加減」やさりげなさにこそ、保育のプロとしての専門性が垣間見える。

　番組では専門家の見解として、保育施設「りんごの木 子どもクラブ」代表の柴田愛子氏、教育学者の汐見稔幸氏、発達心理学者の遠藤利彦氏の三者がコメントしている。柴田氏は「痛くもないし他人が嫌がるわけじゃないし。それに伸びてくるんだから！」と子どもの奇想天外な発想を楽しむ。汐見氏は失敗から学ぶ子どもを見守ることも大事だと言い、遠藤氏は「散髪屋や床屋ではなく『髪の毛屋』。売り買いの対象として髪の毛が存在している。子どもの発想って自由で豊か」と驚く。

　子どもの「やりたい」気持ちに対する三者の視点はそれぞれ異なるが、いずれも子ども主体のあそびを捉える大切な視点および関わり方であるゆえ、学生に「青くんや専門家のコメントを踏まえ、自身の受け止め方や対応の仕方をあらためて考察しましょう。」と投げかけた。

2.2. 授業の展開

　本シナリオを用いて行った授業実践について紹介する。受講生は非教員養成課程の専門学部生と教育学部生の1〜4年生70名弱である。

＜授業の流れ＞
　※乱数を用い、学部学科や学年をランダムに編成した4名を基本としたグループで活動
① 前回のふり返り：内容確認とmoodle課題へのフィードバック
② 本日のテーマ（「問い」）「子どもの主体性をどう考えるか？」の提示
　　個人の考えをワークシートに記入する。
③ シナリオ教材の実施
　　・G・Qに基づき個人思考・ワークシートに記入⇒メンバーの意見もメモしながらグループ共有する。
　　・指名されたいくつかのグループが共有内容をクラス全体に向けて発表する。
④ 授業者から本日の「問い」について考えるにあたっての視点や話題提供
⑤ 授業後にmoodleを用いた省察課題の実施

2.3. ガイディング・クエスチョン

　本シナリオを用いて行った授業実践で提示したガイディング・クエスチョンを以下に示す。

G・Q1：子ども主体の遊びについて、あなたの考えを述べてください。
G・Q2：直重くんの『あそび』への率直な感想を綴ってください。

> G・Q3：自分ならどう対応しますか？
> G・Q4：青くんや専門家のコメントを踏まえ、自身の G・Q2 および G・Q3 への回答を考察しましょう。

　先述したように、まず対象映像を見る前に本時のテーマ（「子どもの主体性をどう考えるか？」）を示し、G・Q1 を投げかける。これは、子ども主体で展開される遊びについて、まずは学生各々がどのような考えを持っているのかを自覚するための問いとして設定した。

　それに続き、対象場面（映像資料の実際の保育者の対応や専門家のコメント以前までの部分）を視聴した上で、G・Q2 を提示する。G・Q2 は実際の子どもの姿、「あそび」のリアリティに直面するという経験に対して、自身が感じた率直な気持ちと向き合うところである。G・Q1 および G・Q2 をグループで共有した上で、続く G・Q3 に答える。

　G・Q3 では教育者としてアクチュアリティに直面することになる。G・Q2 で感じた本心に比して、「教育者として」の思考や振る舞いが立ち現れる局面である。

　その後、再び映像視聴に戻り、実際の保育者がとった対応や専門家の見解にふれた後、「G・Q4：青くんや専門家のコメントを踏まえ、自身の G・Q2 および G・Q3 への回答を考察しましょう。」という流れで行った。G・Q4 は、主体性に対する捉えや構えに対する自分の課題に気づくための設問であり、すなわち自己との対話の契機となることを意図した。

2.4.　よくある学生の反応とそれらが提起する問題

　子どもの主体性という問題は、漠然としていて具体性がないものの、その尊重や重要性という点において異論を示す者は少ないと推察される。これは、学生自身が主体的に学ぶこと、参加すること、行動することを求められ育成されてきた被教育経験上、疑う余地のないほど自明のものとして刷り込まれている証でもあろう。しかし、それだけに、そもそも主体性とは何か考えることや、どうすれば真に主体性が育つのか、主体性は育てられるものなのか？といった問いに向き合うことなくその只中で育ち、ともすれば自問することなく今度はそれを育成する側に立つことになる。そこには、スローガンとして語られる善きものとしての「主体性」と、現実場面で直面する子どもの生態、自我の中で、理想・理念と現実の対応が矛盾をきたすことになる可能性が大いにある。

2.5.　視点を変えて立ち上がる実践

　子どもの事実が持つ圧倒的な強さが、主体性に対する理想論や疑うことのなかったスローガンとしての認識にゆさぶりをかけることになる。本シナリオの場合、それは映像の持つ力と切り離せない部分があるが、いずれにしても、目の前でハサミを手に何の屈託もなく髪を切る、売る、売れる、という「あそび」が展開される様こそが、その衝撃性とともに子どもや遊び、主体性や自発的行為を問い直す契機となるだろう。さらに言えば、その衝撃にとどまらず、「子どもとはどのような存在なのだろう？」「自分はどんな子ども時代を過ごしてきたのだろうか」という大問への向き合いや回想、幼児期の「主体性」は中学・高校と過ごす中でどのように変化していくのかといった連続性や接続の問題に関心が広がることも予期される。

2.6.　実践における学生の反応と改善の方向性

　授業における学生の反応を発言やワークシートを紹介しながら、授業展開について考察したい。

> G・Q1：子ども主体の遊びについて、あなたの考えを述べてください。
> ・　子ども特有の好奇心を満たすことができるからよい。
> ・　自由な発想を伸ばすことができてよい。
> ・　自分で何を使ってどう遊ぶかについて考えることで、考える力がつく。

> ・　大人に制限されず伸び伸びと遊べてストレスがない。
> ・　よりよい成長に有効。0から何かを考え生み出す経験ができる。
> ・　仲間はずれ、危険なあそび、協調性への注意も必要。

　予想した通り、G・Q1の回答は「想像・創造力や考える力がつくから賛成」「意思決定や自立を促すのでよい」、条件付きで「暴力的なケンカや致命傷にならなければ問題ない」とする好意的な意見が大半を占めた。一方で、「ひとりぼっちになる子が出るかもしれない」「みんなが仲良く遊べるか疑問」等、集団と個の関係という点で懸念を示す意見も見られた。大半の学生が「子どもの主体性を尊重したい」と考えており、大人による指示や制限ではなく、子ども自身の興味関心によるあそびの選択や工夫に正の可能性や効果を感じていることがわかる。

　それらを確認した上で映像視聴に移ると、学生たちは映像冒頭から、木登り中にもいだ木の実を無邪気に口にする、子どもたちだけでノコギリをひくなど自由に遊ぶ姿にすでに驚きを感じている様子だったが、問題の場面が登場すると「ええっっっ・・・」「うっそ・・・」と悲鳴に近い声をあげるような者もいるほどひときわ映像に見入り、教室中が騒然とした。それだけ衝撃を憶えるシーンであることが確認できたが、G・Q2への回答では想像以上にハサミの危険性に対する過剰な反応や心配、斬新なあそび方へ面食らう様子が見てとれた。保護者の目を気にした発言も少なくない。中には、子ども独特の発想に感心する者ももちろんいる。G・Q1で大半が子どもの主体尊重に賛同しながらも、自分の想像をはるかに越える現実の姿に圧倒される、まさにリアリティへの直面が確認できた。

> G・Q2：直重くんの『あそび』への率直な感想を綴ってください。
> ・　衝撃的だった。自分の髪の毛を売るなんて斬新すぎる。
> ・　ハサミが危険／目線より上でハサミを使ってはいけない
> ・　あの調子でいくと全部切ってしまわないか不安。
> ・　さすがに怖い／独特すぎて少しひいてしまった
> ・　保護者に何て言われるかこわい。
> ・　私の幼稚園時代にそんなことやろうと思いもしなかった。
> ・　髪をあんなふうに売っていないのを知っているから不思議。
> ・　初めは驚いたが、悪いことをしているわけではない。
> ・　彼自身が楽しんでいるのでそこは尊重してあげたい。

　自分ならどう対応するか（G・Q3）については、声かけは様々だが基本的に「止めさせる」方向をとる者が大半であった。

> G・Q3：自分ならどう対応しますか？
> ・　止める。でも何と言って止めさせればよいかわからないので、とりあえず「やめなさい」と言う。
> ・　代わりのものを用意する。
> ・　手を傷つけないようにだけ注意するよう伝える。
> ・　どうしてもしたいと言われたら、けがしないように注意してねと何度も伝え、切るなら傍を離れないようにする。
> ・　危険のないように見守る。制止することは想像力の可能性を消すことと等しい。あまりに危険そうなら注意して切るよう促す。
> ・　「この商品はここでしか買えない珍しいものだね。」と褒めつつも、「じゃあ全部売れたらどうする？」と遊びの危険さを感じさせる。
> ・　何で髪の毛を切って売ろうと思ったのかを訊く。

　学生たちにとって不測の事態だけに、困惑しながらもなんとか働きかけようとする言動にも、等身大の対応力が見てとれる。学生なりのアクチュアリティの中で具体的対応を考えていることがわかる。無理矢理制止するのではなく注意して行うよう促す、傍で見守る、危険性に気づかせるよう導くなど、頭ごなしに禁止したり叱ったりしてはならないが認めてもいけない、という認識があり、それをどのような手立てで行うかという思考が働いている。しかし、G・Q1 での自身の回答との矛盾に気づいていない。

> G・Q4：青くんや専門家のコメントを踏まえ、自身の G・Q2 および G・Q3 への回答を考察しましょう。
> ・　注意して止めるように促すまでは同じだが、強く止めるよう言わないのには驚いた。だが、3者のコメントを踏まえてもやっぱり自分で自分の髪を切り売れたからもっと切ろうとするのは怖いと感じるし、まだ続けるのなら止めるよう言ってしまうと思う。
> ・　意外と「もう止めとき」ってしっかり言うんだなと思った。自分の考えた対応はあまり直接的ではなかった。
> ・　興味をそらすなど間接的な方法はとらずに直接止めておこうかと優しく諭していたのが意外だった。
> ・　自分の対応は甘いと感じた。注意するだけで止めなければ子どもの主体性は確保できるのに、そのままにすることしか頭になかった。
> ・　させていい失敗とは何なのかを疑問に思う。止めるべき線引きはどこなのだろうか。
> ・　子どもを縛りすぎることにも、全て自由にすることにも同じように問題はあると思う。自由と制限のバランスを取り、メリハリを持たせることが大事なのでは。

　最後の G・Q4 については、保育者の止め方に対して、それぞれに意外さや驚きを感じながらも照らし合わせて自身との違いを再確認している。しかし、「自分がなぜそう考えたのか」ということ自体を自問するものは少なかった。また、保育者の対応や専門家の意見＝自分の考えのように、距離をとって相対化することの難しさが顕れている回答も特徴的であった。

　授業の終盤では、主体性をめぐって教師自身が問われる問題の多様さについて、次のような例を示して取り上げた。まず、支援・指導に関わって、安全性や適切性を理由に、児童・生徒本人と対象や事柄との出会いを未然に防ぐことが過剰な援助や可能性の摘み取りになってはいないかという点である。とりわけ今回の実践ではハサミの危険性という理由から遊びを制止するという意見が目立ったが、対象事例にある「遊び」が持っている意味や世界そのものに目を向ける必要性について述べた。同じくこの「髪の毛屋」という遊びの世界における他者、つまり、子ども主体の遊びが展開される上での対等な他者である子ども同士の関係発達を志向するという視点についてもふれた。

　実践を通して、今回の大きなねらいの一つである、子ども主体の遊びに対する＜理想＞と、＜現実＞場面に直面した際に自身がとろうとする対応に自己矛盾があることへの気づきを期待したが、実際には危険性へのとらわれや遊びを味わう余裕のなさから、ねらいに到達する学生はわずかであったと見える。あまりにも衝撃的な場面ゆえ、それに引っ張られて、自身が最初に述べた「主体性に対する考え、姿勢」と自身がとろうとする行動にずれがあること自体に気づくことができていないという実態も見受けられた。

　当初意図していた、自分のものの見方や考え方への気づき、表面的・形式的な理解を見つめ直す契機とするためには、自己との対話がさらに促されるようなガイディング・クエスチョンを検討する必要もあると考える。G・Q2 での率直な反応の背景をさらに丁寧に振り返ることができるような問いや、自分の子ども時代の遊び経験の想起の促しがその一つであろう。子どもの世界、子ども主体で展開される遊びの世界そのものに目を向け、まずはそれらを味わう中で顕れてくる新たな関心や視点があるはずである。加えて、「なぜ保育者はこのような対応をとったと考えますか？」と問うて、相手（保育者）の行動・心情理解を通して自身の見方を省察することの必要性もうかがえた。

図 I-1-1　授業提示スライド（抜粋）

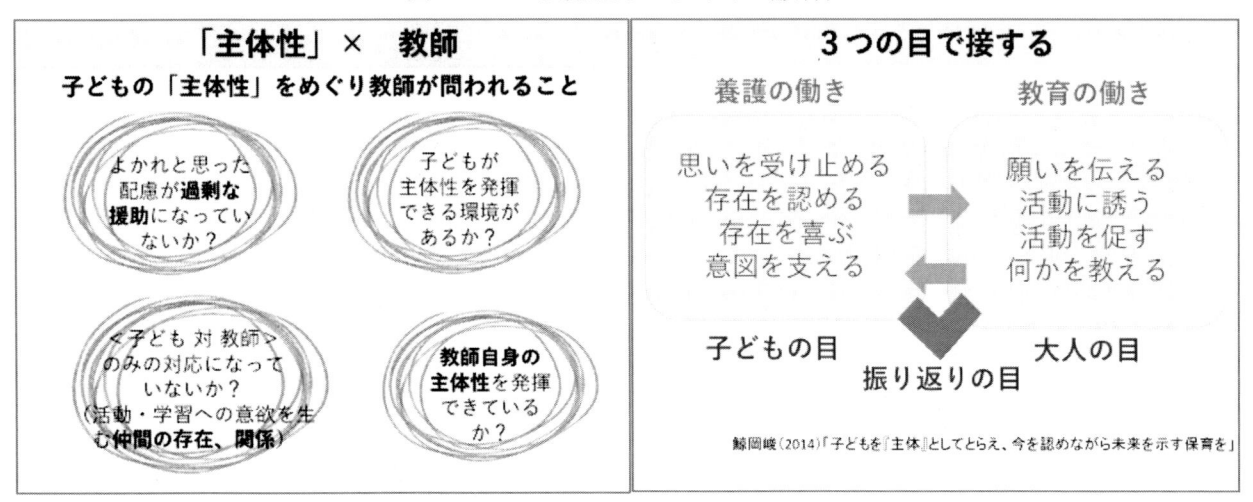

　実践後に確認された改善点の一部は、学生に課す授業後の省察課題で反映することを試みた。第12回の省察課題は以下のとおりである。

---

① 授業開始時のあなたの考え

② 直重くんの事例について考えたことを今一度思い返し、直重くんの「あそび」や、それに対する保育者の対応、専門家のコメント等について「自分はなぜそう考えたのか？」をふり返ってみてください。

③ 授業では、今後、幼児・児童・生徒の「主体性」や「主体的な学び」が重要な鍵となる背景も確認しましたが、その上で、あなたが主に対象とする校種の児童・生徒の発達段階や取り巻く状況を推察し、次の2点について具体的に述べてください。

　1）主体性をめぐる問題として、どんな事柄について考える必要があるか

　2）そのために、これからあなたが学ぶべきことや身につけたいこと

　省察課題における学生の回答例（一部抜粋）を挙げる。

---

② 直重くんの行動を見て、最初はまず驚きました。また同時に子供の発想って自由でおもしろいなと思いました。このようなとき、私だったら子供があまり傷つかないように、他のものに興味をそらすように誘導すればいいのではないかと考えました。しかし、保育者の先生は怒りはしなかったものの、言葉でストレートに伝えていたので、意外でした。この対応を見て（中略）また、このことに気づいたことで、私が最初に興味をそらして誘導しようと考えていたのは、私は「言葉で言ってもわからないだろう」「他人の子供だから、直接注意するのはまずいのでは」と子供のことをある意味信用していなかったのと、自分のことを中心に据えて考えていたからだと思いました。

---

3. シナリオ作成者からのコメント-実践をふまえた評価とまとめ-

　最後に、本シナリオの開発過程から実践前、実践中・後の省察を通した授業者自身の学びのプロセスについて述べる。

　そもそもこの映像資料は、偶然テレビで発見し、直感的におもしろい、見せたい！と感じた筆者との出会いが発端である。そこには子どもの世界や観察研究を中心とした筆者（授業者）の研究関心に裏付けられた、いわば授業者の「観」が働いていると考えられる。その「出会い」に基づき、なぜ・何を見せたいのかという自問が授業者と「材」との対話を生み出す。そこには授業の目的や対象事例が持っている本質的な問いの見極めが生じる。そして、その本質に学生が自ら気づくためにはどのような手立てが必要となるかを考える過

程が、「問い」とその構造化に反映されるものと言えよう。

その教材化のプロセスを経て、今回の教職入門での実践に先立って教育原理という授業において試行的に実施していた。受講生6名という実施規模の違いはあるが、シナリオの基本的な構造や進行は同様に実践を行った。教育原理では、本シナリオを「『こども』と『おとな』」について考える回の中に位置づけ、シナリオ以外に児童書や子どもに関する詩の紹介、保育所の映像視聴などを含めた授業構成としていた。この試行的実践での感触を持って、今回の教職入門での導入を計画したわけだが、当然ながら授業の目的や全体計画の中での位置づけ、学びの文脈などを考慮してリデザインすることになる。

図 I -1-2　「材」の教材化プロセス

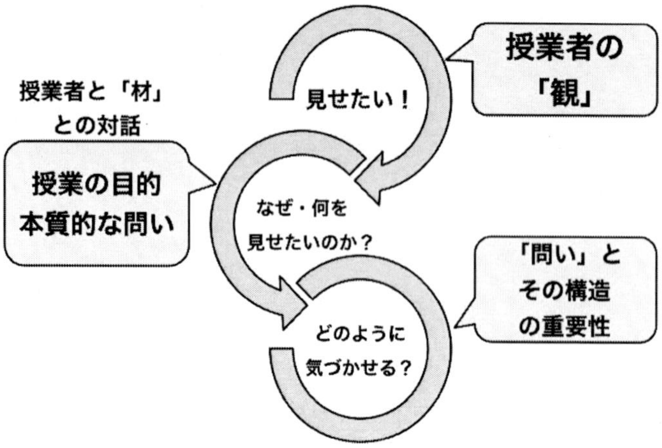

最初の「材」との出会いを起点としながらシナリオを作成し、実際のシナリオ実践において受け止められる学生・授業の実態に基づいて授業中に行為しながら省察を行うことになる。その省察をもとに、一部は授業後の省察課題に反映させることで改善を試み、その課題の実態を受けてさらなる授業者の（「材」、自己との）対話を経て、あらためて次の授業実践のデザインやシナリオ自体の再構築を志向する。この開発・実践・省察のプロセスはリニアで描くことのできる PDCA サイクルではなく、授業前・中・後の絶えず続く授業者自身の「材」や学生、授業自体との対話により何層にも繰り返されることで循環しているものと言えよう。

図 I -1-3　授業者の対話に基づく授業デザインと実践のプロセス

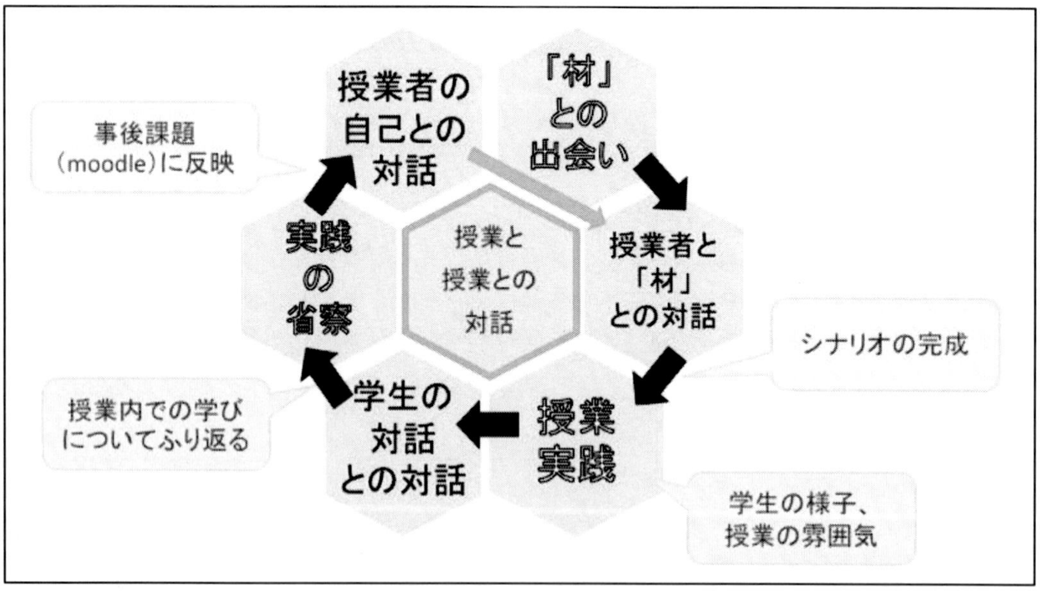

【参考文献】

鯨岡峻（2014）「子どもを『主体』としてとらえ、今を認めながら未来を示す保育を」ベネッセ教育総合研究所『これからの幼児教育』

2. 教師の権威・権力

［教育の理念・教育に関する歴史及び思想］

前原裕樹

キーワード：潜在的な権威・権力、教育的な理念、優れた方法

1. シナリオの目的と位置づけ

　本論で取り上げる事例シナリオのねらいは、学生が教師の権威・権力に関する理念を深く学ぶことである。どうして権威・権力に関する理念を深めることが大事なのか。以下では、教室空間に存在する権威・権力の理念を深めることの意味について述べる。

　教室空間における権威・権力は、時として子どもと教師の関係性を「教える―教えられる」といった一方的なものにしてしまう危険性をはらんでいる。例えば、学校建築や座席の配置などがそういった関係性を生み出す要因となっていることがあるが、それは教室空間の物理的構造だけによるものではない。教師に、そういった教室空間および自身が有する権威・権力が、子どもにどのような影響を与えてしまうのか、という認識や理解が足りないことによって、その関係性を暗黙的に強化することにつながってしまう。もちろん、威圧的だったり、教え込みだったり、そういった教師の権威・権力が望ましくないことを理解している学生は多い。

　しかしながら、そういった権威・権力概念は、ある一側面でしかない。つまり、教室空間においては、いくら教師が拭い去ろうとしても、拭い去ることができない潜在的な権威・権力構造が存在してしまう。よって、そういった権威・権力概念を深く理解し、教師はどういった場面で権威・権力を発揮することが望ましいのか、また望ましくないのか、といった思考や葛藤が必要となる。そして、そのことが教室空間において教師と子どもが「ともに育つ・学ぶ」といった相互的・多層的な関係を構築し、子どもたちが安心して学級で学べるようになったり、授業における学びがより豊かなものなったりしていくだろう。

　以上が本事例シナリオのねらいと権威・権力について理念を学ぶことの意味である。

　それでは次に、具体的な実践の概要を説明する。

2. シナリオの構成と展開

2.1. 授業計画（授業時間数）

　今回取り上げる事例シナリオは、全 15 回のうち、2 時限分（90 分授業×2 回）の内容である。授業科目名は「教育方法論」である。教育方法を学ぶにあたり、教育的な理念は方法と密接に結びついているため、優れた方法を得ることだけでは不十分である、ということを学生に理解してもらう必要がある。本事例シナリオは、そういった部分を担っている。

2.2. 事例シナリオ材として『23 分間の奇跡』を選定した理由

　今回、対話的事例シナリオ材として用いたのは、ジェームズ・クラベル　青島幸男訳（1988）『23 分間の奇跡(原題：The Children's Story…but not just for children)』である。『23 分間の奇跡』の概要は以下である。なお、本文では、シナリオに出てくる教師を指す場合は、「先生」と標記する。

事例シナリオ集Ⅰ

> 　ある国の教室に、若い女の先生が赴任してくる。そして、若い女の先生は、これまでクラスを担任していた、子どもに対して厳格なワーデン先生を教室から追い出す。最初、子どもらは若い女の先生を警戒しているが、子どもらの名前を事前に覚えたり、子どもらの質問に丁寧に答えたりする、といった様々なやりとりを行う中で、子どもらは、次第に若い女の先生に警戒を抱かなくなる。
>
> 　しかし、子どもの中に1人だけ、先生に反抗する男の子、ジョニーがいる。彼は、若い女の先生の言動に訝しさを持っており、それを先生に指摘する。すると、先生はジョニーの指摘を認め、みんなに謝罪し、ジョニーをクラスみんなの前でほめる。そして、クラスのみんなもそのジョニーをほめる。最初、警戒を抱いていたジョニーも、若い女の先生をすっかり信用し、クラス全体が先生の思うように動くようになる。

　以上が『23分間の奇跡』のあらすじである。それでは、この作品を対話的事例シナリオ材として取り上げる2つの理由を以下に述べる。

　第1の理由は、物語の読解を通して、教室における教師の潜在的な権威・権力構造を暴くことができるからである。教師の権威・権力については、学生自身の被教育経験の中である程度自覚されていると予想できる。多くの学生は、教室における教師の権威・権力と聞くと、教師が子どもに威圧的に接する、子どもに無理矢理何かをさせる、などのイメージを持っている。そして、そういった威圧的や強制的な教え込みによる教育の弊害を自覚しており、こういった権威・権力が教育上好ましくないこともよく理解している。しかし、冒頭でも述べたように、いくら表面的な権威・権力を排除しようとしても、教師や教室空間に内在する権威・権力によって、相手を変容させてしまう可能性、すなわち潜在的な権威・権力が存在することを理解する必要がある。

　第2の理由は、教師の権威・権力に関して、学生の対話を生起することができるからである。和訳された本においては、物語のタイトルに「奇跡」という言葉が用いられている。子どもに対して厳格なワーデン先生と、言葉巧みな新しい女の先生との対比によって、この物語自体や新しい女の先生に対して、ポジティブな印象を受ける学生が一定数存在することが予想される。つまり、学生にとっては、新しい先生と子どものやりとりが、一見「権威・権力をふるわない、理想的な教師」に見える部分が存在する。そのことは、学生らの作品や教師に対する印象をいろいろと分ける。そういった対立によって、どこからそのように感じられるのか、という議論に発展し、最終的には若い女の先生に対し、「本当によい先生なのだろうか」「優れた方法だったのだろうか」、という問いを学生自身の中にたちあげることができる。そして、そのプロセスを通じて、学生の教師観や子ども観など、これまでの観の変容を促す契機になる、と考えられる。

　以上が、『23分間の奇跡』をシナリオ材として選定した2つの理由である。

　なお、この作品には映像化されたものも存在する。原作からの主な変更は以下の通りである。まず、登場人物の名前が、日本人名に変更されている（原作の若い女の先生→鈴木真理、原作の男の子［ジョニー］→としゆき［あだ名はトシブー]）。次に、原作では、若い女の先生が忠誠や国旗について考えを述べる箇所があるが、映像では、平等・自由・平和について考えを述べる箇所に変更されている。他にもいくつか変更はあるが、物語の主題は同じであると考えられる。なお、映像の出典は、フジテレビドラマ『世にも奇妙な物語』（1991年12月放送、若い女の先生役：賀来千香子）である。学生の実態や状況を見ながら、原作資料を用いる場合と映像資料を使い分けているが、授業展開自体は同じ流れである。

2.3.　授業の展開

　まず、授業の全体の流れについて、以下に示す。

> ⑴前時のフィードバック
> ⑵本日の内容に関するめあての設定
> ⑶『23分間の奇跡』およびガイディング・クエスチョンの提示

⑷ガイディング・クエスチョンに対する自身の考えをワークシートへ記入

⑸グループでの意見交流および板書、お尋ね

⑹全体共有

⑺授業者からの補足や観点の提示

⑻振り返り

次に、⑵について本時の内容と学生が設定しためあてを示す。

図Ⅰ-2-1　本日の内容および内容に関して学生が設定しためあて

今日の内容

映像資料の分析を通して、

① 「方法のもつ可能性と限界」を学ぶ。
② 「方法を用いる際に最も重要なこと」
**　　　を自分なりの言葉で説明する。**

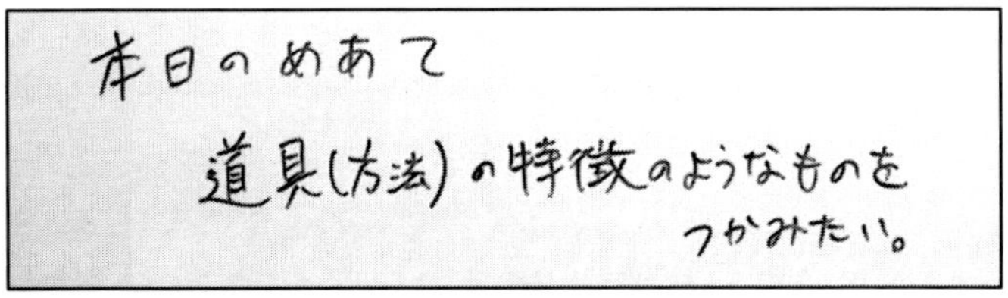

本日のめあて
道具(方法)の特徴のようなものを
つかみたい。

（学生の板書を筆者が撮影）

次に、⑶について、以下のようなガイディング・クエスチョンを提示する。なお、本事例シナリオに関する２時限目については、同１時限目に提出させた学生のワークシートを手掛かりとして授業を行う。

2.4.　ガイディング・クエスチョンの提示（以下 G·Q）

資料を提示した後、以下のように尋ねる。

G・Q　(Thinking Time:10min)
Q1,若い女の先生にずっと反発していた男の子、
　　　　　　最後は先生に反発しなくなりました。
「男の子を変えたこと・もの(理由)」は、
　　　　どのようなこと・もの(理由)だと考えますか。

Q2,物語において一貫して、この先生の「方法」で、
「教育者として決定的に欠けていることがあるとすれば、
　　　　　　どのようなこと」だと考えますか。

G·Q1 および２に対して、学生から出た意見は、次のようなものであった。

73

図Ⅰ-2-2　G・Qに対する学生の考え

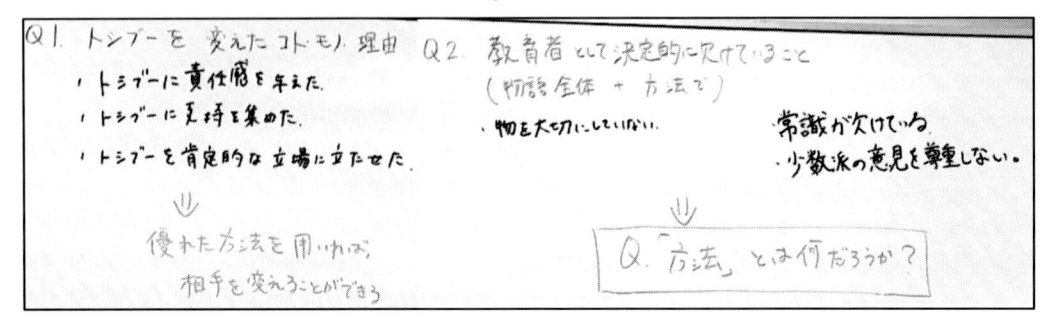

（学生の板書を筆者が撮影）

2.5.　よくある学生の考え方

　この事例シナリオを読んだり視聴したりした学生からは、次のような振り返りでの感想が述べられている。

> 　この物語の2人の教師は子どもたちとの接し方が正反対であった。子どもたちはその接し方の違う2人の教師にそれぞれ違った顔を見せた。一方の教師は生徒に質問を禁じ、多くを語らず、ただしなければならないことだけをこなすだけの人物であった。もう一方の教師は、子どもたちに質問を許し、多くのことを教え、子どもたちとのコミュニケーションを図った。その結果、コミュニケーションを図った教師はわずか二十数分で生徒の心を掴んでしまった。私は教師の態度や生徒に対する接し方で、子どもたちの心の開き方に差がでることを学ぶことができた。（学生A）

> 　『23分間の奇跡』を読んで、自分はポジティブなイメージを抱いた。前任の教師の行う授業は、全ての子どもたちを同じように上から教え込んでいて、社会が均一化してしまうのではないかと疑問を持ち、新任教師の子どもたちと同じ目線に立って、それぞれに疑問を投げかけていくことで、子どもたちの自主性を養おうとしている場面のあり方をよい教育だと感じた。（学生B）

> 　「方向」と「方法」について、「方向」が間違っていなければ『方法』はなんでも良いかもしれないと思いました（学生C）

　以上に挙げたような趣旨の記述は、毎年ある一定程度見受けられる。それでは、上記のように学生が考えるのは、どういう理由からだろうか。また、その考えが教師の権威・権力や教育の理念・方法とどのように関係しているのか、について以下で説明する。

2.6.　よくある学生の考えとその問題点

　それでは、先に挙げた学生の感想からは、どのようなことが読み取れるだろうか。まず、権威・権力については、シナリオ材の選定理由で述べたように、子どもに対し厳格な前任の先生と、言葉巧みな新しく赴任してきた若い女の先生との対比により、若い女の先生に対してポジティブな印象を持つ学生が一定数存在している。これは、読み手である学生にとって、若い女の先生と子どもとのやりとりが、一見「権威・権力をふるわない、理想的な先生」に見える部分が存在するからであろう。そして、教師の持つ権威・権力に関するネガティブな部分（例えば威圧的・権威主義的な態度）は、学生自身の被教育経験の中である程度自覚されているため、その対比がよりクリアに映っていると考えられる。

　しかしながら、実際は若い女の先生も、自身の権威・権力を最大限に発揮しており、そのことで作中の男の子が短時間で変わってしまっている。若い女の先生の用いる方法が巧みであるがゆえに、学生は教師の持つ潜在的な権威・権力に気づくことが難しいことがうかがえる。

次に、教育的な理念と方法に関しては、次の2点についてより深い理解を促す必要があると考えられる。

まず1点目は、教育場面において、方法と理念をセットで検証していくことの重要性である。なぜなら、優れた方法を用いれば、たとえそれがどのような理念（子どもを不幸にするような理念）であっても達成できてしまう、というのが方法の真のおそろしさだからである。つまり、優れた方法は、子どもを不幸にしてしまうような理念であっても、それを正す自浄作用が働かない。であるから、学生の記述のように、教師の方法のみに着目して教育事象を理解することは、非常に危ういと言える。

次に2点目は、よりよい教育的な理念の不確かさ、である。時代や状況等により、よりよいと考えられる（教える側がそう判断した）理念は、変化する可能性がある。また、仮によりよいと考えられる教育的な理念が存在したとしても、それを教師が子どもに一方的に教えることが本当によりよい教育と呼べるのか、ということもある。

学生の記述からは、普遍的に正しい、と考えられる教育的な理念がどこかに存在していると考えていることが読み取れる。また、実際の授業の様子からはそういったことを求めているように感じられる。だが、教育の世界においても、普遍的な正しさが存在しない場合が数多くある（もちろん、いじめなど、普遍的にダメなものもある）。私たちは、様々な理念や価値観が混在している中で、ある状況や場面において、その1つを選択して過ごしているにすぎないこと、そして、そもそも教師は普通の人間であり、人間は誤解や偏見に満ちている存在であることを自覚しておく必要がある。

そこで、学生が自分たちで上記のことについて気づくことができるよう、2時限目の講義では、学生らが書いたリフレクションシートを取り上げ、以下のようなG・Qを設定し、学生に問いかけた。

G・Q　（前回の感想より）7min

① 「教育」と「あの先生の方法」の違いは、
　どこですか。端的に述べてください。
　＊それぞれの特徴を挙げ、比較するのも可。

② 「23分間の奇跡」を見たり、読んだりした友人が
　以下のように言ってきました。あなただったら
　この友人の発言に対し、どのような返答やツッコミ
　を入れますか？自身の考えや立場を述べてください。

友人の発言

「若い女先生は、考え方が良くなかったけど、方法それ自体は良かった。だから、教えたいことに関し、ちゃんとした認識や正しい知識・理解があり、人間性が十分に備わっている人が若い女の先生のような方法を用いたらとてもいい、と思ったんだけど、どう思う??」

2.7.　視点を変えて立ち上がる実践

以下では、教師の権威・権力に関する理念を深めることが教育実践とどのように結びつくのか、を述べる。

まず、権威と権力の違いは、権威が自律的なものであるのに対し、権力は他律的なものである、という違いがあるが、「相手にいうことをきかせる原理」という意味では共通である。一般的に権力という言葉の概念は、「上から下へ」という抑圧の象徴として認識されている。ある特定のものが権力という大きな力を手にし、それをある対象に行使するという図式が最もわかりやすいが、こうした従来の捉え方と異なった権力概念を示したのがミシェル・フーコー（1977）である。フーコーは、権力が単なる抑圧の象徴としてではなく、権力的関係を構築していく関係論的な権力、すなわち《規律・訓練＝discipline》という概念として描きだした。そして、この規律・訓練が子どもに内面化されていくことで、教師が教壇に立つことそれだけで、教室空間に権威・権力構造が出来上がり、教師が意図しないところでも権威・権力が自動的に発揮され、子どもに言うことをきかせる原理が働いてしまう。このことから、教師は、潜在的な権威・権力を有しているといえる。

次に、教師が自身の有する潜在的なものも含めた権威・権力を自覚する必要性について述べる。教師の持つ権威・権力は、学級崩壊やいじめの問題など現在起きている教育問題と密接に関連している。例えば、学級崩壊やいじめの要因として、よく教師の権威・権力の失墜が挙げられるが、これはただ単に、教師が子ど

もを叱らなくなったとか、親や子どもから尊敬されなくなった、というようなレベルの問題ではない。学級崩壊やいじめの問題の要因を、子ども同士のねじれた関係性の中に見出し、それらを断ち切り、作り変え、学級において多様性を認め、子ども同士による民主的な場や学びのための場をつくるために、教師の権威・権力を発揮していない、と捉えることもできる。

　松下良平・松下佳代（2004）は、小学校教諭である寺岸和光氏の実践を、学校の権力や管理、他者といった観点から分析し、授業における子どもの学びを次のように解釈する。

> 　たしかに寺岸の強い働きかけなしには、こどもたちのこのような姿はありえない。つまり間違いなく、教師の介在によって成立している教室という人工的な空間こそが、子どもたちのこの驚嘆すべき活動や発言を可能にしている。しかしながら、そこで子どもたちは自分のことばで、時には大人たち以上に深く考えている。他人とは異なる異質な考えが排除されることがないばかりか、むしろ積極的に受け入れられ、同調が強いられることはない。

　つまり、教師が学級で起こる諸問題や授業における学習課題を「権威・権力で一方的に解決する・してあげる」のではなく、子どもが自分たちの手で諸問題や学習課題を解決できるような力をつけるために、教師は権威・権力を用いる必要がある、という意味である。そうでない限り、教師がいなくなれば、子どもたちはまた別のところで同じような過ちや行為を繰り返してしまったり、自律的に学ぶことは難しいであろう。

3.　シナリオ作成者からのコメントー実践をふまえた評価とまとめー

　全15回のうち、印象に残った回やテーマを尋ねると、本テーマをあげる学生が多い。その理由としては、教師が優れた方法を用いることによって、子どもを変えることができる「おそろしさ」に気づくことができた、などの記述がしばしば見受けられる。

> 　極端な例だと思ったけど、いつの間にか自分の価値観を押しつけていることがあるかもしれないので、自分の教育方法を客観的に見直す時間が必要だと思った。(中略) 今まで何かしら人に教えることがあったけど、相手のことをどれだけ考えてあげられていたか不安です。

　しかしながら、学生は教師として教える時や優れた方法を用いる際に、教育的な理念が重要であることについては理解できていても、より良い理念とはどのようなものか、ということを具体的に考えたり、獲得したりするところまでは到達できなかった。よって、授業者から様々な理念を紹介することや実践や方法から理念を推測すること、教師の権威・権力を行使する必要がある部分とそうでない部分の境界線について具体的に考え、他の学生と交流するような場面、さらには自分たちで理念を調べる機会などが必要だと考える。そうすることで、学生たちが自分たちで教育的な理念を深めていくことができると考える。

　また、学生自身のこれまでの教え経験について、理念と方法の観点から振り返る機会を設定することも、常に自己省察が求められる教師を目指す学生にとって重要である。

　最後に、本シナリオは、特定の教科や授業を扱った場面ではないため、「教科内容を教えること」に応用して考えることは困難である。実際にガイディング・クエスチョンを考える際、多くの学生は特別活動等の場面を想起していた。そのため、教科における授業づくりといかに関連づけていくかが今後の課題である。

【引用文献】

ジェームズ・クラベル,青島幸男訳（1988）『23分間の奇跡』集英社文庫

ミシェル・フーコー,田村俶訳（1977）『監獄の誕生－監視と処罰』新潮社

松下良平,松下佳代（2004）「第3章　寺岸和光の教育実践を読み解く」森脇健夫(研究代表者)『教師の力量形成へのライフヒストリー的アプローチー授業スタイルにかかわる教師の実践的知識を中心に－』（平成14年度～15年度科学研究補助金　基盤研究（C）（1）研究報告書, 59

3.「教育観」

[教職の意義・教員の役割]

大西宏明・森脇健夫

キーワード：「教えること」、教師の思考・判断、「観」の自覚と問い直し

1. シナリオの目的と位置づけ

　本事例シナリオの目的は、教師として「教える」こととは何か、を多角的に考察することを通して、学生が自身のもっている「観」を自覚し相対化する契機をつくることである。具体的な目標は以下の2点である。

① 教師になるにあたってどんな資質や力量が必要かを知り、どのように身に着けていくかを考える。

② 教師の仕事の中心となる「教えること」についてその意味の広がりや豊かさを知る。

　教師の師という文字は「専門家」という意味を有しており、字が表す通り教師は「教える専門家」である。専門家として「教える」ことについて方法や技術を知っているだけではなく、それらを実践する根底となる哲学や関連概念、とくに「学ぶ」との関係性について考察を深める必要がある。

　教師としての実践的経験がほとんどない学生ではあるが、自らの被教育体験や教えることの体験（塾の講師や家庭教師など）において、既に「教える」ことについての一定のイメージを有している。秋田喜代美(1996)によれば、教員養成課程の学生は現職教員に比べると、「教える」ことに対して「伝達的なイメージ」をもっているとされる。学生の被教育体験からくるイメージは素朴概念から形成されており、はっきりと輪郭をもって自らの実践を語れるレベルには辿り着いていない。しかし、経験不足ゆえの無知の中にあっては、それらが唯一の拠り所であり、そこに囚われ続けざるをえない側面もある。

　本事例シナリオの作成動機は、教師に必要とされる資質能力について多くの学生が「コミュニケーション能力」を挙げていたことにある。子どもとの日常的な生活のやりとりが前提になる教師にとって、「コミュニケーション能力」と概括的に述べてしまうのはある意味正論である。しかし、一言で「コミュニケーション能力」と言っても、その具体的な内容として学生たちは何を想定しているのか、その中で「教えること」の「観」がどのように現れているのかを自覚しておくことが必要である。「コミュニケーション能力」を、秋田(1996)の指摘する「伝達的イメージ」と同義に学生が捉えているとすると、教師がいかに上手く教えるかという単線的な議論で終わってしまう。本事例シナリオでは、学生が素朴概念として形成しているイメージを表現できる機会を設置し、そのイメージの根底にある「観」に迫るように活動を構造化している。「観」は理論編でも繰り返し述べたように、教育実践を支える核となるものだが、それは常に自覚されているものではなく、また即座に自覚し言語化することは学生にとって難しい。そのため、学生自身の意見（主張）が明確になりやすいよう、学生のもつイメージを「揺さぶる」事例シナリオを組織する必要がある。

　そこで、本稿では組織された一連の活動の流れと、学生のもつ「伝達的なイメージ」を揺さぶるように意図した事例シナリオの具体的な授業展開について紹介する。

2. シナリオの構成と展開

2.1. 授業計画（授業時間数）

　本事例シナリオは以下のとおり4回の活動を設定し、各回とも1コマ（90分）を充てている。

① 教師の資質能力について考える。

教員養成審議会第一次答申(1997)で出された「いつの時代にも求められる資質能力」および「今後とくに教員に求められる具体的資質能力」を紹介し、教師に必要な資質能力を考えさせる。学生からは、「コミュニケーション能力」が必要な資質能力として挙げられた。

② コミュニケーション概念を揺さぶり、学生の「教えるということのイメージ枠組み」を引き出す。

若い教師が授業で直面した場面を事例シナリオによって追体験する。（具体的内容は後述）

③ 教える立場からの「教える」とはどういうイメージなのかを考える。

「教師の仕事＝教えるとは○○を××する、ようなものである」という秋田(1996)が提案している比喩づくりをほぼそのまま行った。

④ 大村はま[1]の著書、ビデオを紹介し、「一級の教師」と「二流の教師」の違いについて考える。

大村はまの「教える」ということは、学び手の学びを支えること、あくまでも教師は黒子に徹するということであり、「教え手」は消えていくものとして「切なさ」すら漂う世界がある。「教えること」とは究極的には「学んだこと」、しかも自分自身で学んだことに溶かし込まれていき学び手のものになっていくという発想に触れる。

2.2.　事例の提示

次のように事例と図 I -3-1 を提示し説明を行う。

図 I -3-1　講義内で提示した事例の板書

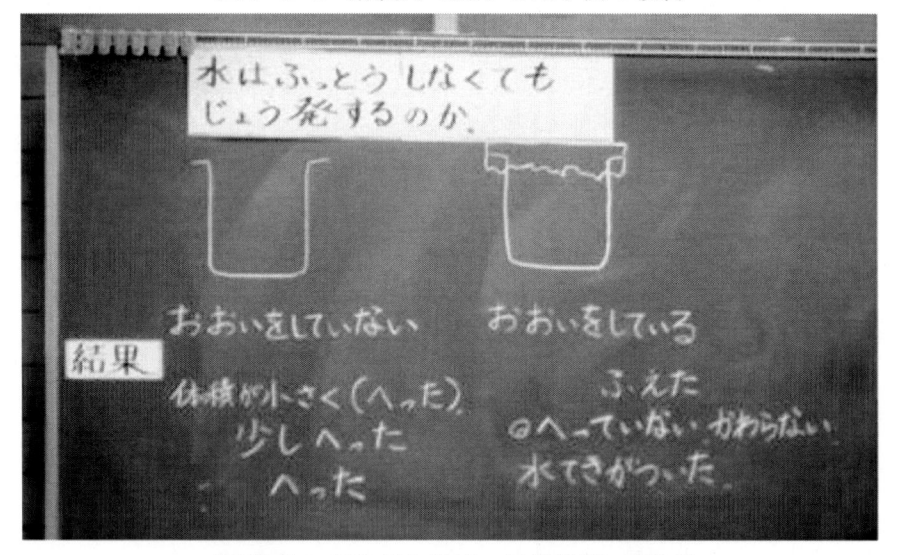

（授業者の森脇が小学校の授業観察で撮影）

事例1　若い教師が授業で直面した場面

上図は、小学校 4 年生の理科の授業です。「水はふっとうしなくてもじょう発するのか」という課題の下で、グループに分かれての実験をしたあとの授業です。「おおいをしないビーカー」と「おおいをしたビーカー」の両者がどうだったか班から発表してもらいました。教師は児童から出た意見を板書していきました。あるグループから「おおいをしたビーカー」について「ふえた」という意見がでてきました。

《G・Q1： 皆さんが教師だったら、この発言についてどのように対応しますか？》

2.3. 定説の提示

2.3.1 若い教師の対応

事例の授業者であった若い教師が実際にどのような対応をしたか、そして「なぜそうしたのか」（インタビュー記録から抽出）を紹介する。

事例2 若い教師の対応

> 若い教師は結局、児童の意見（ふえた）を板書したものの、特にそれについては触れずに、授業の最後にはあらかじめ用意していた「水は（ふっとう）しなくても表面から（じょう発）して空気中に出ていく。そのわけはビーカーの水が（へった）からです」というまとめをした。
>
> その理由をインタビューにおいて次のように語っている。「これ（「ふえたという子どもの意見」）はどうしてなのか？と私も思っていたんですが、あまり取り上げずに終わりました。あの、自分が上手くまとめる自信がなかったので、そっとスルーしました」と教師は述べた。

《G・Q2： この若い教師の対応についてあなたはどう思いますか？》

多くがコミュニケーション能力を必要な資質能力だと考えている学生にとって、教師のアイデンティティは「教える」行為に求められていく。その教師が子どもの意見をスルーするという事実は、学生にとってインパクトをもった出会いとなる。実際、多くの学生は「スルー」という言葉に対して否定的な反応を示している。この否定的な反応に、学生のもつ「教える」ことのイメージの枠組みが現れている。事例を否定的に見ているということは、その主張の根底には自身のもつ何かしらの「観」が抵抗を示していることになる。こうした自身の「観」と対象（事例）の差異によって、盲目的である学生の素朴概念イメージが際立ち、本人も自覚できるレベルに言語化される契機となる可能性をもつ。

2.4. よくある学生の主張とその問題点

教師に対する「伝達的イメージ」の枠組みとなっている「観」が揺さぶられない限り、学生の事例に対する考え方は単純な評価判断で終わってしまう。典型的な学生のよくある主張（意見）の一部を以下に挙げる。

> 新任の教師とベテランの教師では考え方に大きな差があるのだと改めて感じました。一般的な会社は入社してから何か月かは先輩から指導してもらうことができるし、研修期間があります。でも教師はすぐに「教師」にならなければいけません。教師にとっては初めの1年でも子ども達にとっては大切な1年です。

> 教師は対応への仕方をたくさん想定できないといけないと感じた。何かを行うことで次につながることが想定できるので、知識を活かして様々な対応を考えていきたい。

よくある学生の主張に見られる典型的な例は、当り障りのない儀礼的な内容、「べき論」的な批判で終わっているという点にある。「べき論」の多くは事例に対して実感のないまま、「こうあるべき」という自身が既にもっているある一つのイメージを引き出し評価することが先立っている。そのため、自身のその主張を振り返るプロセスが抜け落ちるため、自分自身の「観」を自覚的に問い直すには至らないことが多い。

事例シナリオ集 I

2.5. 定説に対する批判

　教師の対応を紹介した後、その場で教師の頭の中に瞬間的に浮かんだことをスライド絵（図Ⅰ-3-2）とともに紹介する。図Ⅰ-3-2はインタビュー記録から抽出したものを再現したものである。

　そして、この教師の思考過程の中で一番問題なのはどの思考か、を学生に問うことで、若い教師が直面する問題の場面を追体験させる。

《Ｇ・Ｑ３：若い教師の思考・判断の中で一番問題なのはどの思考だと考えますか？》

図Ⅰ-3-2　直面した問題に対する若い教師の思考

①こんな発言が出るなんて考えてもみなかった。わーどうしよう。
②誘導はいけないってこの前、授業検討会で言われたし・・・
③「なんでふえたのか」自分で説明できないし、困ったな〜
④でも、とにかく子どもの発言は板書しなさいって、言われたし・・・
⑤これにとりあってたら、時間かかりそう・・・タイムマネジメントが大事だってこの前言われたし・・・

（授業者の森脇が作成）

　よくある学生の事例に対する批判的な捉え方は、評論家の立場の域を出ることができず、どこか「他人事」として事例を見ている様子がうかがえる。批判的な主張の根底では、学生自身のもつ素朴概念がそれを支えているが、現場の教師がもつ「観」との明確な違いは、実際の実践とのつながりが経験不足により意識されていないという点になる。

　現場の教師がもつ「観」は授業スタイルとして実体を伴い実践の場に現れてくる。そこから、教師自身による実践の省察やインタビューなどの手法による語りによって具体的に教師のもつ「観」を可視化することができる。そして教師のもつ「観」は日々の授業の中で常にその問い直しを迫られている。実践経験との繋がりがない学生にとって、実際に教師が問題に直面したときの思考・判断に触れることはリアルな実践の場に自分の身を疑似的に置いて考える契機の可能性をもつと言える。ここでいかに当事者意識をもち、「べき論」だけによる事例評価に終わらず、新しい「観」を仮想的ながらも実践と結びつけて思考できるかが鍵となる。

2.6. 視点を変えて立ち上がる実践例の提示

　図Ⅰ-3-2で示した教師の頭に浮かんでいる思考・判断は、どれも一見すると正論である。しかし、その正論どうしがぶつかり合ってしまい、身動きをとれない状況に陥ってしまっている。学生にとっても、「伝達的イメージ」からくる「スルー」に対する批判的な意見をもっていながらも、そこから身動きができずに、代案を示すことができない状況にある。そこで、こうした事態を動かすのは、「直感で大事だと思ったことを大事にすること」であることを伝え、次のような解説を加えた。

> 　児童の発言を「スルーしてしまった（取り上げなかった）」という事実は、子どもの発言が無視され、尊重されない、というだけではなく、「科学的なものの見方・考え方」自体が侵されている状態でもある。この状況を脱する鍵は、『自分で説明できないし、困った』という教師の世界だけで問題を解決するのではなく、子どもに聞いてみる、ことをとりあえずしてみて欲しい。

　「子どもに聞いてみる」という、一見すると誰にでも考えられそうなことではあるが、それを難しくしてしまっているのが、教師は権威・権力を身にまとっていなくてはならず、教師にとって必要な資質能力とされる「コミュニケーション能力」を伝達能力だとしてしまう考え方（＝「観」）である。「教えなければならない」というそのイメージが「子どもに聞く」という発想を阻み、抵抗さえもしてしまうのである。

3. シナリオ作成者からのコメント－実践をふまえた評価とまとめ－

　学生のもつ「観」は素朴概念としての柔らかさ、信念や哲学としての「観」に育つ可能性をもっているが、無自覚的であるがゆえに一度の衝撃的な事例を使った活動だけでは、「観」を変容させるのは難しい。本シナリオで構成した全4回の活動を追って明らかになったのは、その「観」が揺れ動いているという実態であった。本事例シナリオにおいて、「観」が揺さぶられていることを記述した学生の感想を紹介する。

> 　特に「子どもに聞く」ことですが、今まではやってはダメなのかと思っていたことがむしろアリというか、重要だという話でかなり衝撃でした。

　衝撃的な体験は、今持っている「観」を揺さぶるが、それだけでは「観」の変容へは至らない。衝撃だと揺さぶられたのは自分のどういう「観」があったからなのかを自覚することが何よりも重要である。そして、そのもともとの「観」だけでは対処しきれない問題にぶつかった時、新たな「観」を受け入れる用意ができる。そのためには、継続的な活動の中で学生が自身の「観」（素朴概念）を自覚できるような実践を積み重ねていくことが必要である。

【注】

1）国語教育の実践家および研究家。

【引用文献】

秋田喜代美(1996)「教える経験に伴う授業イメージの変容—比喩生成課題による検討—」Japanese Journal of Educational Psychology, 1996, 44, 176-186.

教育職員養成審議会(1997)『新たな時代に向けた教員養成の改善方策について（第一次答申）』（http://www.mext.go.jp/b_menu/shingi/old_chukyo/old_shokuin_index/toushin/1315369.htm）（2016年11月18日）

事例シナリオ集Ⅰ

4. 授業の構造

前原裕樹

> キーワード：学校的な問い、子どもの問い、IRE 理論

1. シナリオの目的と位置づけ

　本講義では、具体的な教授場面の考察および教育現象の分析プロセスを通じて、学生の被教育経験の中で暗黙的に形成されている授業観を自覚させ、そして学生自身の授業観の変容を促すことを目的としている。それでは、以下に学生の授業観について取り上げる理由を述べる。

　本来、授業の目的は教育文化内容を学ぶことにあるが、授業において、教育内容に関する子どもの興味関心を置き去りにし、教師が一方的に授業を進めることは、子どもを受動的な学習者にしてしまうことにつながる。そして、このような暗黙的な人間形成に関して、教師が無自覚のまま授業を構想し、展開することは、子どもの学びを低下させたり、学びから逃走させたりしてしまう可能性がある。

　しかしながら、どの教科を教える際においても、子どもの興味関心だけで授業を成り立たせることは極めて困難である。なぜなら、教師が教えたい教育内容や文化に対して、子どもが気になることは個々で異なっていたり、必ずしも興味を持つとは限らなかったりすることがあるからである。

　そういった「教えと学び」のジレンマの中で、質の高い授業を構想し、展開するには、教師が教えたい教育文化内容と子どもの興味関心をすりあわせることや結びつけること、また子どもの興味関心を高めるために、子どもに出会わせる材を検討すること、などが必要となる。

　つまり、教科を教える際の授業づくりにおいては、子どもの興味関心から発せられた「子どもの問い」と教師が子どもに教えたいと思いをこめた教育文化内容に関する「学校的な問い」の双方が必要であり、教師はこの2つの問いを意識しながら、授業を構想し、展開していく必要があるといえる。

　そこで、「授業における『子どもの問い』と『学校的な問い』」を軸とした事例シナリオを作成し、シナリオや他者との対話を通して、双方の問いの意義や役割を理解し、どのように向き合い、どのような授業を構想していく必要があるか、を学生が考える場面を設定した。それでは、以下で本実践を詳しく述べていく。

2. シナリオの構成と展開

2.1. 授業計画（授業時間数）

　今回取り上げる事例シナリオは、全15回のうち、第2回目に該当する。（各回のテーマとキーワードを参照）なお、第1回目においては、学生に自身の小さい頃の疑問を尋ね、全体で共有した上で、「子どもは小さい頃、様々な疑問を抱くが、それがだんだんと少なくなっていくのは、どういう理由が考えられるだろうか」という授業者からの発問に対して、個人の仮説を持たせた時点で講義を終え、第2回目につなげている。

各回のテーマおよび概要

1　子どもの世界(子どもの頃の不思議、問いの消滅)

②　授業における子どもの問い(大人と子ども、学校の成立、学校の役割)

3　「教え」と「学び」の関係①(権威と権力、政治的空間)

4　「教え」と「学び」の関係②(権威と権力、政治的空間)

5　授業編成の一般的原則①　小学校の授業実践の解釈および分析（教育の意図・目的、教育文化内容）

6　授業編成の実践Ⅰ　授業プランづくり　　（授業プラン）

7　授業編成の実践Ⅱ　教材づくり　（教材論、文化内容と材、「材」の要件）

8　授業における言語的技術(教室談話、発問、指示)

9　授業編成の一般的原則②　中学校の授業実践の解釈および分析（教科の特性、学習者のつまずき）

10　授業編成の一般的原則③　高校の授業実践の解釈および分析(授業の形態、一斉授業、グループ学習)

11　子どもの学びをどう捉えるか(学び論、個体能力主義学力観、関係論的学力観)

12　教育の評価と立場とその理論(ルーブリック、パフォーマンス評価、ポートフォリオ評価)

13　教師の専門性と授業力量(子どもの発達、特別支援)

14　授業づくりの改革(ICT、反転授業)

15　本講義の学習の全体総括（自己省察）

2.2.　事例シナリオ材について

　今回、事例シナリオとして用いたのは、ドラマ「エジソンの母　第1話」である（ＴＢＳ系列　金曜22時〜　放送日：2008年1月11日）。ドラマの概要は以下である。主人公の鮎川は東京都杉並区内の公立小1年の担任教師である。世界的な発明家、トーマス・エジソン並みの才能を持つ（と言われている）小学生の少年・花房に引っ掻き回されながらも、懸命に奮闘する鮎川先生と児童との格闘をコメディタッチで描く、というものである。学生には、以下の場面を視聴させる。

> 　若い女教師、鮎川先生が担任している小学校1年生のクラスに、転校生の男子児童、花房くんが新しく転入してくる。鮎川先生は、校長先生から、その児童が少し変わっている、と聞き、最初少し不安であったが、その男子児童がみんなの前で自己紹介する様子をみて、普通の子でよかった、と安心する。
>
> 　その後、1時間目の算数の授業で、鮎川先生はクラスの児童に対して、「この頁（教科書の挿絵）にネコは何匹いますか？」と、描いてあるネコの数を問う発問をする。クラスの子どもたちはその数をそれぞれ数え始めるが、すぐに花房くんが「はい」といって挙手する。その様子をみて、周りの子どもたちは「すごい」「早い」「もうできたの」といって驚く。そこで、鮎川先生は、花房くんを指名する。すると、花房くんは次のように言う。「先生、このネコだけひげがありません」。それを聴いた副担任の先生や周りの子どもたちは、「あ、ほんとだ」といって花房くんに同調する。
>
> 　教師は、その発言に対して、「ネコの数を数えて、足してください」という。すると、花房くんは、「足し算って何」「なんで足し算をするのか」「1＋1がなぜ2になるのか」など、いろいろな疑問を矢継ぎ早に教師に投げかける。教師はこれら花房くんの質問に対して、窮してしまう。

　以上が事例シナリオの場面についてである。この場面を事例シナリオとして設定した理由は、以下である。

　まず、学生（教える側）にとって、「1＋1＝2」という理解は当たり前と感じており、それを子どもに教えるというのは、一見するととても簡単なように思える。しかしながら、「1＋1＝2」という理解に関して、子どもは疑問を持ったりつまずいたりすることがあるため、それを教えようとすると、教育方法やその文化内容および教科専門に関する知識が必要であったり、子どもの思考や発達段階を理解する必要があることを学生に気付かせることができる、と考えたからである。

　加えて、筆者は教育や教師に対してネガティブな要素を含む事項については、ドラマやフィクション作品をシナリオ材として用いている。その理由は、実際の教師の事例から学生が教育や教師をネガティブに捉えることで起こる、教師への不当なバッシングや批判的な眼差しを危惧するからである。反対に、ポジティブな要素を含む事項については、実際の実践映像や記録等をシナリオ材として用いるようにしている。

2.3.　授業の展開

まず、授業の全体の流れについて、以下に示す。

⑴前時のフィードバック
⑵本日の内容に関するめあての設定
⑶「子どもの問い」に関するシナリオ材の視聴とガイディング・クエスチョンの提示
⑷ガイディング・クエスチョンに対する自身の考えをワークシートへ記入
⑸グループでの意見交流および板書、お尋ね
⑹全体共有
⑺授業者からの補足や観点の提示
⑻振り返り

次に、⑵について、本時の内容と学生が設定しためあてを示す。

図Ⅰ-4-1　本時の内容および内容に関して学生が設定しためあて

本日の内容

映像資料の分析を通して、

①　教育方法・授業論の観点から、子どもの不思議が減少するメカニズム（理由の１つ）を学ぶ。

②　授業における子どもの「なぜ？」に対する、ベターな対応のコツをつかむ。

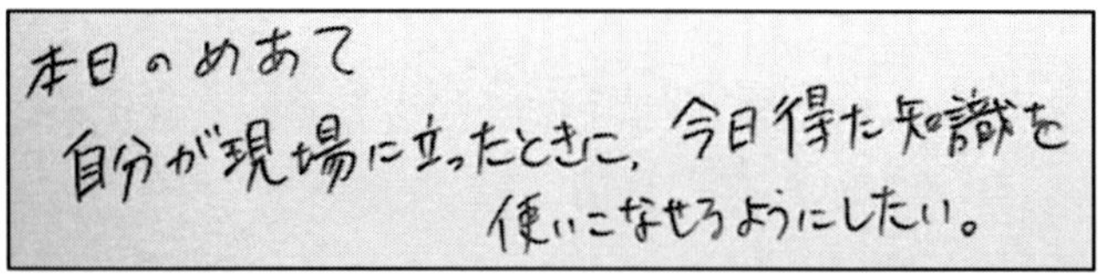

（学生の板書を筆者が撮影）

次に、⑶について、ガイディング・クエスチョンを以下に示す。（授業で用いるスライド資料を掲載する）

2.4.　ガイディング・クエスチョン（以下、G·Q）

G・Q（~10min）

１　花房くんに「１＋１はどうして２なの？」と訊かれたら、あなたはどのような方法で教えたり、答えたりしますか？
（具体的な方法＋それを用いる理由も含めて）

２　『学校的な問い』と『子どもの問い』それぞれの特徴をあげ、違いをみつけましょう(目標：５つ以上)

補足　言葉の定義（便宜上）

鮎川先生の問い
ex「この頁の中に、ネコは何匹いますか」
→この類の問いを、『学校的な問い』と名付けます

花房くんの問い
ex「このネコだけひげがありません（どうして、このネコだけひげがないの？）」「１＋１はどうして２になるの？」
→この類の問いを、『子どもの問い』と名付けます

個人の考えをワークシートに記入させ、その後グループで意見交流をさせる。話し合いが早く終わったグループに板書をするように指示する。

G·Q に対して、学生から出た意見は、次のようなものであった。

図 I-4-2　G・Q に対する学生の考え

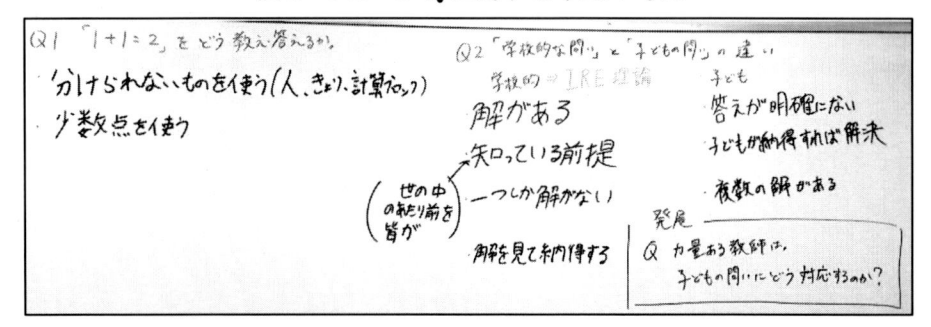

（学生の板書を筆者が撮影）

そして、全体交流を終えたところで、授業者から G・Q1、2 に関し、以下それぞれ補足説明をする。まず、G・Q1 の子どもに算数の足し算を教えることについて、坪田耕三（2014）を踏まえ、以下に示すような教科内容に関する事前理解および子どもの認識発達プロセス理解が教授者に必要であることを伝える。

1.　「1」の概念理解
2.　数字の順次性
3.　数えるべき対象の明確化
4.　数感覚（具体的操作による、数の増加・集合イメージ）

続いて、G・Q2 の「学校的な問い」については、以下の特徴を伝える。

1.　「問い」には正解がある
2.　その答えは、教師の手中にある(用意されている)
3.　回答に対し、サンクション（賞罰や評価）がある

そして、これらの特徴により、「本来、問いを『発見する』主体であった子どもは、学校的な問いの中で、やがて問いを『解く』主体へすり替わり、いつしか不思議を抱かなくなっていく」という子どもの不思議が減少するメカニズムについて、教育方法・授業論の観点から、IRE 理論と関連づけて解説する[1]。

2.5.　よくある学生の考え方とその問題点

授業における子どもの問いの意味やその疑問に対する対応について、例えば学生は「安易に疑問を解決してしまえば良い」や「決められたことだから、という言葉で解決しよう」と考えている場合がある。これらの方法は、子どもの問いに対して、「スルーしたり、なかったことにしたりしない」、という点において、学生は子どもの疑問に対して、一応は向き合っていると言える。しかしながら、ここから見えてくる学生の授業観は、「子どものわからないことに対して、教師ができるだけ単純化して教えたり、詳細にわかりやすく教えたりすることが良い」というものである。しかし、この考え方は、以下の 3 点において不十分である。

まず 1 点目は、こういった授業の構造それ自体が子どもの学ぶ意欲や姿勢に影響を与えてしまうことである。藤岡信勝（1987）は、教師が用意した問いや計画した展開通りに進めていこうとする授業の特徴を、次のように説明する。

（前略）
②「問題」にはじまる一ステップの結末が、クローズド・エンドである。すなわち、
a「問題」には正解がある
bその正解を教師は知っている
c最後にはその正解が子どもに知られる

> ③子どもは「問題」を解く主体である。いいかえれば、
> a 問題を発見する主体
> b 問題を提起する主体
> であるとはみなされていない。子どもは自由に、何でも考えることが許容されているが、それはすべて教師の与える「問題」の枠内における自由にすぎないのである。

　藤岡が授業の特徴であげている②a「正解がある」ことは、子どもの考えや回答に対し、「教師が賞罰（サンクション）を与える」、といったことにもつながっていく。

　もしも、子どもたちがこういった特徴を持つ授業に長い間さらされると、授業そのものや教育文化内容に対する興味関心が低下したり、教師の提示する発問や課題に対して自由に考えたり発言したりすることに萎縮してしまうかもしれない。そしてやがては、教師が提示する発問や課題を義務として課題解決を遂行するような、いわゆる受動的学習者に子どもをしてしまう恐れもある。

　次に、2点目は、教師が子どもの問いに対して、丁寧に教えたり解決してあげたりすることは、一見すると子どもにとって良さそうに見えるが、教師が全てを教えてしまうことで、子どもが自身でさらに疑問を持って追求し、自分の手でわかった、というような感覚を得る機会が減ってしまうことである。

　3点目は、授業において子どもから出た疑問を、その個人に対してのみ対応することで、他のクラスの子どもの疑問や授業の進行について、おろそかになったり遅れてしまったりすることである。

　上記のような授業理論や学生の授業および子どもに対応する考え方を踏まえ、以下のような力量ある教師の対応方法について、考える機会を提供し、授業における子どもの問いと学校的な問いを結びつけることの意義を伝えることが必要となってくる。

2.6.　視点を変えて立ち上がる実践

　講義の終盤、発展的な G・Q3 として、授業者が授業観察で出会った、実際の授業における子どもの問いが発生した場面とその問いに対する力量ある教師の対応場面 [2] を提示し、本講義で学んだことを活用して対応方法を予想させる。

> **小学校低学年の話です。夏休みの登校日、授業の冒頭で、児童の夏休みの過ごし方を聞き合っています。その時、ある児童が花火を見に行ったことを語ると、他の児童が、「先生、どうやって花火に色をつけてるの？」と聞いてきました。この時に教師は、子どもの問いに対し、どのような対応をしたでしょうか？本日の内容を踏まえ、予想してみましょう！**

　この時の対応について、「質問をした子どもに尋ねたり、考えさせたりする」や「次回調べてくると伝える」という対応をあげる学生がいる。また、教え方については、「わかりやすい表現を用いて、炎色反応について説明する」や「花火職人さんが色をつけていると説明する」という方法をあげる学生がいる。

　そういった学生の様々な予想に対し、次回の講義の冒頭に、力量のあるベテラン教師の対応例として、以下3つを解説する。（講義で用いるスライドは、以下を参照）1つ目は、『みんなはどう思う？』という対応から、「個別対応せず、問いをクラス全体で共有し、思考を促す」ことの意味について解説する。2つ目は、『実は、理科室にあるものを使うと、色をつけることができます』といった対応から、「理科や科学（＝教育内容・文化）に対する興味を持たせつつ、子どもの好奇心を継続させる」ことの意味について解説する。3つ目は、『理科は3年生でやりますので、それまで楽しみにしていて下さい』といった対応から、「子どもが自発的に調べる機会や自分の力でわかる余地を残す」ことの意味について解説する。

　ただし、学生に説明する際には、力量ある教師の対応例は、絶対的なものではなく、無数にある対応方法の1つにすぎないことを強調している。

図 I −4−3　力量ある教師の対応とそのポイント（講義資料を抜粋）

P1.　個別対応せず、問いをクラス全体で共有し、子どもたちの思考を促す 　　　「みんなはどう思う？」と全体に問いかけ、考えを聴く。 P2.　理科や化学などの教育内容に対する興味・関心を抱かせる。 　　　「実は、理科室にあるものを使うと色をつけることができます」 P3.　子どもの好奇心をさらに高め、子どもが自発的に調べる機会や自分の力でわかる余地を残す。 　　　「理科は３年生でやるので、それまで楽しみにしていてください」

3.　シナリオ作成者からのコメント−実践をふまえた評価とまとめ−

　本実践を通し、暗黙的に形成されていた学生の授業観について、ワークシートの記述から、「教師がある知識や考えを教えるもの」「教師の話を聴く、受動的なもの」と捉えていることが明らかになった。

> 　今、塾の講師をしています。中学校の数学などは、これは公式だから覚えるものだよ、と一方的に教えてしまっているということに気づきました。やはり、興味のないことはやっていて楽しくないし、できるようにならない。自分が子どもに受動的な学習をさせてしまっているのだなと感じました。

　そういった学生の持つ授業観に対して、事例シナリオを提示することで、自身の暗黙的な観に気づき、その授業観に加えて、「子どもの考えや意見に向き合うことの重要性」に気づくことで、今後より包括的な授業観へと変容するきっかけとなることが期待できた。

> 　学校的な問いは、児童・生徒を受動的にさせ、好奇心を失わせる悪い問いなのかと思いましたが、そうではなく、もっと質の高い、子どもの問いにつながる様な問いにすれば良いのだと分かった。

　また、講義の最後に力量あるベテラン教師の理念と方法を知ることにより、授業づくりの構想だけでなく、瞬間的な子どもの問いに対する対応も身に付けることが可能となり、学びのある授業を構想・展開することにもつながると考えられる。

　さらに、子どもの問いが減少するメカニズムについて、メーハンが指摘した「I−R−E」構造を用いて、今回の現象を解説したことにより、学生に教育方法論における授業理論の重要性や授業づくりの原理を獲得させることもできた。

> 　子どもの不思議が消滅するメカニズムが、まさか普段、日常的に受けてきた授業の構造（IRE 理論）にあったことが驚きました。無自覚のうちに子どもの学習意欲を奪ってしまったりしているのはもったいないことだと思う。

　しかしながら、特定の教科の専門性および内容の深さを理解し、子どもの問いを学校的な問いと結びつけて授業を構想したり、展開させたりできるというような実践的な力を獲得するには、今回のシナリオ材だけでは不十分である。よって、具体的な問いの作り方（例えば、発問の技術）を別の回で扱う必要がある。

【注】

1) メーハン（1979）が明らかにした、授業における教師の発問構造。「I−R−E」は、I（teacher Initiative）、R（student Response）、E（teacher Evaluation）の頭文字から取っている。

2) 2015 年度の N 大学附属小学校での公開研究会において、筆者が観察した１場面を取り上げた。

【引用文献】

坪田耕三（2014）『算数科授業づくりの基礎・基本』東洋館出版,8-10.

藤岡信勝（1987）「Ⅴ　教材を見直す」稲垣忠彦ほか『岩波講座　教育の方法 3　子どもと授業』岩波書店,182-183.

事例シナリオ集 I

5. 特別支援教育再考

［特別支援を必要とする生徒に対する理解］

大西宏明

キーワード：特別支援教育、自閉症スペクトラム、合理的配慮

1.　シナリオの目的と位置づけ目的

　近年、特別支援を必要とする児童・生徒の数は増加傾向にあり、特別支援学校・特別支援学級の増加だけではなく、通常の学校でも特別支援という言葉は一般的になりつつある（2012年の文部科学省の調査によると、6.5%の割合で学習や生活の面で特別支援を必要とする児童・生徒がいるとしている）。特別支援を必要とする児童・生徒数の増加に伴い、自閉症が心因性のものではなく脳の機能障害であるというように、障害についての認知も進むようになった。同時に、授業のユニバーサルデザイン化やインクルーシブ教育といった概念により、包括的に特別支援が教室環境の中に位置づけられ、多くの特別支援を意識した授業実践が行われてきている。それらの視点を踏まえながら、個人の障害特性に合わせた合理的配慮による環境整備が求められているのも、障害特性の把握が進んできたことを示すものである。特別な支援を必要とする機会が、特別支援学校や特別支援学級に限られた話ではなくなってきている今日の教育において、特別支援教育の課題と意味はますます喫緊の必要性をもちながら、その重要性を突き付け続けていると言える。

　しかし一方で、特別支援を必要とする子どもに対し、専門性をもった教員の配置が追いついていないのが現状である。こうした障害への認知と教育実践との間に起きているアンバランスさの一つとして、実践者の特別支援教育に対する捉え方を指摘することができる。それは、特別支援＝手厚い支援をしなければならない（直接的な指導）という、特別支援経験の浅い実践者（養成段階の学生）に陥りがちな視点である。一般的な「教師」という仕事や概念（観）は、どの学生も、また教員となった若手にも、自身の被教育体験を通してある一定の像がそれぞれに存在している。それらが良くも悪くも一つのイメージとして再生産されることで、経験のない中で自らを教師として保ち続けることになる。もともと多くの学生、若手の教員には、教師が教えなければならないという定説的な意識があり、特別支援という言葉がよりその「してあげなくてはいけない」という意識に拍車をかけていると言える。

　こうした自身のもつ定説的な意識について、養成段階にある学生が数少ない現場経験の中で自覚し振り返ることは難しい。そこで、筆者が実際に目にした特別支援学校における自閉症スペクトラムの生徒の様子をシナリオ化した。本事例シナリオの目的は、以下の二つである。

　①特別な支援を必要とする子ども（生徒）の具体的な事例を通して、自閉症スペクトラムの障害特性と、
　　その対応について基本的な知識を得る。
　②特別支援＝何かしら直接的な支援をしてやる、ということではなく、見守る（子どもに任せる）こと
　　の重要さに気付き、特別支援とは何かを考える契機をつくる。

　特別支援と言ってもその内容は様々な障害領域にわたるが、本事例では入門的な位置づけとして、学校生活の中でよく見られる自閉症スペクトラムの代表的な特性からあらわれてくる行動場面を扱う。近年、特別支援学校在籍者数の増加傾向に加え、障害の診断はないが自閉傾向が見られ学校生活に困難さを抱える子どもも増加傾向にある。しかし、教員を目指す学生にとって自閉症スペクトラムの子どもが学校でどのように生活しているのかを知る機会はほとんどない。特別支援教育における基礎としての専門的知識として、障害

とその特性について学ぶことは必要である。しかし、障害とその特性が判断しやすい形で目に見えるが故に、自閉症スペクトラムの障害特性という一括りにされた知識だけでは、「自閉症スペクトラムの子どもにはこういう対応をすればよい」（例えば、イラストを見せれば視覚支援になる等）といった、方法論（定説）が独り歩きしてしまう可能性が大いにある。実践の場の機会そのものが少ないということは、個々の子どもというリアリティに対する感覚も薄いということである。重要なのは障害特性にどう対処するかという方法論の蓄積ではなく、それらを基礎として、どのように教師として特別支援教育に関わるか、という自分なりの教育観を問い直し、構築していくことにある。

　本事例シナリオを通して、学校生活の中における自閉症スペクトラムの子どもについて知り、考えることで、それぞれに考えや思いを表現する子どもに対する感覚を育てる契機になることを期待している。

2.　シナリオの構成と展開

2.1.　授業計画（授業時間数）

　本事例シナリオでは、特別支援学校における特別支援教育の場面設定を行っている。高等部卒業後は就労を目指す点や、系統的な指導・支援体制の構築等、特別支援教育の基本的な学校環境について伝えるとともに、特別支援は学校生活の中だけで終わらない点を押さえておきたい。本事例シナリオによる授業時間は 1 時間（90 分）を想定している。

2.2.　事例の提示

　まず、対象となる子どもについて、以下のような基本的背景について説明を行う。

- ・特別支援学校に通う高等部 1 年生の生徒 A。
- ・A さんは言葉のやりとりが難しく、A さん自身が話をすることはできない。こちらの簡単な言葉は理解している。そのため、担任とは別に個別支援のための教師が一人配置されている。
- ・A さんは自閉症スペクトラムの診断を受けている。
- ・特別支援学校では卒業後の進路として就労を目指している。

2.2.1.　事例の提示①（導入）

> 　休み時間、A さんは休憩室で過ごすことが多くあります。ところが、その日は休憩室に他の生徒もたくさん来ており、A さんが座れる場所がありませんでした。A さんは休憩室を出たり入ったりを繰り返しています。そのたびにドアの音がバタンバタンと鳴るので、他の生徒たちはその音が気になっているようです。
>
> **《G·Q1：あなたがAさんを支援する教師ならどうしますか？》**

【自閉症スペクトラムの基本的な特性について整理】

　ここで、まず自閉症の診断基準となる主な障害特性について簡単に整理しておく。診断基準として明確な障害の特性（行動）があるということは、子ども一人ひとりの実態を把握する上で非常に有効かつ重要な情報となる。その上でどのような対応が効果的なのか、よくある対応として場面に応じて紹介していく。

①「対人コミュニケーションにおける困難さ」
- ・相手との社会的なコミュニケーションや気持ちのやり取りをすることが難しい。
- ・相手との会話がかみ合わなかったり、自分の興味を相手に伝えたり相互理解しようとする傾向が弱い。
　話をするタイミングが分からないなど、「場の空気を読む」という暗黙的な情報の読み取りが難しい。

・非言語的コミュニケーション（ノンバーバル・コミュニケーション）をとることが難しい。

・社会的な関係を構築、維持することが難しい。

・一人でいることを好む。他人に対して無視する、あるいはされるがままといった関わり方になっている。

②こだわり行動や特異な感覚

・常同行動が見られる。（相手の言葉をオウム返しする、手をパタパタと振り続ける、状況とは全く関係のない発言をするなど）

・ルーティンへのこだわりがある。

決まった手順を踏むことに対する強いこだわりが見られる。急な予定変更に対応することが難しい。

自由な時間に何をしていいのか分からず困ることも多い。

・限定的なこだわりがある。

細かい特定の部分にだけ強い興味を示したりする。

・特定の感覚に対して、敏感さや鈍感さが見られる。

暑さ・寒さ、痛みに対して鈍感、全くそうした素振りが見られない。（夏の暑い日中でも汗を流しながら長袖の上着を着ているなど）特定の音や感触に対して敏感に反応し、強い興味を持っていたり抵抗を示したりする。

　提示した事例は特別支援が必要な子どもに限らず見られるような光景である。休憩時間にどう過ごすかという選択肢を多く持っている子どもならば、自分で選択肢を選びながら別の過ごし方を考えることができる。しかし、Ａさんのような自閉症スペクトラムを抱えている子にとって、自由にしていいという曖昧な状況ですぐに何かしらの新しい選択肢をとることは難しい。いつも過ごしている休憩室が使えないことで、部屋を出たり入ったりするという様子からもこのことはうかがえる。

　特別支援の現場という設定を考えると、よくある対応としてはＡさんが休憩できる部屋を探してやるといった、Ａさんに何かしら働きかけることが第一に挙がってくると考えられる。休憩室を使えるように、同じ休憩室にいる他の生徒に働きかけてＡさんの過ごせるスペースを確保してやるといった選択肢も考えることができる。しかし、他の生徒も同様に急な予定変更に対応する難しさがあることを考えると、かえって大きく混乱を招く状況になる可能性もある。教師として「どうするか」と頭をよぎる時、とっさに浮かぶ選択肢は状況を変えるための何かしらの手立ての数々である。これまで教師から教えられてきたという被教育体験が選択肢を選び出す拠り所となっている経験の少ない若手教員や学生にとって、教師として何かをすることは、子どもやその状況を変化させるにはどうすればいいか、という意識に傾く傾向が強い。

2.2.2.　事例の提示②

　次に先の事例の続きとなる場面を紹介する。

　休み時間、Ａさんは休憩室で過ごすことが多くあります。ところが、その日は休憩室に他の生徒もたくさん来ており、Ａさんが座れる場所がありませんでした。Ａさんは休憩室を出たり入ったりを繰り返しています。そのたびにドアの音がバタンバタンと鳴るので、他の生徒たちはその音が気になっているようです。

　そこで、先生はＡさんに「あっちの教室に行こうか」と、Ａさんが時折入ることのある、人のいない静かな空き教室へ連れていくことにしました。Ａさんは教室に入ると、その場にしゃがみ込み身体を小刻みに揺らしながら床を手で触っています。

　先生が時計を見ると、休み時間が終わる時間の3分前だったので、Ａさんに「教室に戻ろうか」と声をかけましたが、Ａさんは反応しません。もう一度「教室戻るよ」と声をかけても、変わらず身体をずっと揺ら

しながらしゃがんだままです。「教室に戻ります」と再度声をかけると、Aさんは声をあげて泣き出してしまい軽いパニックを起こしてしまいました。

《G·Q2：Aさんがパニックに陥ってしまったのはなぜなのか考えてみましょう。その上で、教師としてどのような対応ができたか考えてみましょう。》

　何かしら手を打った（支援した）ことが、かえってAさんを不安定な状況へと誘う結果となってしまった事例である。よくある対応として選択されやすいのは、教室の出入りを繰り返すAさんの様子が不安定として、それを教師が解消してあげようとする手立てである。今回の事例では、Aさんに「別の教室で休む」という新しい選択肢を示すことで、休憩できないという状況を回避し、その休憩時間が終了となったことで次の活動に向かうよう指示を入れるという一連の流れは、よくありがちな対応例である。結果としてAさんは軽いパニックになってしまっており、改善点を考える上で注目されるのは教師のAさんへの対応となる。ここでは、基本的な関わり方としてよくある対応例を紹介する。

2.3. 定説の提示
【よくある対応／基本的な関わりのポイント】
・具体的な言葉、可視化できるもので示す。
　　　「あっちの教室」という言葉かけは曖昧であり、Aさんからするとどこに行くのか分からない説明である。Aさんは曖昧な謎だらけの誘いのまま別の場所へ連れていかれていることになる。具体的に「○○の教室」という言葉とともにその教室の写真などで可視化することで、初めてAさんにとっての選択肢となりうる。

・見通しを持たせる。
　　　別の教室へ移動させるだけでは、Aさんにとってはそれが休憩なのか、別の用件なのか区別をつけるのは難しい状況である。そうしたわけもわからない状況のまま、教室に入りほどなくして「教室に戻ります」と立て続けに声をかけられれば余計に混乱するだろうということは容易に想像できる。
　　　別の教室で休憩をして、その後クラスの教室へ戻るという予定を写真やイラストなどで可視化してやり、見通しを持たせることが大事である。休憩の時間もタイムタイマーなど時間の見える分かりやすいものなどでどれだけ休むのかも伝えることができると、より具体的に見通しを持たせることができる。

2.4. 定説に対する批判
　支援する＝教師からの直接的な働きかけ、という認識だけでは、障害特性に合った対応はどのようなものかを選択することと、より効果的な対応をするにはどうするかという教師の具体的な対応にしか焦点が当てられない。障害特性に配慮して、分かりやすい言葉や映像で見通しを持たせることは必要なことであり、支援をする上では基本的なことである。障害特性に合った対応を行うことで、活動がスムーズに進むことは本人にとっても大事なことである。基本的に見られる障害特性は、多数の子どもに共通して見られるものであるため、確かに先に紹介したようなセオリーとなる対応は効果的ではある。
　しかし、自閉症スペクトラムという障害特性に対する対応ばかりに目がいくと、目の前にいる子どものリアルな様子を把握するという教師として最も基本的なことの一つが抜け落ちていくことになる。こうした障害特性があるから（見られるから）○○の手立てをしたらよい、という認識は特別支援に限らず、どこでも

陥りやすい思考のパターンである。これまでの経験があるがゆえに、似たような問題行動や、困難な様子に対して自らの過去における成功体験を引っ張り出し、「こう対応すれば上手くいく」といった具合に、子ども本人のその瞬間ではなく、行動パターンそのものに対する手立てを講じることは少なくない。

2.5. 視点を変えて立ち上がる実践例の提示

　障害特性だけに目を向ければ、教師としてどうしたらよいか？という方法論を問うことで完結されるが、新たなガイディング・クエスチョンとして、「Aさんは、休憩室に人がたくさんいた時、不安定だったのか？」と問いを立てることで、Aさん本人そのものに目を向けさせる。障害の把握ではなく、その子本人の把握を丁寧にすることを認識することが重要である。

《G·Q3 :「Aさんは、休憩室に人がたくさんいた時、不安定だったのか？」》

　Aさんは休憩時間に休憩室で過ごすことが多いが、いつもそこで休むわけではない。2つ目の事例で別の教室に連れていかれた際の方が不安定な状況にあったとすると、身体を小刻みに揺らす姿が、Aさんの不安定な状況を示すサインであると考えられる。実際にAさんは全体指示のような、直接自分に言葉を向けられていない場面でよく身体を小刻みに揺らす姿が見られる。休憩室を出入りする行動パターンが不安定さを示すサインではないと考えることができると、教師としてどうするか新しい選択肢の可能性が出てくる。不安定さを伝えているのではなく、Aさん本人の意思で休憩室を出入りしていることは何を意味しているのか、そこをAさんに寄り添い考え、想定することがまずは必要である。人が出ていくのを待っているのかもしれない、教室を出入りすることで気持ちを落ち着かせているのかもしれない、今日は教室のドアを開け閉めして歩くことに関心があるのかもしれない、というように回避せねばならない状況とは違う方向の可能性を考えることができる。むしろ、教師からの指示は必要ない場面だったのかもしれないという認識も生まれる。

　しかし、いつもと違う状況を見ると、「支援をしてあげなくてはならない」という教師としての観が、目の前の子どもではなく、子どもを何とかしようとする教師の都合を優先しがちである。自閉症スペクトラムの子にとって、いつもと違う状況の変化は不慣れな点もあるが、それらを支援という名目で「自閉症スペクトラムの子は、ルーティンを崩さないほうがいい」と教師の都合によって、先の行動の選択肢を制限してしまうことは問い直す余地があるだろう。

　後日、筆者は同じような状況にあるAさんと実際に出会ったが、そのときに対応した教師は黙ってAさんの様子を見守っていた。Aさんは休憩室をウロウロしたり歩き回って出入りしたりしていたが、パニックになることはなく、チャイムが鳴ると自分でクラスの教室へ戻っていった。特別支援が状況を回避（改善）するための手立てという認識は、それだけだと常に手取り足取りに近い支援がされ続けることになる。しかし、それは学校生活の中だけでしか機能しない状況である。就労という進路の目標がある子どもにとっては、学校生活が終わると同時に常に支援を受ける状況も終わる。不安定な状況になった時、支援なしで自分自身がその状況を落ち着かせる場面が必要になってくる。そのためには、学校生活の中で自身の気持ちのコントロールや、支援がなくても自分でできることの経験を重ねていくことが重要となる。

3. シナリオ作成者からのコメント－実践をふまえた評価とまとめ－

　現場経験がほとんどない学生にとって、授業における子どもの姿のイメージは非常に限定的である。多様な可能性が広がる世界ではなく、「こうあるべき」という直線的な子どもの姿にいかにさせるか、という発想からスタートする傾向が強い。特別支援の現場では、そうした「こうあるべき」とイメージしている子どもの姿ではないことは多く起こりえる。実際に現場に入ると、言語指示だけではすぐに通じなかったり、手立

てが不十分だったりすると、すぐにそれが子どもの様子にあらわれてくる。例えば、すぐに止まらない不適切な行動を目の当たりにすると、どうしても「いかにして止めさせるか」という対症療法的な手立てばかりが先行してしまい、常に子どもの行動を制限するような教師の関わりが起きてしまう。ただ学習活動に参加させるためだけに子どもの行動を極端に制限していては、子どもの成長という視点が抜けていくことになる。

　今後の課題としては以下である。本事例においては、自閉症スペクトラムのほんの一部の基本的な特性だけを題材にしており、そのため特別支援を知る、考えるためにはより多くの基礎的な知識と、多様な事例に触れる機会を設定することが必要である。

【参考文献】

千住淳(2014)『自閉症スペクトラムとは何か―ひとの「関わり」の謎に挑む』筑摩書房

文部科学省 (2012)「通常の学級に在籍する発達障害の可能性のある特別な教育的支援を必要とする児童生徒に関する調査」調査結果

　（http://www.mext.go.jp/a_menu/shotou/tokubetu/material/__icsFiles/afieldfile/2012/12/10/1328729_01.pdf）（2018年1月21日）

6. 生徒会の指導

［特別活動の指導法］

大日方真史

キーワード：生徒会活動、特別活動、教員養成教育、主権者教育、シティズンシップ教育

1. シナリオの目的と位置づけ

　生徒会活動は、中学校・高等学校において教育課程上の位置づけがあり、したがって、公教育においてひろく生徒たちにその経験が保障されるべき活動である。また、活動の内実には、生徒たちの具体的な活動や実践が課題となるという特質がある。近年は、18歳選挙権の実現も一つの契機として、主権者教育やシティズンシップ教育の名のもとに、社会参加・政治参加する主体の形成に寄与する実践の追求が盛んになってきており、そうした実践追求の場としても、生徒会活動の重要性は増していると考えてよい。

　しかしながら、生徒会活動は一般的に停滞している状況にあり、長らくその活性化が課題となっている。筆者の担当している授業においても、多くの学生からきかれるのは、生徒会役員とその他の生徒とが乖離して諸活動とその経験とが共有されず、役員以外には生徒会活動の内実や意義が見えていないといった実態である。このことは、生徒会活動の担い手としての教師において当の活動経験が不十分であるという問題の所在をうかがわせる。つまり、全校での活発な生徒会活動を中学生時代や高校生時代に経験することのなかった大学生たちが、教職課程を経てやがて教師になっていくということの問題である。

　本事例シナリオは、上記のような問題をふまえ、中学校や高等学校の全生徒に生徒会活動の経験を十分に保障しうる実践の担い手となるために、大学における疑似的な経験を通じて、生徒会活動指導にあたるうえでの課題を発見し、意識化することを目的としている。本事例シナリオは、生徒会活動の特性に即したものとするため、構成的事例シナリオの形式を採用している。つまり、教員はあらかじめ用意されたシナリオを提示せず、授業内の活動を通じて受講生が構成するテクスト（これをシナリオとみなせる）が、受講生全員で共有される方法を採用している。

　授業内で学生が取り組む活動は、「模擬生徒会活動・学校行事」と名付けられた活動である。これは、生徒会活動と学校行事とを関連させながら展開されるものであり、授業6回分がこの活動にあてられる。この活動においては、授業内に、生徒会執行部役、教師役、学校行事実行委員会役、広報委員会役の各グループが設けられる。授業内にこのような活動を設定する理由は、生徒会活動には、各学校固有の文脈において、諸主体の様々な立場からの問題解決が課題となるという特性があるからである。この「模擬生徒会活動・学校行事」のうち、主に生徒会活動に関する部分を「模擬生徒会活動」と呼ぶが、以下、特にこれに焦点をあてて、紹介していく。

2. シナリオの構成と展開

　模擬生徒会活動・学校行事は、各役割を担うグループ（3名から5名程度）単位で進行する。グループは、生徒会執行部役のEグループ、教師役のTグループ、学校行事実行委員会役のCグループ、広報委員会役のPグループ、という4種である。このうち、Eグループは1つに限って設定するが、CグループはC1とC2の各1つ、TとPグループは、授業の受講者数により複数設定する（その場合、T1、T2、T3などとグループ名に数字を付す）。

　各グループの主な役割は、次のとおりである。

　Eグループは、①要望の集約と教師宛要望書原案の作成・発表、②原案に対する生徒からの意見をふまえた要望書作成・発表、③教師からの回答書へのコメント作成・発表、である。

　Tグループは、①生徒会執行部からの要望書への回答（関連機関・部署等に聴き取り）、②他のグループの活動への指導、である。

　C1グループは、公開発表会Ⅰ（Pグループの寸劇発表が主）の企画・運営である。

　C2グループは、公開発表会Ⅱ（回答書に対するEグループからのコメントを含む）の企画・運営である。

　Pグループは、①生徒会活動や学校行事の事例を探し、それを紹介する通信の発行、②同じ事例をもとにした寸劇の作成と発表、である。演じる側にも観る側にも印象に残る寸劇と、記録として残る通信を作成することが期待される。紹介・発表する事例は生徒主体の活動であり、進行中の模擬生徒会活動・学校行事との比較を受講生たちに促すことによって、進行中の活動に対する意味づけや活動の活発化に寄与することも求められている。

　上記の「模擬生徒会活動・学校行事」全体の各グループの役割のうち、Eグループの活動と、Tグループの①に相当する活動を「模擬生徒会活動」と呼ぶ。以下、この模擬生徒会活動の詳細を示していく。

　なお、各グループの役割に沿った活動と並行して、同一グループで取り組むペーパー課題（内容は、子ども参加論、子どもの権利条約の理論、実践事例等）も、授業内に設定する。

2.1. 授業計画（授業時間数）

　活動第1回（この模擬生徒会活動に関する回数であり、授業全体を通した回数ではない。以下、同様）は、全グループが各グループ内で顔合わせを行い、Eグループはさっそく要望書原案作成に取りかかる。初回から第4回までのEグループとTグループの活動内容は表Ⅰ-6-1のとおりである。続く第5回には公開発表会Ⅰを、第6回に公開発表会Ⅱを設定している。

　前述のとおり、構成的事例シナリオであるので、以下、実際に筆者の行った授業で出された要望書・回答書等を例として紹介しながら、展開を示すことにする。

2.2. 事例の提示

2.2.1. 受講生の「要望」提出

第1回授業の冒頭で、出席者全員が下記の問いへの回答を記入し、教員が回収する。

> この大学をさらに学びやすかったり、生活しやすかったりするところにするために、どこを変えたらいいか、変えてほしいか

　この段階で、独自の問題が多様な側面から出されてくる。多くの学生は、複数の項目をあげて回答する。

2.2.2. グループ役割の説明

　受講生全体を架空の学校の構成員に見立てるとの設定を説明し、グループ分け（座席移動）を行い、各グループの役割（前述）について全体に説明する。Eグループの役割に関しては、回収されたペーパーを受け取り、これを「要望」として集約し、教師役のTグループに宛てた要望書を作成すること、活動第3回までに要望書を作成して全体に発表することが求められることを説明する。Tグループの役割に関しては、要望書を受けて回答書を活動第4回までに作成して全体に発表することが求められると、説明する。口頭での説明に加え、グループごとのワークシートにさらに細かい指示を書いておいてもよい。

　また、Tグループに対しては、要望書を受け取ったのち、必要に応じて関係する学内の機関・部署に聴き取りに行くことを求める旨、複数のTグループ間で調整・分担することも可である旨、説明する。

事例シナリオ集Ⅰ

表 Ⅰ-6-1　模擬生徒会活動スケジュール（第1回～第4回）

	第1回	第2回	第3回	第4回
Eグループ	○顔合わせ ○要望書原案作成	○要望書原案作成 ○全体に原案発表、原案に対する意見募集 ○要望書作成	○要望書提出、全体に発表	○発表会の準備
Tグループ	○顔合わせ	○要望書原案に関するグループ内意見交流	○回答書作成	○回答書作成 ○全体に回答書発表 ○発表会の準備

2.2.3.　要望書原案作成・発表および原案への意見募集

　Eグループは、受講生が 2.2.1 の段階で記した「要望」をもとに、要望書の原案を作成し、全体に発表する。発表された原案に対して、受講生のうち、Tグループ所属以外の学生（生徒役のグループ所属学生）から意見を集める。この段階で、取り上げられた項目、内容、形式等についての意見が集まる。

2.2.4.　要望書作成・発表

　Eグループは、2.2.3 の段階で回収された意見をふまえ、提出版の要望書を作成し、授業全体に発表する。

　要望書に要望項目として示されるものとしては、例えば、「施設・設備とその利用」に関して、「自習スペース、ワークスペースの増設」、「駐輪場への屋根設置」、「図書館開館時間の延長」、「学生用 PC の増設」、「個人ロッカーの設置」、「学生による空調調節」など。また、「食堂・売店」に関して、増設、スペースの拡大、低価格化など。そのほか、「授業の開講形態と内容・方法」に関する、「受講者制限の改善」、「授業内容・授業方法の改善」、「休み時間の延長」など。

　例えば、下のような要望書（三重大学教育学部で実施した例）が発表されることになる。

1.　食堂、コンビニ、生協の拡大・充実（例　レジの数を増やす・各学部に小さな売店を設ける）
2.　時間制限などの条件をつけてのエアコンの規制解除[1]
3.　教室拡大
4.　図書館・メープル[2]・教養教育棟以外の棟の利用時間の延長

要望が出た理由
1.　昼食時になると外まで行列ができ、夏は炎天下の中、冬は寒さの中で待つ必要がある。
2.　先生がエアコンをつけることを拒否したり、授業外の時間にも教室を気持ちよく使いたい。
3.　教室内の移動が困難であり、また、グループ活動の時の机の移動が難しい。
4.　ファミレスなどでは何かを頼む必要があり、夜に集中して勉強できない。

2.2.5.　回答書作成・発表

　要望書を受け取った Tグループは、これにいかに回答するかを分析・検討し、回答書を作成・発表する。Tグループ所属学生は、回答書の作成にあたって、事務室、管理担当部局、食堂の店舗など、各要望項目への回答に必要な情報を得るために、各所を訪れて実際に事情を聴きとってくる。

2.3.　定説の提示

　回答書として作成されやすいのは、実現不可能であることを各所で聴き取って戻り、その内容をそのままに伝えるというものである。ほとんどの場合、聴き取りにまわる Tグループに対しては、それぞれの担当機

関・部署で、要望について、予算や安全性等の理由で実現困難である旨説明されることになるが、その説明がそのままに授業全体に回答として示されるというものである。

　例えば、2.2 に例示した要望書の項目 1「食堂、コンビニ、生協の拡大・充実」については、食堂に問い合わせた結果として、「改善の余地はあるが大学の予算の関係上食堂を拡大することは難しい」こと、「食堂のピーク時の行列の改善のために、行っていること」の数例などが示された。項目 2「エアコンの規制解除」については、教育学部事務室の学務担当に問い合わせた結果として、「要望の実現は難しいと考えられるが、一部検討の余地あり」との回答が示された。「実現困難の理由」としては、「各教室の担当教員が管理することとなっている」ことと、「三重大学がエコ推進大学」であることとが示され、「検討の余地あり」とは、「昼食をとるスペースを考慮すれば、昼休みのエアコンの使用は妥当と考えられるため」だと回答された。

2.4.　定説に対する批判

　2.3 のような回答書が示された場合に、大学側の「大人の事情」の前に、模擬生徒会活動の勢いが減退する可能性が生じる。すなわち、回答に（少なくとも形式的・表面的には）納得する・させられるという仕方で活動が終わっていくという問題である。これでは、学生たちにおいて、意見表明しても事態は変わらないという意識が強化されることになりかねず、生徒会活動指導の担い手となるべく学習するという点で、逆効果であるとすら考えられよう。したがって、回答書の作成にあたる T グループには、実現不可能であるということのみを示せば、生徒側の主体性を阻害・抑圧してしまいかねないという危険性を意識しつつ、いかに回答するか検討することを求めたい。具体的には、生徒側に立ったり、問題を発見できるよう生徒側に働きかけたりするような回答の追求を促したい。

2.5.　視点を変えて立ち上がる実践例の提示

　2.2 に例示した要望書の項目 4 に対する回答としては、聴き取り内容を示したのちに、「以上を踏まえた、教師グループからの回答」として生徒側への呼びかけが示された。当該部分は、次のとおりである。

　　　各施設利用時間の延長を実現するには、人件費や安全面の課題など、決して少なくない問題を解決しなければならない。（中略）こうした状況から勘案して、教師グループとしても、さらなる延長を実現することは難しいと考える。
　　　だが、これまでにも同様に、学生から各所へ利用時間延長の要望を出していることで、実際に時間が延長されてきている現実にも目を向けてほしい。先人達も、今回の皆のように立ち上がり声を上げたことで、自分らの要望を実現してきたのだ。このように、自分たちの要望をしっかりと形にし、立ち向かう姿勢があってこそ、より住みよい環境づくりに繋がっていくということを忘れないでほしい。

　上に引用したように、生徒側に積極的に声をあげることを呼びかける教師としての声を組み込んだ回答書が提示されることがありうる。その場合には、特にピックアップして、その働きかけの意義を授業全体で共有すると、生徒の主体性の発揮を促進するような教師の役割の一端を学習することが可能になろう。

　また、直接に授業で取り上げうる回答書が示されない場合にも、T グループ所属学生が記す授業の感想には、下のように、教師としての役割の意義を意識したものが少なからず見られるため、それらに焦点をあてて、授業担当教員から全体に向けて指摘することが可能である。

　　　生徒の要望に耳を傾けることで、生徒が何を考え、感じているのか、何に困っているのかを知ることができるので、今回のような機会は大切だと感じた。要望に応じることができる・できないという

ことだけが大切なのではなく、そのような話が出ているということに対してどう教師が向き合うかが大切だと考える。

　　今回の活動から、生徒が真剣に考え、出してきた要望をその理由について、教師も真剣にその回答をすることが大切だと感じた。生徒と教師が真剣に話し合うことで相互に良い刺激を与え、活気づけることにつながると感じた。

3.　シナリオ作成者からのコメント－実践をふまえた評価とまとめ－

　実際に受講生が感想として記した声に即して、模擬生徒会活動の意義と課題を示しておく。
　E　グループ所属学生には、①リアルな問題に実際に取り組んでいるという実感、②その取り組みを通じた生徒・学生の多様な意見や考えへの気づき、③その多様な意見を集約し要望書へと構成することの困難、④その困難にグループメンバーと協働して取り組む意義の実感、⑤原案発表とそれに対するコメントまでを見通した、要望書作成への継続的な意識の形成、といった経験を保障しうる。それは、下の記述に確認できる。

　　様々な要望があった。まとめることで学生が今、大学に何を求めているのかが明確になった。まとめるということは大変な作業であったが、そこから見出せるものは、大変な分だけ大きいと感じた。原案発表でコメントをもらってより良い要望書を出していけたらいいなと思った。

　　たくさんの要望の中に、確かに「今のままでは不便だな」と納得できるものや「こんな要望は現実的に考えて難しい」と思うような要望などいろいろな要望があり面白かったです。たくさんの要望をまとめることはとても難しくメンバー全員が協力しなければいけなく、今日中にまとめ終えることができてしっかりと協力してできることが出来たと思います。

　T　グループ所属学生には、①教師側に立つ経験とその意義の実感、②回答書の作成にあたって実際に関係部署に聴き取りにまわるという活動の新規性・意外性に由来する強い印象の形成、③関係機関・部署に聴き取りにまわるという活動を通じて、学生生活に関連する組織等に対する発見や認識の変容が促されるという経験、といった特徴がみられた。例えば、下のとおりである。

　　実際に食堂に足を運び、自分たちが想定していた改善点が実際に他の障害となるもののせいで難しいと言われ、実際に話をきいてみないとわからないと感じました。取材をしてみて、色々食堂の方々もなんとかしようと様々な取り組みを行っている点はすごいと思った。

　　担当した要望に対する回答を作るために、どの施設を回ってインタビューするのかを考えることから始めて回答書を作成することが実践的で将来教師をする時には役立つと感じた。

　　私たちが思っているより多くの工夫をされていたと感じたし、考えるだけではなく実際に話をきくことが大切なのだと思う。また、お話を伺うことで考えていること以外にも目を向けられた。

　さらに、Tグループ所属学生には、2.5 でも一部紹介したように、教師として生徒の要望を捉えて回答するという課題について意識する経験を保障しうる。次のとおりである。

　実際に回答書を作成するには、要望作成者の意思をくみ取ってやる必要がある。（略）ダメであっても納得のいく様に説明しなければならず、対策案も同時に提示すると良いと思った。

　関係機関への質問をしに行き、ある程度の情報を得ることはできたけど、それを納得できる形で回答書にまとめるのはとても難しいと思いました。生徒側が要望に対してどのような助言や情報、回答を望んでいるのか、そこをしっかり考えて回答書をつくっていきたいです。

　「偉い人に聞いてきたけど、実現は難しそうでした。なので難しいです。」というような回答になってしまっているのは少し残念に感じた。ただ集約してくるだけじゃなく、それを踏まえて生徒にいかにプラスになることを伝えるか、というところの検討にもう少し時間が要ったように思いました。

　E・T以外のグループに所属していた学生には、いかなる経験を保障しえるのかを、下に示す。
　第1に、要望実現の困難さの確認である。「学生の要望の実現の難しさを知った。特にどの要望も予算面で厳しくなっていることが分かった。（P）」、「ただこちらからの要望を出すのは簡単だがその背景には人件費など考えなければならないことが沢山あるのだと気付かされた。（P）」、など。
　第2に、回答が丁寧にされる事、特に理由が示される事の意義の確認である。「しっかりと理由をつけて返答されていたのでとても納得できた。（C）」、「Tグループの要望書に対する返答がすごく細かくきいてきてもらっていて、すごいと思いました。自分たちが考えなければならないこともあると思いました。（P）」、「このように生徒の要望に対してしっかり対応してくれると、よりよい学校づくりができると思った。（P）」、など。
　第3に、意見表明の意義の認識と、それもふまえた課題の認識である。「何かを変えることは、とても難しいことだと感じた一方で、要望を出すことで、少しずつだが改善していくことができるのだと感じた。（P）」、「変えられないのにも理由があることがわかりました。でも一部聞いてもらい、お互い考える余地があるところもあるので意見を出すことは大切だと思いました。（P）」、「要望を採用してもらう際に、単に「ここをどうにかしてほしい」ではなく、具体的かつ実用的な案をこちらから出すことが大切だということを学んだ。（C）」、「実現困難であることが納得でき、また、どのような問題をクリアすれば実現できるのかも把握できたので、建設的だった。「行動すれば何らかの反応が返ってくる」というのは、生徒に主体的な活動をさせる原動力にもなると感じた。（P）」、など。（各引用部分最後に当該感想を記した学生の所属グループを付した）

　活動全体を通じて、生徒の意見表明をふまえた教師としての課題の意識化については、Tグループ所属学生にはよく見られる。そのため、授業全体の学習の質をあげるためには、Tグループの教師役としてのポジションと働きの意義を共有する場面を多く設定したり、回答書提示を受ける側の経験を意識化し共有する機会を設定したりすることに意味があろう。また、ペーパー課題との連関や、教師による解説との連関によって、学習の質をよりよいものにすることも必要である。

【注】

1）教員のIDカードで教室の空調の調節をするシステムとなっているため、学生の判断で使用できるようにすることを求めている。
2）三重大学構内の「環境・情報科学館」の別名。2階と3階に学習用スペースが設けられている。

【参考文献】

宮下聡（2014）「「平和で民主的な社会の形成者」を育てる」『生活教育』，793号.

7.カリキュラム・メイキング

[教育課程の意義及び編成]

守山紗弥加

キーワード：カリキュラム・マネジメント、学校、文化（教育内容）

1.　シナリオの目的と位置づけ

　本事例シナリオは、教員養成科目の一つである教育課程論の授業実践で用いたものである。教育課程について これから学んでいく上で、その初期段階として「カリキュラムとは何か？」「教育課程とはどのようにつくられるのか？」「授業づくりとは何が違うのか？」、ひいては「学校や教育に求められるものとは何か？」というような問いに向き合うためのきっかけとなることを意図している。それにより、教育課程が抱える固有の課題があることを認識することを期待する。それらは固有であると同時に、カリキュラムという単位、視点で学びを捉えることが、学生の関心の強い授業づくりや教師に必要な資質・力量といった問題と密接に関係していることに気づくような促しが必要である。また今後、教育課程の編成原理や学習指導要領の存在、カリキュラム・マネジメントの必要性等について考え、カリキュラムづくりを志向できることを目的とする。

　教職を目指す学生にとって、被教育体験による教師像や授業イメージが強固な下地としてあり、それが教育実習等における「教える」経験により変容することが指摘されている（秋田,1996）。しかし、こと教育課程やカリキュラム（以降、本稿では同義として使用する）については、そもそもそれが何であるのか、何を指しているのかということ自体が、学習者としての児童・生徒期には自覚されることすらほとんどないのが現状である。彼らはまさに、現実のカリキュラムの中に身を置いてこれまで学び続けてきたわけだが、学習者にとっては「カリキュラム」という単位で自身の経験を認識する機会はほぼないと言える。そのような状況において、教育課程論では、カリキュラムという単位や視点で学校や教育を捉えることに始まり、やがてカリキュラム・デザイン、カリキュラム・マネジメントの担い手にとって必要なことを修得し、実践していけるよう志向することを目指す。

　これらの背景から、教育課程の編成に必要とされる要件や手順について具体的に学んでいく前に、まずは「カリキュラムをつくる」疑似体験が必要である。教育課程（論）の初学者にとって、教育課程の編成というプロセスを辿る上ではまず、①必要な「文化」（＝教育内容）の選択　②教育目標に照らし合わせて教育内容を分析する　③「スコープ（scope：領域、範囲）とシークエンス（sequence：配列、系列）」によって構造化する（種々の編成原理および、アプローチの仕方）という一連の理解が重要である（田中,2010）。しかし、そのような各編成原理等を学習していく前に、カリキュラムをつくるということの意味と全体像をつかむために、少ない手がかりのもと自分たちでゼロから構想することを体験し、そこであぶり出される暗黙の前提や基準の自覚化から始めることで、その後学習する、必要な手順や考慮事項の意味をつかみ、必然性を実感することができるのではないかと考える。

2.　シナリオの構成と展開

　本シナリオは半期15回のうち、第5・6回目に用いている。シナリオを用いた実践の前半は、個人およびグループでテキストに基づきカリキュラムを構想する。後半は、グループでの議論をクラス全体で共有するべく報告準備を行い、発表・質疑応答、最後にまとめとして個人によるふり返りを行うという流れである。

2.1. 事例の提示

　本シナリオは、桜井均（1998）「カリキュラム・メーキング」に基づいている。同書の目的は、「いま私たちが実際に教え学んでいる現実の学校のカリキュラムについて、問題を整理し見通しを立てて原理的に考えていく糸口を探す」ことにあり、「カリキュラムを考えた道筋自体をふりかえって議論する」ことが重要だと述べている。本事例シナリオもそれと重なる目的で作成しているが、実践に際しては複数のガイディング・クエスチョン（G・Q）を設定し、それに対する個人思考とグループ共有・議論・決定によって進めるかたちをとる。その過程を通して、学生が個々に有している学校観や教育観をグループ共有によって浮き彫りにしたいからである。また、実際のカリキュラム・デザインにおいても主張や思想の異なる者同士、複数人の議論によって共通解を見出していく行為となるゆえ、意見の衝突、もしくは狭隘性をどのような道筋や手立てにより解決していくかというプロセスを体験することも意図している。

宇宙船の学校

　20××年の話である。住みにくくなった地球を離れて、宇宙へ向かう人びとが現れはじめた。
　たくさんの人びとを乗せた大きな宇宙船が、いくつも地球をあとにした。といってもすぐ近くに人間の生存可能な新しい惑星があるわけではなく、人びとは数年も数十年も宇宙船のなかで暮らさなければならなかった。そこで人びとは、子どもたちのために学校をつくることにした。宇宙船の運行と生活に必要な仕事はすべておとなたちがすることになっていたので、子どもたちは働く必要はなかったし、広くはない宇宙船のなかをあそびまわられてはおとなたちが困るからだ。もちろんそれだけではなく、子どもたちの健やかな成長を願っていたからでもある。こうして宇宙船のなかの学校が誕生した。
　では、子どもたちはこの学校で何を学ぶことになるのだろうか。あなたがその場にいるとすれば、子どもたちに何をどんなふうに学んでほしいと考えるだろうか。

ガイディング・クエスチョン

G・Q1《個人》：
資料を読み、あなたが考える「子どもたちに学んでほしいこと」を4〜5つ挙げ、それぞれ理由も述べてください。

G・Q2-1《個人》：
グループで共有した「子どもたちが学んでほしいこと」すべての中から9つ選び、優先順位をつけましょう。また、そのように選択・順位づけした理由も述べてください。

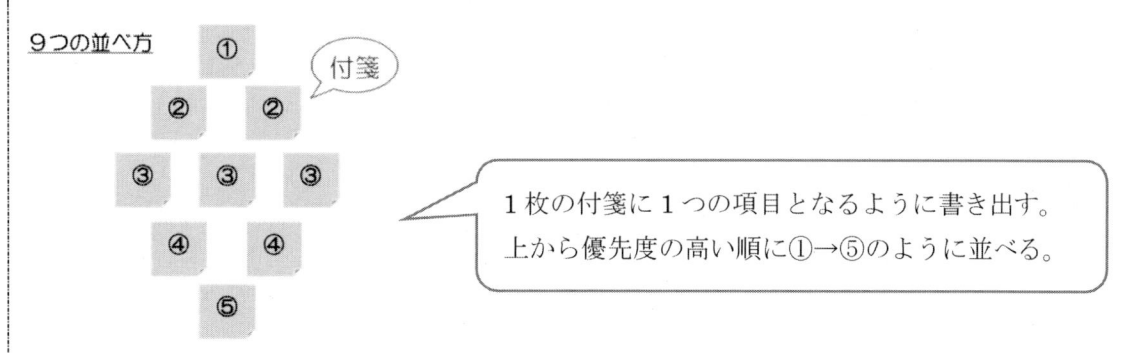

9つの並べ方　付箋

1枚の付箋に1つの項目となるように書き出す。
上から優先度の高い順に①→⑤のように並べる。

G・Q2-2《Gr》：

G・Q2-1を共有し、それを踏まえてグループとして「子どもたちに学んでほしいこと」を9つ選択・決定し、優先順位をつけて「9つの並べ方」のように並べましょう。（そのように選択・順位づけした理由も添える。）

G・Q3《個人》：

G・Q2-2で考えた内容（カリキュラム）が機能しなくなるような場合や状況として、どのようなものが考えられるでしょうか。

G・Q4《Gr》：

グループで共有した3を踏まえ、あらためて先ほど決定した9つの内容と位置（優先順位）について議論し、見直してみましょう。

《個人》：各自で考え記入する活動　　《Gr》：グループで議論・決定する活動

<実施手順>　　　学生には資料と個人用ワークシート（WS）を配布し、活動手順を示しながら進める。

① 《個人》G・Q1に取り組む。WSに挙げた内容を、1枚の付箋に1つの項目となるように書き出す。

② 《Gr》G・Q1の内容をお互いに説明を聴きながら共有する。

③ 《個人》Grで共有した内容をもとに、G・Q2に取り組む。上記の9つの配置図にあてはまるように、選択・順位づけする。理由も併せてWSに記述する。

④ 《Gr》③を全員で共有・議論し、Grで1つの案を確定する。

⑤ 《個人》G・Q3に取り組む。

⑥ 《Gr》G・Q4に取り組む。

⑦ 《Gr》Gr毎にすべての工程の議論内容を振り返り、全体共有できるように報告準備をする。

⑧ 《全体》各Grの報告を聴き、Gr間で質疑応答を行う。

⑨ 《個人》全体の振り返りを記述する。

2.2.　定説の提示

　桜井（1998）によると、「宇宙船の学校」を大学の授業で行った際、「はじめは算数をするとか体育をするとかごくありふれた回答がでてくる」こと、ことばや計算といった言い回しや、学問と芸術というくくりの意見が挙げられるとある。実際、筆者が同様に行った実践（過去4年、計5回実施のうち最新の2回が事例シナリオ型での実施）においても、上述のような意見は毎年必ず出ている。つまり、「カリキュラム」というものには馴染みがなくとも、「学校で学ぶこと」として学生たちが想起するものの多くは、小・中・高等学校で学習してきた教科ベースであることは免れない。「主要5教科」とひとまとめに挙げられる場合もある。

　本シナリオは、宇宙船という想像もつかない架空の状況下での「子どもたちに学んでほしいこと」を考えることで、学校、子ども、教育というシンプルな要素を前に、学ぶ内容や順番をカリキュラムという視点で捉えることを意図している。これに対し、自分たちが学校で学んできたことの枠組みから抜け出すことができず、地球上での学校と同じような状況を前提として考えてしまうことが予想される。地球上どころか、自身が学んだことのあるもののみで構成され、自分たちの想定の範囲がごく限られた経験によるものでしかないことに気づかないまま、議論が進む場合もある。

　それとは反対に、「宇宙船の操縦や運航に必要な技術」「限られた狭い空間での人づきあいの仕方」「向かっている惑星に関する知識」など、宇宙船という架空の設定に引っ張られた記述も多く登場する。桜井の著書においても、先述の算数や体育という意見に続いて、そのうち「宇宙船の仕組みと操縦法」「なぜ地球に住めなくなったかの歴史」「コミュニティーのつくりかた（資源や材やサービスの生産と配分のしかた、人々のあいだでの利害や異なる意見の調整のしかたなど）」といった内容も登場するとある。これはある意味では、特

殊な状況下に対してそこで必要とされることを推察した結果だとも考えられる。

　いずれにおいても、詳細な設定や状況に関する情報が与えられていないテキストであることで、各自の暗黙の前提や基準のあぶり出しが促されるとともに、状況に対する想像力や具体性を持った思考の違いが認識される契機となるであろう。

2.3. 定説に対する批判

　本事例シナリオでは、学生が以下2つの経験をすることを想定している。すなわち、1)「学校」という場で学ぶことを、これまで自覚する契機のないカリキュラムという単位や視点でゼロから考える、捉えてみること　2) 生じうる状況や条件を鑑みてカリキュラムを構想することの必要性に気づく、の2つである。

　前述したように、学生たちは児童・生徒期にはカリキュラムというもの自体を認識・自覚する機会がほぼない。したがって、定説として挙げられるものは、カリキュラムに対して学生が保有している考え方や概念というよりも、「学校」という言葉で想起される前提である。それゆえ、学校＝自分が受けてきた教育、の範疇での思考にとどまることが大いに予想される。実際に、「学校で学ぶこと」として学生たちが想起するものの多くは、小・中・高等学校で学習してきた「教科」が基盤となりがちである。宇宙船という非日常的な世界、非常事態という状況下でゼロから「学んでほしいこと」を構想するというミッションにおいてすら、自身の経験の範疇を超えられない、あるいは、そもそも根本的な問いに向き合うことなく、所与のものとして半ば自動的に当てはめてしまい、それらを不思議とも思わずに見過ごしてしまうのである。この事態は、将来教師として現場に立ったとき、目の前の子どもたちの実態と、現在の社会状況、この先子どもたちが直面することになるであろう社会・文化的状況に対する予見も踏まえ、カリキュラムを構想していく必要に迫られる中、疑いもなく単なる被教育経験の再生産を繰り返してしまうことにつながる恐れもある。

2.4. 視点を変えて立ち上がる実践例の提示

　G・Q3「カリキュラムが機能しなくなるような場合や状況として、どのようなものが考えられるでしょうか。」は、逆説的な問いかけとなっている。これは、いったん自分（たち）で考えたカリキュラムを、もしもそのカリキュラムが成り立たない状況があるとしたら、それは一体どういった場合なのか、なぜ成り立たなくなるのか、を考えさせることで、暗黙の前提に目を向けさせるという意図によるものである。ここまで展開してきた自分（たち）が構想する学校が、単なる被教育体験の焼き直しや、カリキュラムという単位で考えた際に必要となる視点を欠いたものになっていないか、自ら問うことがこの問いの目的である。

　なぜ逆説的に問うのか。そのねらいと意味について以下に述べる。

<u>逆説的発想の意味1：＜背景＞に目を向けることで＜中身＞を再検討する</u>

　カリキュラムを見直す際、「足りないものはないか?」「『国語』とあるが、多国籍の人がいたらどうするのか?」と直接的に指摘し、＜中身＞（カリキュラム）を再考することもできよう。しかしそれでは、指摘の範疇を越えないばかりか、脈絡や一貫性もなく、「あれも要る」「これも足りないかも」と列挙される可能性もある。そうではなく、カリキュラムを構想するに際しての背景（暗黙の前提、自分たちの「観」）の方に目を向けることで、一度つくったカリキュラムの軸となっていた前提や自分（たち）の常識の範疇の狭さ、一面性等に気づく場面が必要である。

<u>逆説的発想の意味2：不可能性に目を向けることで、自分はなぜ・何が可能だと考えていたのかを問う</u>

　1の意味においては、「自分たちの考えたカリキュラムを成り立たせている条件は何か?」と問うこともできる。しかし、暗黙の前提や自分たちの中の無意識的な基準については正面から問われても、その性質ゆえ、

事例シナリオ集 I

浮かび上がりにくい側面もある。それもふまえ、ここで敢えて、想定したことが「成り立たない」という逆の状況をイメージすることを促し、なぜそのように考えてしまっていたのか、という自身の思考の枠組み自体に気づかせることをねらうものである。

3. シナリオ作成者からのコメント－実践をふまえた評価とまとめ－

　実践を行ったクラスは2016年度後期「教育課程論Ⅱ」（受講生11名）、2017年度前期「教育課程論」（受講生17名）であり、いずれも専門学部に所属しながら教員免許取得を目指す学生である。

　この事例シナリオを用いて行った2016・2017年度の実践を対象に、学生のワークシートの記述や授業での様子を紹介しながら、本シナリオの現状と課題について考えてみたい。シナリオ全体を通して意図していたことに即してふり返る。

　2017年度の実践で学生たちが構想した「宇宙船の学校」カリキュラムは以下のようになった。

うぐいす Gr
①子孫繁栄　②組織について（ルールづくり）／集団行動　③コミュニケーション力（異文化理解）／生きていく上で必要な知識／一次産業　④大人がしている仕事／算数　⑤創造性

さくら Gr
①娯楽　②船内のルール／コミュニケーション能力　③応急処置／計算／生物学　④工業技術／船内の職業　⑤地球史

みもざ Gr
①道徳　②言語／協調性　③宇宙船運航と生活に必要な仕事の技術／ルールとマナー／責任感　④健康に生きていくための知識／防災・防犯対策　⑤人類の歴史

そら Gr
①言語　②船内でのルール／家庭科（保健）　③算数／実践的な技術力／社会性　④歴史／将来をイメージするための学習（進路指導、キャリア教育）　⑤理科

3.1. 学生が構想したカリキュラム分析

3.1.1. 選択・決定の「基準」の自覚や明確化

　まず、個人、あるいはグループの選択・決定に際して発生している「基準」の自覚や明確化を図ることができる点である。ある学生は「**自分がどのような教育を受けてきて、どのように人と関わってきたかということを思い返した結果が、カリキュラムメイキングの結果だったと思います。**」と思い返すに至っている。自他の基準は異なることを実感する者もあれば、「**最初は『この項目似てるじゃん！』って感じでまとめていたのですが、実際つきつめて話していくと、ここでも文系理系の意識の差があることに驚きました。（理系は0からものを作る派で、文系はあるものをどう活用するか派でした。）文理の間ですらこんなに考え方に差があるのに、世代間、文化間での差があった場合どうなるのかと、カリキュラム作成の難しさを感じました。**」という記述にもあるように、グループ共有の際、一見同じ単語で記されている項目も、その語が含む内容や指し示している範疇を聴いていくと「同じ」と分類しがたいものも出てくる。"つきつめて話していく"ことで初めて露わになる暗黙の基準や概念と向き合うことになったと考えられる。

3.1.2. 各内容どうしの関係性や関連性

次に、選択・決定した9つは独立単体で存在しているのではなく、各内容どうしの関係性や関連性を考慮して全体カリキュラムを構想・設定することの必要性を感じることにもつながる。あるグループで、最初の共有では「音楽」という項目が挙がっていたが、議論の末消滅していたためなぜかと問うと、「**音楽を通して学んでほしいことは他者と重ねることや響き合うことであると見えてきたので『協調性』という項目に含めた**」と説明してくれた。このように、限られた9つの枠組みに収める作業の中でその言葉で言い表したかった本質、本来意味するところは何かということが議論されていく過程が見て取れる。

3.1.3. 目的、願いとの整合性

そして、それらの内容に先立って、教育、学校の目的、子どもたちへの願いやねらいが定められているか、という点を確認すべきであることが、グループ間の共有・質疑応答によって明らかになることが期待される。構想した内容と、それらの目的や願いとの整合性が保たれているかどうかを検討する必要性を実感することも重要な局面である。この点は、カリキュラムや授業など、教育実践においてはまず先行して定められるべきものであることは当然だが、実際には「学校で学ぶこと」をイメージし、そこに埋め込まれている教育観や学校観、子ども観が立ち現れてきて初めて、「教育や学校の目的とは何か」という点が認識される。

上記の3.1.1～3.1.2についてふり返る中で、自分たちの構想した学校が目的としていたものは何であるか、子どもたちの学びや育ちへのねがい、教育のねらいはどこにあるのか、という問題に立ち返る。「**学んでほしいことについて、何に重きを置いて決定するか次第で子どもの学ぶ内容は大きく変わってしまうことが、グループ活動を通してよくわかった。実際の現場でもこのことを慎重に考えなければ学習の意義がなくなり得るだろう。カリキュラムを考える上で新たな考えを見出せました。**」

中には「『娯楽』という内容がある班の意見を聞いて思ったことは、学校以外での教育（それぞれの家庭だったり、それ以外の機関であったり…）がカバーしている範囲というのも、考える必要があったように思いました。（私は個人的に、子どもにとって何が大切か→それは全て学校で教える。のような視点でしか考えられていなかったので）」との記述もあり、学校で学ぶべきことを考える中で、公教育の範疇や意味に考えが及んでいることがうかがえた。

3.2. G・Q3 に関する考察

G・Q3 の回答からいくつか紹介する。

- ブラックホールに飲み込まれて全滅のとき：現代の学校でいうと自然災害発生時
- 未知のウイルスやパンデミックのとき：学校でいうとインフルエンザなど集団感染時
- エイリアンが船内に侵入したとき：学校への不審者対応
- 子どもが先生の言うことを全然聞いてくれないとき（学級崩壊、秩序の不成立）
- 子どもの年齢が決められたとき：小・中・高の区切りがあるとき
- 船内の争い：学校の荒廃時
- 子どもが大人の代わりにならなくてよい場合：学校がそもそも必要ない場合
- 文化的な生活の維持が困難になった場合
- 好奇心や向上心などの低下
- 多国籍授業となったとき、言葉が通じない。
- 宇宙船内に異なった言語や文化を持った集団がいる⇒社会のルールや道徳観に影響。うまく連携できないかもしれない。宗教や倫理の捉え方が難しくなってきて、一律に教えることが難しくなる。
- 生活に必要な仕事は、機械でできるようになった場合、いらない。

　暗黙の前提にとらわれずに、自身の考えの根本となっている部分に目を向けることを意図した G·Q3 だが、やはりその逆説的な問いかけゆえ、回答に難しさを感じた学生も見られた。授業では「宇宙船の学校での想定を、現代の学校で言うと…？と置き換えて考えてみるとどうか」という補足発問も行った。すると、宇宙という非日常空間での出来事も、実は問題の本質は自分たちが見慣れた現代の学校にも通ずるものがあることに気づくものが出てきた。「**自分が当たり前と思っている環境や状況で全員が生活しているわけではない**」**ことにあらためて気づかされた**」との記述にも見られるように、普通は見逃してしまいがちな前提に向き合うには、"宇宙船"という非日常的な枠組みや"成立しない状況"という図と地の「地」の部分に焦点を当てることが有効であると考える。

3.3.　「9つ」という枠組みとグループでの共有・決定がもたらす思考

　また、G·Q3 だけに限らず、個人思考とグループ共有・選択・決定のプロセスにおける議論によって、編成原理の理解につながる思考も展開されることが期待できる。9 つという限られた枠組みや順位付けにおいては、カリキュラムの有限性（時間、内容）や「優先」度の違いの認識（たとえば系統主義や経験主義によるもの）についての意識が高まることになる。「**限られた時間で限られた量しか教えることができないということも、意識しないとなと思いました。**」という実感も出ていた。「『**優先順位**』**という言葉も、早い段階で学ぶべきこと、多くの人が学ぶべきこと、今のために必要であること、など様々な解釈の仕方があると感じました。**」という気づきも、カリキュラム編成における順序性の捉え方において重要である。9 つにまとめるという作業の中で、一つひとつの項目に込められている内容や範疇をふまえたスコープの理解や、発想として領域論が意識されるということも予期しているため、このような気づきをこれ以降の授業の中でつなげながら展開していくように意識している。

3.4.　授業全体の中での「宇宙船の学校」実践の位置づけ

　冒頭にも述べたように、この「宇宙船の学校」は、カリキュラムというものについて学んでいく初期段階に全体像をつかむ疑似体験として設定している。各回で登場する教育課程に関する様々な概念や方法、用語の学習等も、この体験を軸に据えて展開するようにしている。グループワークで議論した内容を引き合いに出して説明づけたり、カリキュラムというものがあることの意味や、カリキュラムをつくる上ではいかに多くの複雑な問題を考慮しなければならないかわかったという気づき、「**最善のカリキュラムが、ある時代、ある地域、ある文化に応じて変わるということがわかった。そういう意味で、普遍的なカリキュラムをつくろうとするのではなく、今、現在のための、このカリキュラム、といったふうに、柔軟に改められるものであるという前提でその時独に応じた最善のカリキュラムをつくればいいのかなと思いました。**」という意味づけも見られた。カリキュラムをつくるということをこれから学んでいく上で、その難しさを垣間見たと同時に、カリキュラムとはあらかじめ他律的に定められた固定的で不変のものではなく、子どもや社会の実態に即しながら、教師こそがその主体となって関与していく必要があるものだということを、カリキュラム・メイキングという疑似体験を通して初めて認識することになったと言えよう。

【参考文献】

秋田喜代美（1996）「教える経験に伴う授業イメージの変容」『教育心理学研究』44 巻 2 号,176-186.

桜井均（1998）「カリキュラム・メーキング」長田勇・石井仁・遠藤忠・桜井均『「人間教育」物語りのパラドックス』川島書店

田中耕治編（2010）『よくわかる教育課程』ミネルヴァ書房

■ 事例シナリオを核とした授業づくり アラカルト

　本パートでは、「事例シナリオを核とした授業づくりアラカルト」と題し、事例シナリオ実践をより効果的に展開するための手がかりとして、具体的な実践例やその視点を紹介する。

　本パートで紹介するのは、「学生の自己内対話（省察）を促す方法」、「他者との対話を促す方法」および「他の教育内容や科目との関連性」についてである。

┃ 事例シナリオを核とした授業づくりアラカルト—1—

学生の自己内対話（省察）を促すしかけ：
ICT（moodle）を活用した自己省察と「問い」の生成

守山紗弥加

■ 「今日の授業」というフォーラムをつくる

　教育原理、教職入門の授業で、授業後の課題として moodle による省察課題を設けている。いずれも「今日の授業」という名のフォーラムを設置して学生が記事を投稿するかたちをとっているが、それぞれの目的や運用について以下に述べてみたい。

■ 教育原理での導入・展開

　本授業では、毎回の授業テーマを「問い」のかたちで設定し、それに対して授業開始時の自分の考え、全体共有、テーマを捉える多様な視点としての話題提供、という基本的な流れで進めている。実施年度は受講生 6 名という小規模だったこともあり、グループ単位ではなくペア活動と全体共有という形態をとることが多かったが、少人数だからこそ、一人ひとりの考え、お互いの意見をじっくりと味わうことのできるゆとりもある。ゆえに、自他の考えの比較や共感を通して、自身の考えの源や思考回路、思考特性などを見つめる機会を重視して進めることとしていた。意見共有や議論がより活発に行われるためには、自身の思考の整理や他者の考えの咀嚼が必要となる側面も大きい。授業中にワークシート（以下 WS）や資料をもとに直接意見や質問をやりとりすることに加え、今日の授業に対するふり返りを moodle に次回授業までに投稿する。受講生はお互いの投稿内容を読んで共感や疑問などを備えた上で、次回授業にてさらに議論できるようにとの促しも行っていた。

　このようなふり返りにより、自己の思考整理と他者の思考理解を重ね、最終的には各回のテーマに関わって綴ってきた感想を授業終盤に読み返す過程を経て、自身の探究課題の設定につなげた。授業の最終回は「最終発表」ではなく「中間発表」とし、自身の関心の在処や章立てをイメージした内容の検討を報告し、学生同士、教員と学生間で質疑やコメントを交わして、その内容も再検討しながら最終課題として個人でまとめた。最終的に「学びたい、をつくる教育とは？」「生徒の心の成長において特に教師が果たす役割」「教育は個人のため？国のため？」「教師とはどのような存在か—現代日本で教師になることの意味を考える」「ルールの必要性について」等が提起されたが、授業テーマと直接関連を持つものというよりもむしろ、自他の関心や思考を幾度も見つめ直す機会を通じて導き出されてきた、学生一人ひとり固有の文脈を持ったテーマに辿り着いている。

■ 教職入門での導入・展開

　教育原理とは異なり受講生 70 名弱という比較的大人数の教職入門では、授業中の個人思考やグループ活動において、課題（授業テーマに基づく様々な発問や議論）に関する思考の深まりや広がりがどの程度行われているか、把握が難しい面もある。そこで、個人・グループの活動の見取りやクラス全体に向けた発表内容、個人のワークシートで確認することに加え、授業後教員が moodle に設定した省察課題への取り組み・回答も含めて、材・他者・自己との対話を促すようにしている。

　下図のように授業での学生の学修内容（活動の様子や WS）を、教員が授業後に自身の授業実践の省察とともに評価し、その状況に応じて必要と思われる課題を再設定することができる。また、moodle を活用する利点として、①省察課題自体が学びの履歴（ポートフォリオ）になる、②各自の回答が互いに開かれておりいつでも閲覧可能、③個人別、課題別に抽出可能、等が挙げられる。受講生の大半が教職科目を初めて履修する１年生であることも考慮し、省察の視点（項目やスタンス等）を教員が複数提示し、それに添って省察する。省察課題の蓄積（ポートフォリオ）を用いて自分にとっての「問い」を見出す最終課題に取り組む。

図１　授業および授業後の省察サイクル

授業 ＊個人・Gr活動の様子 ＊WSの記述		**教員自身の省察、学生の評価** ＊自身の授業内容・展開 ＊学生の学びの世界や到達度		**moodle課題の提示** ＊自己内対話の促し ＊授業での具体的な学び 　と理論的視点の意識

■　学習者に流れる「時間」－学び、考える余白－

　週に一度、90 分間の授業だが、学生はその時間のみ学び考えているわけではない。授業外でも授業のことを始終考えているような学生がいたらそれは理想的だ、と思われるかもしれないが、そのような積極的な学びだけを指して「そうだ」と言いたいのではなく、授業時間以外にも教育、学び、教師、子どもといった事柄に触れたり、ふと思い巡らす機会やきっかけはあり、そこで感じ、考えることも、授業を通した「学び」であるという、ある意味当然のことである。他の授業で学んでいる中で、街中で子どもを見かけて、旧友や恩師に偶然出会って、塾講師のアルバイト中に、ニュースで教育問題について視聴した折に・・・など様々なことがきっかけとなりうる。そのとき頭に浮かび、身体を包み込んでくるそれは当該授業で学習している時間や内容を越えてのび拡がり、それらの経験も取り込まれながら、個々の考えや関心がかたちづくられていく。

　授業外課題は学生にとっては「面倒くさい」「負担」という声ももちろんないわけではない。中には、急いでやっつけた表面的とも見える記述や、自身に向き合うというよりも思ったことをはき出して終わりというような消費型のふり返りもある。次回授業のための準備課題としての授業外課題は、それに取り組んでいないと当日の授業理解や活動に支障を来すという点で取り組みを促す効果も高いと言われる。本実践の課題は、自分の学びをあらためて見つめ直す意味合いが大きいが、学生にとっては「授業後に再び考える時間があることがいい」「授業後の課題が考えを整理して

まとめる機会となったので、少し煩わしいときもあったけれど良いことだと思った」などの感想に見られるように、授業を終えて次の授業までの一週間の間、学生各自のペースで前回授業のことを思い出し、思い巡らせ、言葉にする余白の時間が、探究的思考を支える一助となる手応えを感じてもいる。

図２　moodle 課題の投稿イメージ

第11回（12月21日の授業）
2017年 12月 22日(金曜日) 14:59 - 守山 紗弥加 の投稿

第11回：「学校とはどのような場所か？」

第11回内容
1. 前回のふり返り：moodle課題へのフィードバック
2. work：「学校とはどのような場所か？」という問いに対して
　①現時点での自分の考えを記述する　②ペアで説明・共有する　③4人Grをつくり、自分のペアの回答を新しいメ

Re: 第11回（12月21日の授業）
2017年 12月 22日(金曜日) 16:26 - ▉▉▉ ▉▉▉ の投稿

1．授業開始時には、学校は社会に出るための練習の場だと考えていました。なぜなら、学校は社会を縮小したものだと思っ

Re: 第11回（12月21日の授業）
2017年 12月 22日(金曜日) 17:02 - ▉▉ ▉▉ の投稿

1．授業開始時における私の考えとしては、まず第一に学ぶ場であると考えていました。学ぶといってもただ単に教養を身に

Re: 第11回（12月21日の授業）
2017年 12月 22日(金曜日) 21:45 - ▉▉ ▉▉ の投稿

①授業開始時は学校が生徒・児童にとって勉強するための場所であり、集団生活による精神的な成長や校則などにより礼儀を学ぶ所だと考えた。一般的に教師が生徒・児童の成長を促すイメージがあったためである。

学生の自己内対話（省察）を促すしかけ：
ルーブリックづくり

前原裕樹

■ 教育評価方法を学ぶことを通して、自身の学びの質を高める

　筆者は、全15回の講義において、冒頭に講義の内容を提示し、その内容について学生自身にめあてを設定させ、その上で、講義の終わりに自身の「振り返り」を書く時間を設けている。そして、それらをポートフォリオにし、最後の回には、学生が自身の半期の学びを「振り返る」活動を設定している。

　しかしながら、学生の振り返りの質は、かなり差がある。もちろん、「振り返り」については自分なりの言葉で、率直に書けばそれで良いのであるが、その一方で自分の教育に関する様々な「観」に気づいたり、その変化プロセスを自覚したりするような「深い振り返り」も必要であると考える。

　そこで、本講義では、学生自身の「振り返り」の記述について、自己評価できるようなしかけを作っている。具体的には、「ルーブリックという教育評価の方法を学ぶ」という内容で、自身のポートフォリオを評価資料とし、評価キジュンを作る、というものである。それでは、以下にその手順と学生の学びの様子について、簡単に説明する。

■ 教育評価を学ぶことの意味と学生の評価に関する考え方

　本講義15回のうちの1回について、教育評価の意義とその方法を学び、それらを活用して自身の学びを振り返る、という回がある。授業における子どもの学びを可視化するためには、いわゆる「見える学力」を評価するだけでは不十分であり、見えにくい学力や見えない学力など多様な学力も測る必要がある。そして、その理念を具現化する方法として、パフォーマンス評価やポートフォリオ評価などの方法がある。

　しかしながら、「評価とは、ペーパーテストで測るものだ」と考えていたり、「子どもの記述や活動を評価することがとても難しい」と感じていたりする学生が一定数存在している。これらの認識は、学生たちの被教育経験から出来上がってきた「評価観」であるが、そのままの「評価観」では、子どもの学びを見とることはかなり難しいと言える。そのため、パフォーマンス評価やポートフォリオ評価の理念を学び、具体的な方法を獲得する学習プロセスによって、学生の「評価観」の変容を促し、子どもの学びを多様な観点から評価できるようになることを期待している。

■ 簡易版ルーブリック作りの手順

　標準的なルーブリック作りは、評価資料として複数の子どもの作品などを個人で採点し、その採点結果を持ち寄り、複数の評価者間で見方や観点をすり合わせることを通して評価規準および基準を作る、というプロセスを経る。なぜなら、そうすることで、評価規準および基準の信頼性や妥当性を担保すると考えられているからである。

　その一方で、このプロセスにはかなりの時間が必要となり、将来現場で実践するには、学生にとってはかなりハードルが高く感じられようである。また、筆者が出会った現場の教師たちからも、もう少し短時間で取り組むことができ、かつ信頼性と妥当性を保持したまま取り組めるような実践的なルーブリック評価方法

に関する要望も出ていた。

　そこで、本講義では簡易版ルーブリックづくり、という方法を採用した。具体的な手順としては、これまでの自身の学習ポートフォリオを「評価指標」とし、「どのような振り返りの記述が質の高い振り返りなのか」という評価の観点および要件を個人で考えさせる。その上で、優先順位をつけさせ、個人ルーブリックを作成させる。最終的に、その個人ルーブリックを持ち寄り、グループですり合わせながらグループで1つのルーブリックを作る、という方法である。

■　学生の学びと今後の課題

　学生が作ったルーブリックは、以下のようなものであった。（3.素晴らしい、の段階のみ板書させた）

表1　学生が考えたルーブリック

	Aグループ	Bグループ	Cグループ
3.すばらしい	①自分が設定した授業のめあてとの照らし合わせ ②グループワークを通した後の自分の意見 ③授業間の新たな学び	①講義内容がしっかり押さえられている ②個人・グループの活動が、最初に書いた「めあて」に関連している ③自分の意見（疑問・関心・発展事項）があるか	①講義内容を理解している ②自分の考え・意見が書けている ③次に繋げようとしている

（実際の板書をもとに筆者が作成）

　上記の簡易版ルーブリックづくりを通して、以下のような「振り返り」の質および量的な変化が見られた。具体的には、「グループワーク中の学びや他者から学んだこと」や「新たな疑問」などの記述を意識するようになり、その結果として「振り返り」の分量も多くなった。例えば、以下のような学生の記述がみられた。

> 「グループワークをしていて、他の2人の子が（評価の観点として）③に『疑問点』と書いていて、ハッと思わされた。私にはその考えがなく、いつもリフレクションを書くときは疑問なんてほとんど書いていなかったから、今さらながらに気づかされた。（中略）これから疑問点も書こうと思った」

　以上、学生が自分たちでリフレクションに関するルーブリックを作成することで、学生の毎回のリフレクションの意識の変化や記述が豊かになったり、学生は自分がどのようなことを学んだのかを自覚できるようになったりする。そして、そういったポートフォリオを重ねることで、自身の「観」やその変化を認識できるようになると考えられる。

　今後の課題としては、以下の課題が残されている。それは、講義内容の順番として、教育評価に関する内容が終盤に設定されているため、学生たちが作ったルーブリックを意識して記述する機会が少ないことである。よって、なるべく早い段階で、学生が自身の学びを自己省察できるようなカリキュラムを考えたり、本講義以外の場でもルーブリックで設定した観点を踏まえ、感想や自身の考えなどを記述できるような場の設定が必要であろう。

【参考文献】

田中耕治編（2010）『よくわかる教育評価』ミネルヴァ書房
松下佳代（2007）『パフォーマンス評価—子どもの思考と表現を評価する』日本標準

他者との対話を促すしかけ：
異質な他者との出会い

前原裕樹

■ 他者との対話を促すことの意味

　筆者が担当する講義では、他の学生の意見や考えに触れる場面をいくつか設定している。そういった場面を設定している理由は 2 つである。1 つ目の理由は、学生が他の学生の考えを知ることで、自身の考えを相対化・共通化することができるからである。教育に関して学生がもっている考え方や見方の多くは、被教育経験によって構築されたものである。そして、自身の教育に関する考え方や見方を「当たり前のこと」や「絶対的なもの」と捉えていることがたびたびある。そのため、まずはそういった自身の考え方を相対化する場面を設定することで、教育に対するより良い考え方を再構築できるきっかけになると考えられる。

　ただ、自分の考えを相対化するだけが唯一の目的ではない。他者の意見や考えを聞くことで、教育に関する共通理解を図ることができる部分もあるだろう。例えば、意見を交流することによって、優れた教師や質の高い授業に関して、「やっぱりそういうことは大事なことだ」「確かにそれは良くないことだ」というような確信を持てる場合もある。よって、自身の考えを相対化・共通化することは、学生の「観」の再構築にとってとても重要なことである。

　続いて、2 つ目の理由は、学生の深い学びを促すには、他者からの異なる意見の表明や質疑といった相互作用が必要だからである。自身の考えを表明し、それらに対して、他者から異なる考えの表明や質疑がなされることで、自分の考えの不十分なところが明確になったり、相手の考えに納得ができず、モヤモヤしたりする。そうすることで、よりよい「考え」や「答え」を探求することが可能となるが、そういったプロセスや動的な状態・状況を学びの深まりと捉えることができる。つまり、学生の学びを深くするには、対話が必要となる。

　以上が講義において、学生同士の対話を促すことの意味であるが、具体的な方法については、毎回の講義の流れに沿って以下に述べる。

■ 他者との対話を促す局面と具体的な方法

　本講義において他者の考えに触れる場面は、大きく分けて 3 つある。1 つは、講義の冒頭のフィードバック場面、2 つは、小グループでの話し合い場面、3 つは、全体共有の場面である。

　まず、フィードバック場面について説明する。講義の冒頭には、前時のフィードバックとして、学生が書いたリフレクションから抜粋した感想や質疑を配布する。学生はそれらを 3 分ほどで読み、各自コメントをつける。そして、教師からフィードバックの内容を本時の内容と関連づけながら説明したり、学習課題およびガイディング・クエスチョンを提示したりする。

　次に、小グループでの話し合い場面について説明する。学習課題やガイディング・クエスチョンについて自身の考えをワークシートに書かせた上で、3〜5 名程度の小グループを作り、意見の交流の時間を 15 分ほど取る。（学生同士の関係性や課題の内容によって、人数や時間を調整する）

　この時、本講義では、SA（スチューデント・アシスタント）という学生チューター[1] とともに、スムーズ

にグループ編成ができるような働きかけを行う。基本的には、近くに座っている学生同士のグループ編成になる場合が多いが、講義の回数が進むにつれて、意図的に普段と異なるメンバー編成を促す場合もある。

　グループが出来上がったところで、教師から「本日の司会進行役」を担当する学生 1 名を次のように指示する。例えば、「大学までの通学時間が短い人」や「昨夜の就寝時間が最も遅い人」などのように指示することにより、急に話し合いに入る場合に比べて、緊張も少し和らぎ、話し合いがスムーズに行われやすくなる。また、特定の学生のみが毎回司会を担当することを回避することもできる。

　そして、話し合いの際には、ワークシートに他の学生の意見を書くスペースを設け、相手の意見を聞きながらメモをするように促す。この時、教師や SA は以下のような支援を行なっている。教師は各グループの話し合いを聴いて回るが、基本的に介入などは行わない。その理由は、学生同士の学びを保障するためである。また、教師は話し合いが最も早く終わったグループには、出た意見を板書するように指示する。その一方で、SA の学生は、話し合いが停滞していたり、話し合いが終わったと判断できたグループに対し、そのグループ内で出された意見を聴いた上で、それらについてお尋ねをしたりする。

　最後に、全体共有の場面について説明する。グループワークが終了したところで、全体共有の時間を取る。板書されたグループの意見を紹介し、その意見についてのお尋ねや補足をフロアから求める。フロアから出た意見や補足については、SA が整理しながら板書していき、全体共有を終えたところで、発展課題を提示したり本講義のまとめなどに移る。

　以上が他者との対話を促す局面と具体的な方法である。

■　今後の課題

　他者の考えに触れることで、他の学生の被教育経験に出会うことや教科や専門による考え方の違いに出会うことで視野が広がり、学生がより良い教育に関する考え方を模索する契機となっていると考えられる。しかしながら、以下の点が課題として残っている。

　具体的な課題は、自分の考えと異なる「他者性の強い他者」とグループになるような編成方法とそういった状況の中で意見の深まりや対立をどのように促すか、である。学生は、毎回同じグループ編成で話し合いをする傾向がある。この場合、安心して話し合いができる、という点では良いと考えられるが、どうしても同じ教科や専門、学年同士のグループになることで、「他者性の強い他者と共同する」場やそういった異質な他者とのやりとりの中で新しいことが生まれることの面白さを経験する機会が減っていると思われる。

　また、学生は自身の意見の表明と他者の意見を「聴く」ということで話し合いを終えている傾向がある。そのため、学生がお互いに質疑をしながら話し合いを進めることが少ない。

　よって、そういった異質な他者とグループ編成になるような働きかけや異質な他者と同じグループになった場合でも、意見の深まりや対立を促すような支援が必要である。具体的な支援方法としては、教師側から異質な他者と学ぶことの意味について説明したり、価値付けをしたりするといったことが考えられる。

【注】

1) 本講義では、単位取得済みの学生を対象として SA を公募・採用している。SA は毎回の授業に出席し、以下のような支援を行っている。具体的には、資料などの配布、グループ編成の促し、グループワークの観察および介入、全体共有場面での板書、である。また、休憩時間などには、学生の個別相談にも応じている場面も見られる。

▌ 事例シナリオを核とした授業づくりアラカルト—4—

他者との対話を促すしかけ：
対話の豊かさに自ら気づくことを目指して

守山紗弥加

■ 「話し合う」とはどういうことか？

　先日ある FD 研修会で「学生のグループワークで話し合いがうまくいかずに困っています。どのようなことが考えられますか？」というテーマで教員同士議論する機会があり、教員の指示や説明の不明確さ、学生の目的理解の不十分さ、メンバーに対する不満やグループ内の温度差等、様々な点が挙げられた。しかし、まず筆者が疑問に思うのは「話し合う、とは一体どのような状態を指すのか」ということであった。授業において「話し合う」という行為や場面が多く取り入れられるようになった昨今の状況においても、そこで目指されている状態が共有されていないということはしばしばあるのではないだろうか。

　複数人での「話し合い」の後、グループとしての意見をひとつにまとめるのか、グループ内で出た意見をたずねるのかによっても異なる。これは「話し合い」の目的が何であるかという問題とも言える。他者との対話を授業に取り入れる際は、当然ながら、対話が発生する状況、その対話が活動や授業全体においてどのような意味を持つのか、それによってどのような展開が予測されるかということについて、あらかじめ検討する必要がある。それに先立ち、まず教員がイメージしている「話し合い」の成立や豊かさとはどのような状態を指すのか、またそのことを学生がどう理解・獲得していくのかという問題に向き合っておくことが、具体的な対話を促す手立てを考える上で重要である。

■ グループの編成・環境整備と課題設定における「丁寧さ」と「不親切さ」

　他者との対話を生む環境においてはグループ編成と活動のファシリテートが必要となる。グループをどのように組むかという問題は、簡単なようで難しい。なぜなら、学生は活動がうまくいかないことを「メンバー（の組み合わせ）が悪い」と、メンバー固有の問題に起因させる傾向が強いからである。実際にはそれ以外の要因もあるが、メンバー構成が学生のモチベーションの多くを握っていることは事実である。そのため、活動目的・内容に則して、グループ編成を教員が指定する場合と学生同士の自由編成とする場合がある。

　たとえば筆者が担当している初年次必修科目ではグループでプロジェクト学習を進めるが、グループ編成は男女比や学籍番号のバランスを整える程度で、学生個人の気質や学生間の親しさ等を考慮した編成にはしない。この授業では、初期段階は特に、グループでの意見共有時に話す順番や一人の持ち時間も指定し、所定時間内に自分の考えや意見を他者にわかりやすく伝えられるようにする機会を積む。考え・意見をあらかじめワークシート等に事前準備してくる課題も設けている。このようなひとつの雛形を用いて他者との対話を行う経験によって、いずれは形にとらわれずに活発なディスカッションができることを目指すものである。特に初年次必修科目ではモチベーションも社会的スキルも様々な学生が一堂に会しているため、コミュニケーション自体に苦手意識を持っている学生も少なからず存在する。このような状況下では、一見窮屈にも見えるこのような制限があることで、なんとか他者と話ができる基盤を整える意味がある。

　教職科目では、教育をめぐる問題や課題に対する自身の考えや意見を述べる機会が多い。扱う話題に関わって被教育経験や教育観という繊細なものに触れる可能性が高いため、他者との共有に際しては配慮を要す

る場合もある。当然ながら、よく知らない人にやすやすとそのような内容を話しにくいという場合もある。反対に、普段から親しい仲間同士では気恥ずかしく、自己に向き合い率直な意見を述べることが難しいという事態も考えられる。また、よく見知った友人関係の中では行いにくい、教育を間に置いた理想や考察を交わし合うことは、同僚性を意識した対話関係の構築を志向することにもつながる。このように、テーマに即してメンバー構成の基準設定にも意図を持たせることが重要である。様々な属性の集団で議論する経験を通して、複数人での教材開発や授業づくり等、お互いの考えや意見を擦り合わせて協同的に問題解決を図る場面において、一人ひとりの関与の仕方の幅が広がることが期待されるからである。グループ活動支援には、こうした様々な「丁寧さ」が必要となることを実感する。

　一方で、学生自らが考え模索し行動するためには、「不親切さ」が必要な局面もある。プロジェクト型の固定グループでは、メンバーの関係性、協同的問題解決における関与や負担の偏り等の問題が生じることも想定されるが、比較的長期に渡り、互いの志向性や性質も含めて共通の問題解決に向かう体験においては、そのこと自体が重要な学習要素となる。また、対話のテーマ設定については、誰もが抵抗なく参加できるよう、活動の目的や内容を丁寧かつ明確に伝えることは必要だが、あえて抽象度の高いテーマ設定をする、詳細な指示を省くといった「しかけ」により、学習者が交わり合いながら自ら考える余地を残すことも必要である。

■　グループの見取りにもとづくフォローとケア

　グループ活動中、教員は教室を巡回しながら各グループの様子を見守り、ときに介入しながら個と全体の把握を心がけることになる。特に介入においては＜見えること＞と＜見えないこと＞の自覚のもと、慎重に行う必要があるだろう。活動に関して表面的に確認できることは限られている。活動中の発言や議論展開とワークシートの記述、ともに把握し読み取っていくのはもちろんのこと、教員がすべてを見、はかり知ることはできないという前提に立つことも必要であろう。

　さらには学生が＜見せること＞と＜見せないこと＞をどう操作しているかという点にも配慮が必要である。＜見せること＞とは、自己開示、自己アピール、援助要請といった対人的な事柄から、対象に対する関与の表出などが挙げられる。教員やメンバーに対し、抵抗なく感じ考えたことやわからないことを表出する学生もいれば、表に出さない学生もいる。課題に対し深く思考していても、それが充分に発信されるかどうかはまた別の問題である。特に、ワークシートの記述やグループ内での発言によってそれらを見取るにあたり、グループの雰囲気等に左右・操作されている可能性があることを考慮する必要がある。

　いずれにおいても、個人思考の時間を充分にとることが必須である。第一部第5章でも述べられているように、授業においては他者との対話と並行して自己内対話が生み出される局面がある。他者と対話するためには自己に向き合うことになり、自己に向き合っている過程やその結果が他者と交錯することで対話が生じていく。「自己との対話を促すしかけ」で紹介したICT（moodle）の活用も、個々のペースや文脈で自身の学びをふり返り、他者の学びを受け止め、他者の思考に関わっていくきっかけとなり得る。

■　非言語コミュニケーションを通して「対話」の捉え方を学ぶ

　言語的なやりとりだけが対話ではないことは、本書で述べている対話の位置づけからも明らかである。グループ内での非言語コミュニケーションも対話の一部を構成しており、教師を志す学生自身が多様な対話の在りようを読み取る能力を育成することも、対話を促進する手段として有効であると考える。

　教職科目における観察実習の一環として筆者が導入している活動の一つに「ちぎり絵しりとり」というものがある。具体的には、折り紙を用いて個人でちぎり絵を制作し、そのちぎり絵をもとに複数人でしりとりを展開するというものである。例えば最初の一人が"靴下"を作る。それを見た次の人が「靴下だ」と思うとそれに続く"たまご"を作り…のように進行する。グループ内で順に作り手を交代しながら進めると同時

に、その活動を見て記録をとる観察者を設けるが、活動中は一切の言語活動を控え、作り手の動きや表情、ものが形づくられていくさま、活動全体の様子等に注目し、後に観察記録を書くという体験である。

　実習の主目的は「活動をどう描くか」であるが、この体験ではまさに、音声言語に限定されない対象（もの・ひと・こと）との対話をいかに意識し捉えることができるかが問われる。このような活動が、学生自ら対話の質や多様性に気づき、グループ活動における他者との対話に臨む姿勢を見つめ直す契機にもなると考えられる。

対話的事例シナリオの位置づけ

森脇健夫・前原裕樹

■　対話的事例シナリオ実践の位置付けに関する現状と課題

　まず、1つの授業科目において、対話的事例シナリオ用いた授業実践をどの程度の回数行なっているかについて簡単に紹介する。これまで取り上げてきた様々な授業科目において、対話的事例シナリオを用いた回数は、数回程度となっている。

　それでは、1つの授業科目の中で、対話的事例シナリオを用いた実践をどのくらい実施することが効果的なのだろうか。結論から言えば、教員養成課程における授業科目には、授業科目独自の目標や目的が存在するため、その目標や目的のすべてを対話的事例シナリオ教育でカバーするのは困難である。むしろ、事例シナリオはあくまでもカリキュラム全体の核として位置付け、その前後の内容を創り出す形で、知識や技能の習得、直接・間接体験、学習者の探究を適切に関連づけて配置することによって授業科目の目標や目的に達することが可能となるであろう。

　しかしながら、現状は教員養成科目全体の構成からみると、私たちが開発・実践してきた事例シナリオは、単発的なものになっていると言わざるを得ない。つまり、授業科目のどこかに「投げ込む」形になっているため、科目の目標や目的に照らして整合的かどうか確認できていないという状況である。

■　観の変容と教育課程（カリキュラム）の関係

　また、対話的事例シナリオ教育の目標とする「観」の自覚と相対化（変容）は、学生たちの学びについてのルーブリック評価からも、「対話的事例シナリオを1回学ぶだけで起こるもの」ではなく、「行きつ戻りつ」の過程の中で起こっている。

　そもそも、観は一つのシンプルな価値で成り立っているのではなく、価値どうしの関係や構造によって成り立っており、また、観は子ども観、人間観、授業観、教育観、あるいは学問観等の複合的な概念である。であるから、その変容というのは、新たな価値が加わることもあれば、もとあった価値同士の関係性が変わることもあると考えることができる。観の変容をそのようなプロセスだと捉えるならば、「ゆっくり」と変容が起きる必要がある。その時に気をつけなければならないのが、「授業者の立ち位置」の問題である。

　もし仮に、授業者の考え方が学生の観の変容を促すようなクリアなものだった場合、学生は教師の示した「正しい答え」に合わせて観を変容したことになってしまう。そういった変容の場合、ある事象に関しては、上手に対応できるかもしれないが、これは教師の観をなぞっているにすぎないため、事象や対象が異なれば、対応できなくなってしまう。そのため、学習者同士のピア関係の中で観の変容が起こることや自分の気づきで起こることが重要であり、教師の振る舞いはその配慮の上になされる必要がある。

　具体的に言えば、ガイディングクエスチョンも誘導的なものではなく、あくまでも事象の観方を指し示すものでなくてはならないし、ルーブリックもゴールや到達点を「先読み」するためのものではあってはならない。

　以上のように、対話的事例シナリオと出会い、一旦「形式化してみる」ことを通して、自分の「観」を意識し、他者の「観」を理解する体験をする。このような学びが意図的に配置され、継続して行われることで、授業科目が変わっても、学年が移行しても、シナリオが異なっても、「越境する知」になるであろう。

■ 対話的事例シナリオを核とした教育課程（カリキュラム）—ベストミックスの探求—

　以上のことからもわかるように、対話的事例シナリオの真価は、授業科目全体（15 コマ、30 時間）のスパンの中で、ひいては教職課程全体の中で問われなければならない。

　よって、これまでに開発してきた「対話的事例シナリオを用いた授業展開」を授業科目全体にどのように位置づけるのかということと、授業前と授業後の学生の認識の変化をもたらすものにするためには、他の活動（知識・技能の修得や自己探究）とどのように関連させ配置することがよいかということ（ベストミックス）を探究する必要がある。

　そのことを明らかにするために、事例シナリオのさらなる開発と並行しつつ、以下 2 つのことについて取り組んでいるところである。1 つ目は、対話的事例シナリオを核とした教員養成科目の授業科目毎の教育内容の構成と全体的な評価である。授業科目の構成を仮説的に行い、科目の目標およびねらいにそって授業開始直後に学生が有している観を明らかにするプレテストを行い、授業終了時にもテストを行う。そして、授業目標がどの程度実現しているかを実証的に明らかにする。さらに、その結果を用いてより効果的なカリキュラム構成を行い、モデルカリキュラムにまでブラッシュアップしていく。

　2 つ目は、科目間の縦、横の関連構築とカリキュラム・マップの構成である。授業科目におけるモデルカリキュラムに基づき、授業科目間の縦（系統性）と横（資質・能力の共通性）の関係を明らかにし、これらを通してカリキュラム・マップを作成し、提案していく。

　以上のことを通じて、対話的事例シナリオ教育を核とした PBL 教育のモデルカリキュラム開発研究を進めていき、対話的事例シナリオのベストミックスを明らかにする必要がある。

Ⅱ　日常の教育活動で直面する場面

　事例シナリオⅡ章では、「日常の教育活動で直面する場面」と題し、教師が学校・教室で日常的に遭遇する場面や出来事を取り上げる。

　子どもの「問題行動」への教師の向き合い方、様々な背景や状況にある子どもたち同士の関係性や、学級集団づくり、外国につながる子どもを含むカリキュラムのあり方など、いずれも各校種で直面する可能性が高く、現場で判断・対応を迫られる事例ばかりである。

　さらに、同じく日常的に起こりうる問題場面から、不登校に対する支援、同僚どうしの関係構築、保護者との関わりについて考えておきたいことを、コラム（事例シナリオの種）として取り上げている。問題事態を多面的に捉えること、また、それらに向き合う姿勢や心構えとともに、具体的な対応方法を検討する。

1.問題行動を起こす子ども

森脇健夫

キーワード：「問題行動」、子ども理解、アンガーコントロール、「観」の自覚と変容

1.　本事例シナリオの目的と位置づけ

　本事例は、新任教師の教室で実際に起こったことをシナリオにしている。「問題行動」を起こす子どもの存在は、現在の学校の教室では決して稀なものではない。どの教室でも起こり得る問題である。森脇が行った初任研修における新任教師へのアンケート調査（2017 年 11 月、三重県の新任教師 79 人）では 80%以上の教師が子どもの「問題行動」に悩みを抱えていると答えている。現在のところ、教員養成教育においては、こうした問題は特別支援教育関係講義や特別活動等で断片的に扱われているにすぎない。しかしながら、問題に対する姿勢や対応を誤ると、当該の児童・生徒のさらなる「荒れ」をまねくだけではなく、学級全体の崩壊を招くリスキーな問題であり、果てはキャリア断絶まで招来する可能性がある。

　「問題行動」を起こす子どもは、教師にとって悩みの種である。「問題行動」に対する適切な対応が難しいということ以上に、教師自身に対する反抗ととらえてしまうと感情にとらわれ、子どもの姿を見失ってしまうからだ。その状態をどう脱するかが問題解決にとって一番のポイントである。そこに専門性をつなげることができれば、取り上げる意味は大きい。

　本シナリオは、教職科目の入門科目である『教職入門』のカリキュラム内容として想定している。その理由は、以下の三つである。

① 　自分が教師になったときに出会うかもしれない子どもの「問題行動」を衝撃的に伝える端的な場面設定が可能であること（一時間程度で可能）

② 　対象に対する見方・考え方、すなわち「観」の自覚と変容を対話的な学び合いによって可能にできること。そして「観」（事象の見方・考え方）の変容によって事象の見え方が変わってくることを体験できるからである。なお、「観」とは、実践者の信念の体系、すなわち哲学とも言えるべきもので、教育実践に対するコアとなる考え方である。図Ⅱ－1－1 で示されているように、実践者個人におけるこれまでの様々な経験や思考の積み重ねによって「観」が形成されていき、実際の実践の中での授業要素（学習者や教授行為など）との相互関係によって更に「観」が形成されていく（森脇，2011）。

③ 　「観」の自覚と変容を後の専門的知見の学習への動機づけに位置づけることができることである。これから学ぶ教員養成科目についてのガイダンスの役割を果たすことが期待できる。

図Ⅱ-1-1 「観」と授業スタイル（森脇,2011）

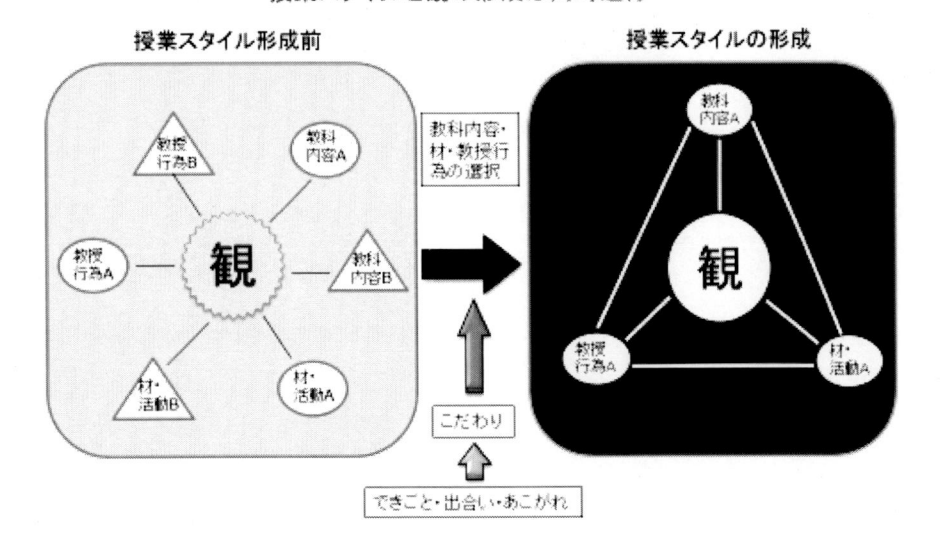

2. シナリオの構成と展開

2.1. 授業計画（授業時間数）

　教職入門においては、このシナリオを教師のライフステージの「初任期教師の直面する問題」と位置付ける。教師の仕事の特徴や教師をめぐる状況を押さえた上で、教師の成長を支える研修（初任研修、5、10年研修）と関連させながら初任期教師、中堅期教師、ベテランの教師のライフステージごとの課題や取り組みを紹介、説明するその一環に位置づけられる。なお、授業時間数は1時間（90分）をあてる。

2.2. 事例の提示——A君の答案用紙の紹介

　まず、次のように説明する。

　「新任教師Fさんは、はじめての学校ではじめての学級担任を持つことになりました。2年生の学級を持つことになったFさんはとにかく無我夢中でがんばっています。ところで学級にはいろんな児童がいます。その中でもFさんが一番手を焼いているのがA君です。A君は1年生のときから担任を手こずらせてきました。次のスライドは6月の漢字テストのA君の答案です。」

図Ⅱ-1-2 A君の答案用紙

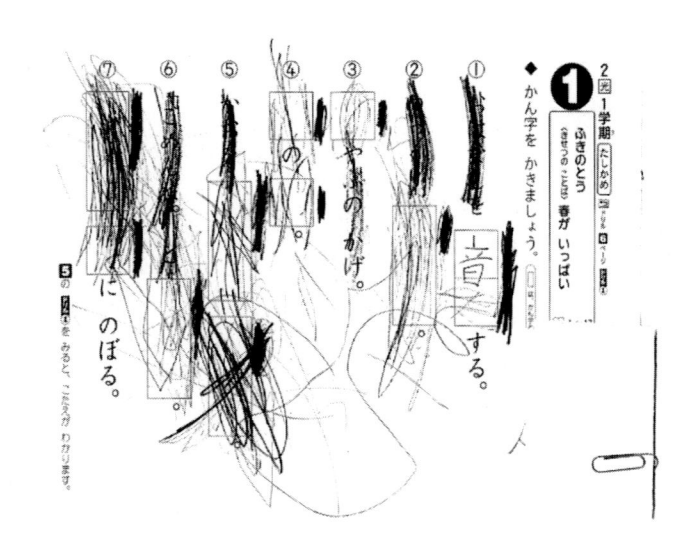

事例シナリオ集Ⅱ

　A君の答案用紙を示し、「あなたがこのA君の担任だったら、答案用紙を受け取ったときにどのような感情や考えが頭に浮かぶと思いますか?」と問う。このガイディングクエスチョンの意図は、この状況を疑似体験することができるようにするものである。A君の「問題行動」に対する「悲しさ」や「怒り」を追体験することがまずはポイントである。学生たちが最初から「よそ事」として見る立場であれば、観の自覚や変容は起こらない。

2.3.　初任期教師にありがちな対応

　ここでは新任教師のF先生の報告を引用する。

　「1年生のときかららしいのですが、落ち着きがなく授業中もよく立ち歩きます。また、暴言・暴力が目立ち、毎日誰かとトラブルを起こしています。『先生、A君が○○してきた』と聞くと、『はいはい、また出ました』と心の中で思っている次第です。A児と他の子どものトラブルは解決しきれません。A児は、私に反抗的な態度を取ってきます。授業中に立ち歩いたり、他の子にちょっかいをかけたりすることは、周りのみんなに迷惑なので注意すると、『なんでそんなことしやなアカンのや!?』『うるさい』と返してきます。他の先生の言うことは従うときがあります。

　また、彼は授業内容をわかりたいという意思はあり、わからないとヒステリックになる傾向があります。漢字テストもわからなかったのでしょう、ぐちゃぐちゃです。授業中も『意味わからん。もうやらん。』という感じです。彼だけやらないのを認めると、彼もこれからずっと続けそうなので、何とかいつもやらせるようにしています。漢字テストは落ち着いた昼休みの時間にもう一度やらせました。すると、結構書けるのです。」

　この報告には新任教師のA君の理解やA君の「問題行動」に関する感情や思考がよく表れている。

①　A君の一連の「問題行動」とのつながりにおいて理解している。

②　A君の「問題行動」に対する叱責等のサンクションを行わないと他の子どもに示しがつかないと考えている。

③　一応A君の内面の理解（意味がわからないと「ぐちゃぐちゃです」と「問題行動」に走る）をしようとしている。

　こうした教師の感情や思考の動きはけっして新任教師Fさんだけのものではない。

2.4.　「よくありがちな対応」に対する批判

　2.3.のような子ども理解、把握だと、否定的な働きかけしか生まれない。「落書き」をやめさせたり、その場から離すことで、場を変えて落ち着かせようとしたり、すればまだいい方で、他の子どもの手前、叱らずに済ますことはできない、という思考が働けば、叱責、説諭、また懲戒等へと進んでいくことになる。

　おそらく叱責、説諭、懲戒では、A君の状況は改善するどころか、ますます悪くなるだけと思われる。彼が答案用紙を「ぐちゃぐちゃ」にするその理由はまったく解消することなく、「落書き」という行為だけが問題にされることになってしまうからである。

　F先生は、後日、場を変えてもう一度、同じ試験を行ったそうである。そうすると、割と落ち着いて問題を解こうとしていた、と話してくれた。

2.5. 視点を変えて立ち上がる実践例の提示

　A 君の内面に寄り添い、なぜ答案用紙を「ぐちゃぐちゃ」にしたのかの理解に迫ろうとするならば、次のように学生たちに問うてみることが有効である。

　　「この答案用紙をよく見てほしい。A君ができていることを二つ探しなさい」
そうすると、次のようなことを学生たちは発見する。
　　「音という字が書けている」
　このことはすぐに見つかる。それはすごい発見だと言う。なぜならば、「音」という字の書き方、とくに日の書き順の最後のところをくっつけることができることは、彼が知的なしょうがいをもっているとは言えないことを示している、と説明する。
　もう一つはなかなか見つからないが、「最後まで丁寧に塗りつぶしている」ところであることを説明する。丁寧に「投げ出さず」に塗りつぶしているところからも同上のことがわかる。
　根津知佳子（本書執筆者）によれば、その他にもいろいろ見つかるそうである。この問いによって次のようなことが見えてくる。
① 字を書くためには、
　　＊すわる
　　＊教師と課題を共有する
　　＊利き手で鉛筆を握る
　　＊紙に書く
　　＊四角に書く
　　＊記憶を想起して字を書く
　　などが必要であり、目と手の協応、微細運動など、をチェックする必要がある。

② 教科教育としては、次の情報が必要となる。
　　＊どの単元か
　　＊一年生でどんな字を習うのか

③ 発達的な視点
　　＊〇を閉じることができる。
　　＊四角を閉じることができる。→　音という字
　　＊長短がわかる。
　　などをチェックすることができる。

　以上をまとめ図示化しておく。

事例シナリオ集Ⅱ

123

図II-1-3　　問題の構造

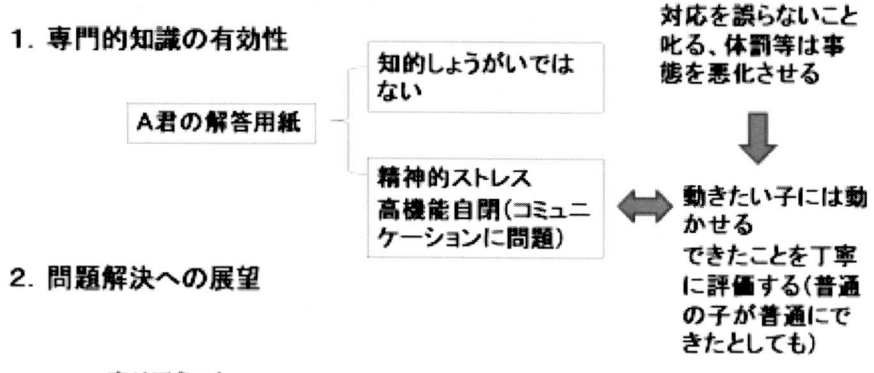

　こうした知見は、2 人のベテランの特別支援教師へのインタビューで得ることができた。二人のインタビューを紹介する。

　「なんらかのしょうがいのある子はこんなに『音』という字をきちんと書くことができない。字がつながらない。また最後まで投げ出さずに解答欄を塗りつぶしている。この塗りつぶす作業を最後までやりぬいているところからもしょうがいではないのではないか？だとしたら、何らかのストレスや情緒的な問題がある子だと思う」M さん（特別支援歴 9 年）

　「答案用紙を見せていただき、『音』を丁寧に書いていますよね。自信を持って書いたと思います。答案用紙を鉛筆で消していますが、丁寧に（執拗に）消しています。F さんも『授業内容をわかりたいという意思はあり』と書いておられますが、書けないのが悔しいのだろうなと思います。

　他の先生の言うことを聞くこともあるようですが、担任からすれば辛いでしょうね。何故、自分の言うことは聞いてくれないのか…まして新任だと、力のなさを見せつけられたようで…。

　言うことを聞く先生は、決まっていますか？もしそうなら、アドバイスを受ければいいです。新任なのですから、貪欲に吸収することだと思います。」K さん（特別支援歴 20 年）

　A 君の答案用紙に上の見方ができるならば、働きかけも当然変わってくると考えられる。できていることを確認すること、A 君の「口惜しさ」に寄り添ってみること、なにかきっかけがあれば書けるとしたら、そのきっかけを一緒に探してみること等、多様な働きかけができるはずである。その働きかけを可能にするのが、教師の子ども理解であり把握である。圧倒的な「できないこと」の暗闇の中から、「できていること」の光の部分を探せる視点の転換が必要なのである。そのためのガイディングクエスチョンである。

3. 作成者によるコメント

この事例シナリオは「問題行動」が教師の見方によっては、子どもの問題行動ではなく、「その子が苦しんでいる問題」が見える行動であることに気づかせてくれる。「問題行動」の現れ方は、おそらく千差万別であろうが、初任期教師が出会う「問題行動」の多くが、そうした類の行動ではないか、と推察することができるようになるならば、この事例の持っている力は大きいものがあると思われる。

もう一つ見逃してはならないのが、専門的な知見の意義である。専門的な知見は、対象の見方・考え方に変革を迫ると同時に、その事象に対する教師の冷静な理解や対応を可能にする。つまり専門的な知見は、きわめて有効なアンガーマネジメントのツールでもあるのだ。

そのことに関して、この事例シナリオを体験したある学生の感想を引用する。

図Ⅱ-1-4　学生の感想とその分析

まず、ショックを受ける。ただ白紙で提出されるより強いメッセージ性を感じる。穴埋めのヒントとなるふりがなを全て濃く消しているのが気になる。テスト範囲はまだ2年の1学期。書けた漢字も送りがなとのつながりから考えて間違っている。新学期から勉強についていけてないのか。それとも1年から徐々に蓄積されているか。	もしあなたが教師だったとしたら、A君の答案を見たときに感じること、考えることを述べなさい。
・「音」の字は合っている。 ・ふりがな全てぬりつぶしてる。 ・左きき（線の傾き） ・数字をぬらず文字をぬる。	A君ができているところを見つけよう。
教職の地位が昔に比べ下がっている今日だが、今回のような専門的判断と対応ができる事を誇りに思うべきだ。「音」の書き方、同じぬりつぶした用紙を見ても、違う見方ができる点が、本当にベテランはすごいと感じた。精神的に追いつめられるかもしれない事は不安だが、今は教職の知識を身につける事に専念したい。	全体の感想

最初、ショックに思えたことが、専門的な知見を得ることによって変化するだけではなく、専門的な知見の意義をつかみ、その知見を得ることの意欲と展望を与えているのである。

┃　事例シナリオの種—1—

不登校の子どもへの支援

前原裕樹

● 不登校を取り上げることの意味とシナリオの目的

　まず、不登校の現状について紹介する。文部科学省「平成 28 年度　児童生徒の問題行動等生徒指導上の諸問題に関する調査」によると、小・中学校における長期欠席者数は、13 万人を越えている。

　次に、不登校の主な要因について、不登校の子どもと長年関わった筆者の経験から紹介する。筆者は学生時代に、適応指導教室[1] でボランティアとして 5 年、指導員補助として 4 年半、不登校の子ども支援に関わってきた。そこで出会った子どもが学校に行けなくなる要因は様々であった。例えば、「家庭が十分に機能していない」「学力不振」「友人関係のこじれ」「担任の先生や学校との関係がうまくいかない」などである。

　そういった要因で学校が行けない子どもは、適応指導教室など学校以外の学べる場で学力を高めたり、人間関係の築き方を学んだり、または家庭が落ち着いたりする中で、学校に復帰できる場合もある。しかしながら、学校や教室に復帰できないまま、義務教育課程を終える場合もある。また、高校や専門学校に進学し、自分のやりたいことを叶える場合もあれば、進学先で再び学校に行けなくなってしまう場合もある。

　以上のことから、不登校の子ども支援は、必ずしも「早期に学校に復帰する・できること」だけがその目的ではないことがわかる。よって、教師は、子どもの置かれている状況を理解し、他の関係機関や部署と連携しながら子どもにとってより良い教育や学び場を模索する必要がある。

　しかしながら、学生がそういったことを被教育経験や日頃の子どもたちとの関わりの中で学べる機会はほとんどないため、事例シナリオを以下のように作成・試行し、学生の不登校の子どもおよびその支援方法の理解の促すことを目指した。

　本事例の目標は、以下の 3 つである。1 つは、不登校支援は、担任教師が一人で解決しようとするのではなく、学校全体や教育機関との連携の中で行う必要があることを知ることである。2 つは、不登校の子どもが学校や学級に復帰するためには、当事者の子どもだけでなく、他のクラスメイトたちへの働きかけをすることで、戻れる環境を構築することが必要であることを知ることである。3 つは、早期に学校に復帰させることのみを目的とせず、既存の学校以外で学べる選択肢も模索しながら、不登校支援を行うことの意味を知ることである。

● 事例シナリオ材とガイディング・クエスチョン

　それでは、事例シナリオの概要とガイディング・クエスチョン（以下 G・Q）について述べる。今回事例シナリオの材として用いたのは、伊藤功一（2007）『不登校の子どもに教えられたこと—元教師による不登校問題への提言—』である。この本は、適応指導教室の指導員として出会った子どもたちの事例がいくつか載っているのだが、今回取り上げたのはその内の中学 2 年生、D 男くんの事例である。D 男くんの事例のあらすじおよび学生に提示する場面は、以下である。

> D 男くんは、春に都会の中学校から地方の中学校へ引っ越してきた。当初は、周りの友人との関係も良好であった。しかし、D 男くんは卓球が上手なことで周りから一目置かれるように連れて、友人たちに対して不遜な態度を取るようになり、やがては孤立してしまった。
> そして、ある日の卓球の試合での、E 郎くんへの「態度」と「暴言」を理由に、学校の生徒数人から、放課後

に叩かれたり、制服を引き裂かれたりするなどの報復を受けた。

そして、それを機に学校へ行かなくなり、適応指導教室へ通級し始めた、という場面である。

　それでは、なぜこの場面がシナリオ材に適しているのか、について説明する。その理由は 2 つある。1 つ目は、適応指導教室との連携の中で、D 男くんの支援について描かれているからである。そういったことから、不登校の子ども支援について、関係機関との連携することの重要さを学べると考えた。2 つ目は、担任の教師の働きかけが、当事者の D 男くんと D 男くんを取り囲んだ生徒だけでなく、それ以外のクラスメイトたちへも支援を行っているからである。子ども同士のトラブルを当事者間だけで解決しようと考えている学生は多い。しかしながら、不登校支援の場合も、子どもが復帰できる居場所を学校や学級に作らなければ、子どもはそこへは戻れないままである。

　以上、2 つの理由から、学生に対して不登校支援の理解を促せると考え、この材および場面を選定した。

続いて、実際に用いたガイディング・クエスチョン（以下 G・Q）および、手順は以下である。

あなたは、D 男くんが本来在籍している学校で、中 2 の学級担任です。

G・Q1　適応指導教室に通っている D 男くんに対し、「どのような支援や働きかけ」を行いますか？

G・Q2　D 男くん以外に対し、「誰に」「どのような支援や働きかけ」を行いますか？

　上記に対する考えを個人で書いたのち、小グループで交流し、最後は全体で共有をした。

　その後、不登校支援の 1 例として、場面の続きを紹介した。

● 　実施した際の学生の反応や手応え、改善の方向性等

　学生からは、以下の考えが出てきた。まず、当事者同士（D 男くんとその直接の要因となった出来事に関わった生徒たち）の双方およびその保護者への働きかけについての言及はあったが、それ以外の生徒たちへの支援については、具体的な意見などは出てこなかった。

　次に、当事者同士に対して、具体的にどのような状況で言葉かけするのか、ということについて、様々な考えが出ていたが、本シナリオには、それに該当する記述が見られなかった。そのため、学生の考えの妥当性を検討することができなかった。であるから、今後は実際の事例などをシナリオ化したり、現場の先生をゲストスピーカーとして招き、インタビューなどをしたりすることを通じて、具体的な働きかけを学ぶ機会を設定する必要がある。

　最後に、今後の授業展開の改善として、以下のことが課題として残った。それは、適応指導教室と学校の連携方法についての情報が少なかったため、学生が自身の置かれた状況を想像することが難しく、具体的な連携や対応についてイメージできない学生が数名いたことである。よって、不登校支援に関する関係機関を紹介・整理した上で、G.Q を提示したりするなどの展開を修正し、授業を行う必要がある。

【注】

1）長期欠席をしている不登校の小中学生が通う公的な学び場。適応指導教室への通学は、本籍学校への出席扱いとなる。

【引用文献】

伊藤功一（2007）『不登校の子どもに教えられたことば―元教師による不登校問題への提言―』日本標準, 25-30.

文部科学省（2017）「平成 28 年度　児童生徒の問題行動・不登校等生徒指導上の諸問題に関する調査」
（http://www.mext.go.jp/b_menu/houdou/30/02/__icsFiles/afieldfile/2018/02/23/1401595_002_1.pdf）
（2018 年 2 月 23 日）

2. インクルーシブ教育を考える

赤木和重

キーワード：発達障害、合理的配慮、「特別扱い」問題、インクルーシブ教育

1.　本事例シナリオの目的と位置づけ

　本事例シナリオでは、通常学級で学ぶ特別な配慮を必要とする子どもとその他の子どもたちの集団づくりについて取り上げる。現在、通常学級には、多くの発達障害のある子どもが在籍している。2013 年の文部科学省の調査によれば、およそ 6.5％の発達障害のある子どもが在籍しているとされる。1 クラス 40 人とすれば、2 人もしくは 3 人の発達障害児が在籍していることになる。クラスによっては、それ以上が在籍していることも珍しくない。彼らの多くは、一般的に求められる以上の配慮を必要とする場合が多い。例えば、自閉症スペクトラム障害（ASD）のある子どもの中には、聴覚や味覚に過敏さをもつ場合がある。運動会でのピストルの音が苦手なため運動会に参加しにくかったり、特定の銘柄のカレーでないとまったく食べることができなかったりする子どもたちもいる。また、学習障害（LD）のある子どもたちは、会話には問題がなく、知能検査では平均の値を示すにもかかわらず、文字の読み書きのみが難しかったり、算数の計算のみに大きな困難を示す。さらに、注意欠陥多動性障害（ADHD）のある子どもたちの場合、知的発達には遅れがないにもかかわらず、じっと座っていることができなかったり、先生の質問に対して待つことができずに当てられていないにもかかわらず答えをだしぬけにいったりする（赤木，2017）。

　このような発達障害のある子どもたちに対して、特別支援教育では、様々な対応がとられてきた。例えば、聴覚過敏のある子どもに対してはイヤー・マフという耳栓のようなものをしてもかまわないとしたり、味覚過敏の子どもに対しては、その子が食べられないものを事前に配膳しないなどの対応がとられてきた。また、じっとできない ADHD の子どもには、あえて立ち歩いてもよいような設定（例：ノートやプリントなどを配布する係を任せるなど）をする支援が行われてきた。このような特別な支援は、障害者差別解消法で定める合理的配慮（reasonable accommodation）ともよばれる。合理的配慮とは、障害者の権利に関する条約において、障害者が他の者と平等にすべての人権及び基本的自由を享有し、又は行使することを確保するための必要かつ適当な変更及び調整であって、特定の場合において必要とされるものであり、かつ、均衡を失した又は過度の負担を課さないものと定義されている。

　このように制度的な後押しもあって、発達障害のある子どもに対して様々な支援が開発されてきた。しかし、これらの多くは、個別的な支援がほとんどである。そのため、個別的な支援を集団、つまり教室の中で行った場合、いくつか大きな問題が発生しうる。その 1 つとして、他の子どもたちが、その個別支援を「ずるい」と指摘する問題があげられる。例えば、自閉症スペクトラム障害のある子どもが、味覚過敏のために野菜を食べなくてよい配慮を受けたとしよう。その子に対しては適切な支援であり、合理的な配慮といえる。しかし、他の子どもにとっては、必ずしも「よい」対応とはうつらない可能性がある。なぜなら、他の子ども（障害のない子ども）にとっては、このような対応が「ずるい」とうつる可能性があるからだ。

　障害のない子どもでも、野菜が嫌いな子は多いだろう。そして、少なくない場合、教師から「がんばって、一口だけでも食べなさい」と指導を受けることがしばしばある。このような指導を受けた子どもにとっては、「なんであの子だけ、野菜食べなくていいの？」と疑問に思ったり、このような対応をずるく思ったりするだろう。その子の立場にたってみれば、ある意味当然ともいえる。

　このように、特別な支援を必要とする子どもにとっては必要である個別支援が、学級集団の場で行われた

場合、他の子どもからは「ずるい」ととられない兼ねないジレンマともいえる状況が発生する（武井，2014；山本・赤木，2017）。このことは、教員を目指す学生にとって、特に検討を必要とする問題である。とくに、通常学級の担任の場合、障害のある子どもを1対1で教える時間は少ない。集団の中で、発達障害のある子どもをみることがほとんどである。そのため、学生時代に、発達障害の知識や発達障害のある子どもの個別的な指導方法を学ぶことに加えて、上にあげたジレンマともいえる状況も加味して指導していく必要がある。

さらに、このようなジレンマ状況は、対話的事例シナリオに適している。ジレンマ状況は、唯一の正解や皆が納得する対応がないことを意味する。それゆえ、自分自身が暗黙裡にもっている子ども観や教育観が前景化しやすい。

以上の問題意識に基づき、本節では、障害のある子どもの特別な支援（合理的配慮）が、他の子どもにとっては「ずるい」というようなシナリオを提示し、その子どもへの指導方法を議論することを通して、障害のある子どもを含めて「ともに学ぶ」というインクルーシブ教育についての考えを自覚し、また相対化・変容することを目的とする。

2. 授業計画（授業時間数）

今回取り上げる事例シナリオは、筆者が担当する「発達障害心理学2」の全15回のうち、第12回目に該当する。受講生は、教育学や心理学を専門とする2回生以上の学生が多数を占めていた。全15回のうち、最初1回目から9回目までは、主に、発達障害のある子どもの心理と個別的な対応について述べてきた。そのため、学生は発達障害の基本的な知識については習得していた。

第10回目からは、インクルーシブ教育や発達障害のある子どもを含めた集団づくりについて授業を行っている。10回目および11回目は、インテグレーションとインクルーシブ教育の違い、また、サラマンカ声明など、インクルーシブ教育を考えるうえでの基礎的事項について概説した。そして、12回目で、本事例をとりあげている。必ずしもこのような展開にする必要はないが、この事例シナリオを用いる前提として、ASDやADHD、LDなどについての基礎的な知識を有している学生のほうが、より矛盾を感じ、対話的に考えることが可能になると思われる。よって、1回生よりも、2回生以上での授業のほうが適しているといえる。

3. 対話的事例シナリオ材について

今回、事例シナリオ材として、ある学術雑誌に掲載された実践報告「クラスの子どもたちが、教師集団の理解をどうつくっていくか：通常学級における特別支援」（石垣，2011）を一部改変して用いた。本実践報告を用いたのは、以下の2つの理由による。

1つは、障害のある子どもへの対応に対して、他の子どもが「ずるいぞ！」という声を上げている様子が描写されており、本節の目的と重なるからである。もちろん、対話的事例シナリオは、すべて事実である必要はない。しかし、少なくとも想定される状況が、現実に起こり得ているという事実は、受講生にとってもより身近であり、それゆえ、深く関与することにつながると思われる。

2つは、「ずるい」状況に対する実践者の対応が、受講者では考えつきにくいと想定されたからである。ある意味「衝撃」的であるため、受講者の「観」の自覚化・相対化・変容に適していると思われる。

次に、シナリオの概要を以下に示す。なお、シナリオ構成の都合上、石垣（2011）の実践報告を事前に配布せずに、一部を2つのパートにわけて、学生に提示した。

──────提示シナリオ：パート1──────

64÷8を計算するときに、優成は棒を64本書いて、それを8本ずつ丸で囲っていきます。その囲い八つを数えて、64÷8＝8や！と言います。3ケタのでてくる計算では、数百本の棒を書いてそれを数十数本ずつ囲

事例シナリオ集Ⅱ

っていこうとするのです。その方略しか持っていない優成君が、割り算をあきらめてしまうのは仕方ないと思えました。ある専門機関に相談をし、九九表を持たせたり、計算機を使わせたりすることにしました。それ以降、算数の時間だけでなく、学習に取り組む姿勢が変わってきました。白紙だったテストが名前だけでなく、答えがあちこちに書かれるようになってきました。

　社会科のテストの時間中に質問をしてくるようになりました。テスト中に声かけをしても落書きをしているか、突っ伏しているかだった姿からは大きな変わりようです。「これどういうこと？」と質問してきました。「資料を読んで答えなさい。」ということの意味がわかっていません。①の文のことが書いてある資料は、アですか（と言ってアの資料を指でぐるっと囲む）、以下（イ・ウ・エと続ける）と、「わかった！エや」と言います。じゃあ次は、②の文のことが書いてある資料はアですか・・・と続けると「わかった、わかった、じゃあ次の③と④も同じようにやっていったらええの！？」と聞き、続けていきました。こうして、大問ごとに、問題の意味を説明していくことで最後まで取り組むことができ、次のテストではテストのはじめに説明をしただけで、あとは自分でやりきることができました。もちろんその日の調子によってできないこともありますが、全く手をつけないということはなくなっていきました。

　計算機を使うことについて、他の子どもたちが、「なんで優成だけやねん！ずるいぞ！」と言いはじめました。

4.　授業の構想および展開（ガイディング・クエスチョン）

　学生には、上記のシナリオを記載した資料を配布した。同時に、口頭で、当該児童や授業の様子を再現した。例えば、「優成くんは、軽度の知的障害の疑い、もしくは、算数障害があります。なので、すぐに計算することができません。64÷8 については、実際に、64 本の棒を書いていきます（と言いながら、黒板に、12、3 本の棒を書いて、8 本を 1 つの丸で囲む様子を提示する）。そうすることで、学生が、優成くんの困難な様子を少しでも実感できるように工夫した。一方で、当該児童ではない子どもたちが「ずるい」と思ってしまう状況についても丁寧に説明し、「ずるい」ことが単純に「悪い」とはいえないことも説明した。具体的には、「みんなも、小学生のころ、計算問題を繰り返し行うこと、面倒くさいと思ったこと、なかった？面倒だった人もいるよね。だから電卓使っている友達を見ると『ずるい』という気持ちもわかるような気がしてしまうかもしれない」と受講生に説明した。

4.1.　ガイディング・クエスチョン（以下 G・Q）

　以上のエピソードの紹介を行ったうえで、「もしあなたが、担任なら、子どもたちの『ずるい』という意見に対して、どう応え、そのうえで、この後、どのように実践をすすめていきますか？」という **G・Q** を提示した。その後、5、6 分時間かけて、プリントの空欄に、それぞれの考えを記入する時間をとった。その後、3 人もしくは 4 人のグループになり、それぞれの意見交換を行った。なお、ここでの意見交換では、文字通り「意見交換」であり、ここでは、話すことで自分の考えを整理したり、相手の意見を聞いたりすることで、自他の観を相対化する土台になることが目的であった。そのため、グループで 1 つの意見にまとめることは求めなかった。

4.2.　よくある対応

　ここでは、「よくある対応」を教師から提示することはせず、学生から意見を求めて、それを「よくある対応」と設定することとした。学生の意見やその後のワークシートを読む限り、大きくは 3 つの意見に大別された。

(1) 説得型：「ずるい」といった子どもたちに対して、「君たちは計算ができるのだから、がんばれるよね」と説得し、合理的配慮の対象児以外には、電卓の使用を認めないというもの。

(2) 許容型：計算機を使いたいという子どもに対しては、「今回だけですよ」と伝えて計算機の使用を、限定的であれ認めるというもの。

(3) 迷い型：「ずるい」という気持ちはわかるが、しかし、それを認めるわけにはいかない。かといって無下に断るのもどうか…と迷って結論が明確に出ないもの。

4.3. 視点を変えて立ち上がる実践

　上記それぞれの意見に対しては、この時点では、とくに肯定・否定を行うことなく、石垣（2011）は、この後、どのように子どもたちに応答していったのかについて説明を行った。具体的には、以下のような形で、視点を変えて立ち上がる実践を、図1のような資料にして提示・説明した。

　図1の中の左側の欄は、石垣（2011）の実践記録一部改変して用いた。図1の右側の矢印がついている欄は、私が、石垣（2011）の実践に対してコメントを加えている部分である

図Ⅱ-2-1　視点を変えて立ち上がる実践例とその解説

【1：認める】（※石垣先生は）**「優成だけじゃないよ。使いたい人は使っていいよ」**と言いました。	■「ずるい」の裏には「おれも」という気持ちがある。そこを認めていく。 ■優成は障害だから…はクラスを分断させる可能性
【2：同じだけど違う】「テストで使ってもいいの？」と聞くので、テストで使っても構わない。**ただし、使った100点と、使っていない100点は同じ成績にはしない**こと。計算機を使うというのは、お家の人とも相談して決めたことなどを話しました。学習面で大きな困難がある子どもはそれでも使いたいと言い、それ以外の子どもは「そこまでして、使わなくてもいいわ」と**納得**します。	■「おなじだけど違う」の理屈。「同じ100点でも意味が違う」ことは，小学5年生であれば十分とらえられます（根拠：「語の差異」）。そこに立ち返る。
【3：かなえる】答え合わせの時には**みんな計算機で答え合わせをしよう**と言ってみんなで計算機を使う場面をつくると、**計算機を数人だけが使うことへの不満は聞こえてこなくなりました**。	■そうはいいつつ，「計算機」はやっぱりみんな使いたい。その機会をみんなに保障する。

事例シナリオ集Ⅱ

　図Ⅱ-2-1をもとに、視点を変えて立ち上がる実践を説明する。石垣（2011）は、計算機の使用を優成くん以外にも認める方針を出す。この点だけをみれば「許容型」と同じである。しかし続けて、石垣（2011）は、「計算機を使った100点と、使っていない100点は意味（成績）が異なること」「保護者と相談すること」を提案する。すると、結果として、計算に大きな困難を抱える子どもはそれでも使うと言い、そうでない子どもは使わない。さらに、石垣（2011）は、答え合わせのときに、みんなで計算機を使うことを提案する。そ

うすることで、子どもたちの不満がなくなったことを報告している。

　このような事実を受講生に説明すると同時に、石垣（2011）の実践のねらいについて、子どもの視点から解説を行った。まず、子どもの「ずるい」について説明した。石垣は「ずるい」という言葉を額面通り受け取って、「ずるい」か「ずるくない」を考えていないこと、そうではなく、「ずるい」の裏にある子どもの「使いたい」という気持ちを知るからこそ、まずは、その言葉に応答しようとして、「使ってもいいよ」ということについて説明を行った。同時に、ここで、「優成くんは、読み書き障害があるから計算機を使ってもかまわないんだよ」といった「正論」は、子どもたちのねがいによりそっておらず、結果として、子ども集団の分断を引き起こす可能性があることについても説明した。

　ただ、それだけではなく、石垣は、同じ100点でも、計算機を使った場合と、そうでない場合は、意味が異なることを子どもたちに説明している。この石垣の発言について、2点解説を加えた。

　1点目は、単純にすべてを許容するわけではないことを意味していることである。使ってもいいが、しかし、子どもたちに、自分の学習力量に応じて使うかどうかを求めている。

　2点目は、このような「同じだけど違う」といった説明は、そう簡単ではない。この点について、小学校5年生では、理解できることを、子どもの概念発達を踏まえて説明を行った。具体的には、発達検査の項目で、「砂糖と塩、どこが同じですか？」といった「語の類似」という課題をもとに、「違うと同じ」をいったりきたりできる知的発達が基礎にあってはじめて、このような説明が子どもに届くことを説明し、同時に、小学校3年生までは、このような説明を理解することは難しく、別の方法で子どもたちに届く対応をする必要についても説明を行った。

　最後に、計算機を用いて答え合わせを行ったことの意味について説明した。学生にも、「子どものころ、なぜか計算機を使いたかったよねぇ」と、それぞれの子どものときの気持ちに立ち戻りながら、やっぱり多くの子どもたちが計算機を使ってみたい気持ちに共感できるようにし、だからこそ、石垣は、みんなの気持ちに応答するかたちで、計算機を使ったことの意味を説明した。

4.4.　よくある対応方法の問題点

　以上の説明を終えた後、「先ほど自分が書いた対応方法と、石垣の対応方法を比較して気づいたこと・感じたことを書いてください」という2つ目のガイディング・クエスチョンを実施した。両者を比較するねらいは、自分の対応がまずかったということではない。そうではなく、なぜそのような対応方法に縛られていたのか、また、石垣はなぜこのような発想や方法をとったのかについて、よくある対応の問題点について深く思考することをねらいとした。

　3分時間をとって、受講生に、気づいたこと・考えたことを感想用紙に記入させた。その後、先ほどと同じグループで意見交換を行う時間をとった。学生からは、様々な意見が出たが、そのなかで、特徴的だったのは、「計算機を使うか／使わないかという枠の中で考えていたが、その奥にある子どもの気持ちを考えることが大事だと思った」といった意見や、「いくつかの段階を踏んで考える発想はなかった」「同じ100点を子どもの能力に応じて意味を変えることは考え付かなかった」といったような意見が出た。

5.　作成者によるコメント

　本事例は、通常学級に在籍する発達障害児への合理的配慮が、他の児童にとって「ずるい」と受け取られる問題をとりあげて検討した。ただし、ここでは単純に、「どうすれば『ずるい』という言葉が出なくなるか」というハウツーに矮小化されるわけではなかった。そうではなく、この議論を通して、2点の「観」に深まっていけるかが鍵となる。

　1つめの視点は、問題が起こったときこそ、子ども理解に立ち戻ることが重要であるということである。当

初のガイディング・クエスチョンが出されたとき、たいていの学生は、「許すか許さないか」という教師視点の二元論に陥りやすい。しかし、そこでは子どもの願いを汲み取って対応を考えようとする視点が欠落している。この点について、学生が気づいていくことは、1つの観の変容だといえるだろう。

2つ目の視点は、障害の有無や能力差のある子どもたちがともに学ぶというインクルーシブ教育についての考えを深めることである。学生は、先にも書いたように、「計算機を優成くんに渡すのか／他の子にも渡すのか」という議論であった。しかし、石垣は、このような議論の枠組みから離れている。「同じ100点でも意味が違う」という提案を通して、「同じだけど違う」活動を提案することで、能力差があったとしても、それぞれの子どもが少しでも積極的に活動できるようにしている。このことは、インクルーシブ教育にとって示唆的である。「みんな同じように学ぶ」わけでも「みんなちがってみんないい」というわけでもなく、「同じだけど違う」という視点でのインクルーシブ教育を提案しているからである。

今回については、後者に関する学生の感想が十分には出てこなかった。その要因の1つは、100点でも違いがあるということについて、授業者が十分に解説や投げかけを行っていなかったことがあげられる。その点について改善する必要がある。加えて、山本・赤木（2017）が指摘しているように、「ずるい」と不満を述べる子どもは、教師や友人からの受容感が低いという結果も考慮にいれる必要があるだろう。

【引用文献】

赤木和重（2017）「発達・学習の障害と支援」，子安増生・明和政子（編）『教職教養講座　第9巻　発達と学習』，協同出版，137-155.

石垣雅也（2011）「クラスの子どもたちや、教師集団の理解をどうつくっていくか：通常学級における特別支援」，『障害者問題研究』，39，68-71.

武井哲郎（2014）「特別支援教育支援員の存在が障害のある子どもに及ぼす両義的機能」，『SNEジャーナル』，20（1），118-130.

山本真帆・赤木和重（2017）「個別支援を必要とする児童に対する同学級児童の意識：他者からの受容感と授業場面を視点として」，『神戸大学大学院人間発達環境学研究科研究紀要』10（2），221-230.

事例シナリオ集Ⅱ

事例シナリオの種—2—

保護者との関わり

大日方真史

● **保護者との関わりを取り上げる意義・視点とシナリオの目的**

多くの教職志望の学生にとって、教師としてどのように保護者との関係をつくっていけるのかは、大きな関心と不安を抱かせる事柄である。関心と不安の背景に、保護者からの理不尽な要求に苦しめられる学校・教師に関する情報を多く見聞きしてきた経験があるのは、想像に難くない。

クレームをもって怒鳴り込んでくる親と遭遇し、追い詰められる将来の自分——。

例えば、そうした場面を想像して不安を掻き立てられるのも、無理はなかろう。しかも、学生時代に、現場で、教師の立場で問題に触れて対応を身に着けておくということも望めるものではない。

とはいっても、本シナリオでは、クレームへの対応など、教師による個別の保護者への対応を追求することを直接の目的とはしない(現場でのこの問題の切実さを反映して、保護者対応に関する相当数の情報も、広まってきている)。そうではなく、今日の多くの保護者がおかれている状況を理解し、個別の対応を超えた部分で、そうした状況をふまえた実践の可能性を追求するということに目的を定める。

ここでいう、多くの保護者がおかれた状況とは、教育の私事化状況のことである。なかでも、保護者において、わが子のことだけを考える度合いが強まっていることに問題をみたい。保護者の私的関心の強まりであり、これが、保護者との関係の今日的な困難の一因となっていると考えるのである。

保護者の私的関心が強まる一方、保護者にとって、学校から伝えられる、わが子に直接関わる情報は、限定的である。そうすると、大きな関心事であるわが子のことがよく見えないことから不安が生じ、蓄積され、不信や不満へとつながるということにもなりかねない。保護者が学校でのわが子の様子をわかるということは、非常に重要なのである。

かといって、例えば、担任教師が、一人一人の子どもの情報を逐一その保護者に伝えることには、大きな困難が伴う。それを考えると、教師が発行する学級通信がもつ、同一の紙面で学級の様子を伝えられるという機能は重要である。個別の情報を個別に伝えるのとは異なる仕方で、子どもに関わる事柄を伝えうるからである。学級とは、わが子の学習と生活の場であり、保護者にとって関心の焦点となる場である。

さらに重要なのは、学級が、複数の子どもたちによって成立する場だという事実である。なぜならば、学級通信に記された、わが子のいる学級の、わが子以外の子どもたちの姿や声を通じて、保護者たちの関心が広がってくるということが起こりうるからである(あらゆる学級通信によって起こりうるということではなく、一定の条件が備わっている必要はある)。学級通信を介して、保護者において、学級の子どもたちへ向ける関心(筆者はこれを「共通関心」と呼んでいる)が形成される可能性があるのである。しかも、この意識変容は、保護者にとって肯定的なもののようである。

わが子のことを知りたいという保護者の願いに応えつつ、わが子以外へも関心を広げていく。これが可能になれば、保護者との関わりに関する困難は緩和され、より望ましい関係の追求も可能になるはずである。

もちろん、学級通信の発行には一定の困難が伴うこともあって、その発行を唯一の正解とすることはシナリオの目的とはならない。目的としたいのは、保護者の関心が開かれうることの意義と、関心を開くために教師がなしうる働きかけの内実の確認である。それは、教職志望の学生に、保護者を恐れるがゆえの防御とは異なる実践の展望を与えることにもつながると考えられる。

● **対話的事例シナリオ材とガイディング・クエスチョン**

　筆者がインタビュー調査で得たいくつかの保護者の声をもとに、シナリオを構成する。

　シナリオを用いる前に、教師になったときに保護者との関わりで何が不安かを考えさせ、交流しておくとよいだろう。保護者からの理不尽な要求、保護者との対立、保護者から様々な要望があった場合にどれをきくかなど、いくつかの不安が出されるだろう。

　シナリオは、まず、下のように紹介し、G・Q1を添える。

　ある小学校のA先生は、保護者に宛てて学級通信を発行しています。年度の終わりころ、A先生は、数名の保護者から面談で次のような声を受け取りました。

　① 学級通信のおかげで、他の子どもたちのことについても、よく知っているような気がします。
　② あの子こういうかんじなんだとか、実際にしゃべったことがなくても、なんとなく、わかります。
　③ クラスの雰囲気がよくわかり、とても安心できます。

Q1 A先生は、どのような学級通信を発行していると思いますか。そのように思う理由とともに、思いつくことを全て挙げてください。

　上のG・Q1に対する回答を各自でペーパーに記入させ、グループや全体で議論させたのち、続けて、下のように保護者の別の声を紹介し、G・Q2を示す。

　A先生が、もう少し保護者たちの話を聴いてみたところ、A先生がわが子の担任になる前のことを中心に、次のような声を聴かせてくれました。

　④ 保護者同士が話し合うって、意外に少ないですよね。なので、なかなか他のお子さんのこととか、知る機会なかったんです。
　⑤ 保育園のときは、お互いの子どもを見てて。お迎えのときに話したりしていたのですが。

Q2 これらの声（④⑤）をふまえると、A先生の発行している学級通信の意義は何だと考えられますか。

　G・Q2に対する回答も、各自で記入させ、グループや全体で議論させる。

　そののち、解説として、前述のような、保護者における私的関心の問題や、教師の働きかけを介した意識変容の意義について、Q2での学生のリアクションもふまえつつ、紹介する。

　また、解説では、G・Q1をめぐる議論で学級通信の特質として次の事柄に関する言及がなかった場合には、それも紹介したい。すなわち、ア「具体的なエピソードや子どもの作品の掲載」、イ「日常的な発行」、ウ「固有名での子どもの登場」、エ「肯定的に評価できることの紹介」、オ「多様な子どもたちの登場」、カ「子どもの会話を入れるなど、読み手を惹きつける記述形式」といった事柄である。ちなみに、筆者の行った授業で学生たちは、Q1に対して、ア、イ、エに相当する内容を答えていた。

【参考文献】
大日方真史（2018）「学級通信―私事をみんなのことへ」『教育』，867号

3.学級でのトラブル

大日方真史

キーワード：いじめ、いじり、親密さ、友人関係、生活指導

1. 本事例シナリオの目的と位置づけ

　近年の子ども間の関係性の特徴として、親密な友人関係の重さが増していることがある。例えば、友人関係から排除されることを恐れ、関係のなかで自身のポジションを維持するために、空気を読んでその場に適したふるまいをせねばならないという意識が、それぞれの子どもに強まっている。教師にとっては、こうした関係の特徴や、それに由来する問題を想定したり捉えたりしながら、学級づくりや日々の授業に取り組むことが必要になろう。特に、友人関係に暴力が入り込んでいても、それが見えにくく、一見すると問題があるようには捉えられなかったり、どのような問題であるかを瞬時には判断できなかったりする場合もあり、十分に注意した対応が必要になる。友人関係の質をいかに見きわめ、そこにはらむ問題をいかに発見して、実践構想と対応を進めるのか。教師にとってこの課題は、個別具体的な状況に多分に依存する。また、一定程度の時間の蓄積や見通しのなかで取り組むべき課題であることも少なくない。それらのことも理由となり、学生が現場で実際に教師の立場でこの課題への取り組みを経験する機会は乏しい。以上をふまえ、本事例シナリオの目的は、子ども間の関係にまつわるトラブルという生活指導上の課題に、教師の立場で取り組むことによる、問題の所在確定のための視点獲得、多面的な対応構想を可能にする力量の形成といったことに設定される。

　本事例シナリオは、「いじり」と名付けられて展開されている学級内の子ども間の出来事に立ち会った際に、教師としていかに対応するかを探っていく構成になっている。このアプローチを通じて、学生たちには、「いじめ」定義・判断の困難さや、それをふまえた子ども間の暴力を客観的事実として把握することの意義と課題といった事柄に触れ、思考・対話することが期待されている。

　なお、問題の所在確定のための視点の詳細は、下記のシナリオを紹介するパートで、「定説に対する批判」として述べることにする。

2. シナリオの構成と展開

2.1. 授業計画（授業時間数）

　90分間の授業1回分のうち、まず50分間程度、下に示すシナリオを用いた探究を試みる。続けて、教員から解説を加える。

　事例シナリオを用いた探究には、3名から5名程度のグループでの作業を含んでいる。

　作成者の取り組んだ授業は、特別活動論II（「特別活動の指導法」に相当）である。全15回の授業のガイダンス等の回ののち、比較的早い時期、学級活動（学級づくり）や生徒会活動を内容として扱う前に、それらの活動を展開するうえでの条件や課題に関するテーマを扱う回において、本事例シナリオを用いている。

2.2. 事例の提示

　下記の事例を提示し（約3分間）、ガイディング・クエスチョン（以下、G・Q）1に各自で回答させる（約5分間）。

> あなたが、次の場面での教師だとします
>
> 　　　昼休み、担任をしている中学2年生の教室に入ると、男子も女子も数名ずつが集まって過ごしている。窓際の一角では、4人の男子生徒たち（翔太、亮平、伸太郎、健人）が、笑い声をあげながら1人の男子生徒（隆志）の制服を脱がせている。シャツははだけて隆志の肌が見えており、ズボンを脱がせようとしている亮平の手が、隆志のベルトにかかっている。5人へ近づき、「何してる」と強い口調で言うと、翔太が「遊んでるだけです」とこたえ、隆志を含む他の4人も、「遊び、遊び」、「遊んでます」などと口々に言う。
>
> Q1：教師として、このあとどうしますか。それは、なぜですか。

2.3. 定説の提示

　下記の対応例を示し（約2分間）、G・Q2に各自で回答させる（約3分間）。続けて、グループ内で、各自がG・Q1とG・Q2に対して考えたこと等を紹介し合う時間を設ける（約6分間）。

> 「よくありそうな対応」を紹介します
>
> 　　　行為をやめさせて、5人を並ばせ、翔太ら4人には、「何を考えてるんだ。いいか、今度やったら許さないぞ。絶対、やるなよ。約束できるか」と叱る。隆志には、「お前もお前。しっかりしなさい。これは、笑ってやられるようなことじゃない。嫌だってちゃんといえるか」と諭すように言う。5人がいずれも頷いたり、「はい」と答えたりしたのを確認し、一件落着と考え、その場を去る。
>
> Q2：この対応について、どう思いますか。

2.4. 定説に対する批判

　本事例シナリオを用いた授業では、2.3の「よくありそうな対応」に対して、多くの学生たちから違和感や拒否感が示された。それらは、学生たちの被教育体験にも由来して、素朴ながらも形成されている教育観・指導観に即して示されたものだと考えられる。授業の展開にあたっては、そうした反応を想定した構想が必要である。

　以下、想定される学生の反応をあげたうえで、「よくありそうな対応」の問題点と、それをふまえた展開のための論点を示しておく。

2.4.1. 想定される学生の反応

　本事例シナリオを実際に示して行った授業の結果をふまえると、Q1とQ2に対する学生からの主な反応を以下のように想定しうる。

　第1に、Q1に対する回答として、その場において当該の「遊び」行為をやめさせるという対応を挙げるものである。この対応の理由として示されるのは、たとえ「遊び」であっても他の生徒もいる状況では不適切であることや、「遊び」がエスカレートする危険性、また、隆志へのいじめの疑い、といったことである。

　第2に、Q1に対して、事後におよぶ対応として、隆志の本音を確かめるために別の機会に本人からの聴き取りを行うというものである。この対応の理由としてあげられるのは、隆志へのいじめが生じている可能性があることや、隆志がこの「遊び」を嫌がっていても他の4人との関係を配慮して自ら言い出しがたいと推

定されることなどである。本シナリオを用いた実際のある授業でも、**Q1** への回答には、隆志に対するいじめが、既に・現に存在する可能性に言及するものが 3 割弱あり、それらのうち、いじめであるか否かを判断するために教師としてとる手立てとしてあげられるのは、多くが隆志本人からの事情聴取である。

　第 3 に、**Q2** への回答として、「よくありそうな対応」に対して、教師の一方的な対応である、その場しのぎの対応である、やめるべき理由を示さないのは不適切である、この対応では隆志の本音を聴き取れない、などと批判する指摘である。

2.4.2.　「よくありそうな対応」の問題点

　このように、多くの学生は、行為をやめさせる際に理由を示す必要性や、いじめであるか否かを確かめる必要性、いじめかどうかの確認のために隆志本人から聴き取りを行うことの必要性といったことに照らして、「よくありそうな対応」の、場当たり的で、生徒との信頼関係を結び難いといった問題点を発見・指摘しうるであろう。

　しかし、「よくありそうな対応」のはらむ問題としては、それ以外に、以下の点にも目を向ける必要がある。

　第 1 に、隆志と他の生徒たちの間の関係性、特に、隆志に対する継続的な暴力の有無を確かめることができなくなる、という点である。これが問題であるのは、隆志に対するいじめが生じている可能性を探ることが困難になるからである。文部科学省の定義においても、また多くの学生たちにおいても、いじめの有無は、当の行為を受けた子どもの「精神的な苦痛」の有無によって判断されることになる。しかし、教師が子どもの「精神的な苦痛」の有無や程度を捉えることは、実際には困難な場合が少なくない。というのは、例えば「いじり」を介して形成・維持されるような子ども間の親密な関係に見られるように、子どもから「精神的な苦痛」が示されない場合があるからである。したがって、「精神的な苦痛」の有無だけに焦点化せず、「標的が特定された暴力の反復継続」にいじめの特質があることを十分に理解しておく必要がある（片岡,2013）。

　学生においても、子どもによる「精神的な苦痛」の訴えを困難にするような子ども間の関係性については既に認識されている可能性がある。

　しかし、そもそも、いじめの有無を判断する教師の課題は、いじめ被害者であると疑われる子どもに聴き取りを行い、本人の「精神的な苦痛」を確かめるということに限定してはならない。つまり、当人に対する暴力の継続性の確認の方にも課題を設定しておく必要がある。そして、この課題の探究にはその場限りの対応は望ましくないのであり、その点で、「よくありそうな対応」は問題をはらむということになる。

　第 2 に、クラス全体で取り組む課題とせず、当事者間に限定した「解決」を目指すということの問題性である。他の生徒たちもいる教室に生じた事象について、「よくありそうな対応」のように、当の行為に直接関わる生徒たちのみを対象に対応するのでは、公共空間としての教室における問題が実際に解決されたことにはなるまい。教室における公共的な事柄であると事態を捉え、クラス全体での取り組みに向けた対応が必要となるはずである。

2.4.3.　次なる展開に向けた論点

　以上をふまえれば、2.2 に示した事例の場面に直面した教師には、当の場面から事後にわたって、生徒間の関係性と生徒・教師間の関係性とに配慮した対応を行いながら、隆志に対する暴力の継続性の有無を確認し、同時にクラス全体で取り組めるような方向性も探っていく、といった実践が必要だということになろう。つまり、この場面での教師には、時間的な視野と空間的な視野とを広く持って、問題の所在確定と問題解決とにあたるという対応が、課題になる。

　次の 2.5 に提示するのは、そうした課題を探究する実践の例である。学生には、**G・Q** によって、2.5 に示す例と、2.3.の「よくありそうな対応」との比較を求めることにする。この比較の目的は、学生が、「よくあ

りそうな対応」のはらむ前述の問題点を析出しながら、望ましい対応のポイントを明らかにしていくことである。

2.5. 視点を変えて立ち上がる実践例の提示

下記の対応例を示し（約3分間）、G・Q3〜5 に各自で回答させる（約8分間）。続けて、グループ内で考えたこと等を紹介し合う時間を設けたうえで（約7分間）、グループの議論を全体に紹介させる（約10分間）。

「別の対応」を紹介します

【その場で5人と】
　「遊びでも、それくらいにしておきなさい。女子もいるし、公共の場にふさわしくない」と言ってやめさせたのち、「誰が考えた遊び？」、「みんなで流行ってるの？」、「他に誰かやってるの？」などと問いかけながら、ひとしきり、この「遊び」について話をする。

【同じ日の帰りの会で】
　「今日の昼休み、男子がね、遊びっていって服を脱がせていたんだけど、先生、やめさせたんだ。だって、まずいと思うんだ。他にもやってるのかな？そういう遊び、あるの？」と、クラス全体に投げかける。生徒からのリアクションは、ない。

【翌日】
　同じクラスの信頼している生徒（洋輔）に、他の生徒のいないタイミングをみはからい、「昨日の帰りの会の、あの話だけど、何か知ってる？」と尋ねる。洋輔が告げるところによれば、これまでにも、隆志は、翔太らから、テープでぐるぐる巻きに手をしばられてベランダに監禁されたり、振り子の要領で投げ飛ばされたりしていた、とのことである。洋輔は、隆志が「いじられキャラ」であり、「いじられていても、笑っている」という。

【以上をふまえて】
　今後どのようにしていくか、考えている。

Q3：この対応と先の「よくありそうな対応」とを比べ、気づくことは何ですか。
Q4：Q3 に対する答えをふまえ、あなたは、両方の対応をどのように評価しますか。
Q5：「別の対応」の後、さらに何かする必要はあるでしょうか。あるとすれば、どうするとよいでしょうか。

---

3. 作成者によるコメント

前述のように、授業では上に示したシナリオを用いた展開ののちに、教員からの解説の時間を設けている。また、授業の最後には、授業全体の感想の記入を学生に求めている（「Q6：今回の授業全体の感想は何ですか」）。

以下、解説の概要を示したうえで、実際の授業で見られた学生の学習経験の質を紹介したい。

事例シナリオ集Ⅱ

3.1. 解説の概要

解説では、まず、考えておきたいこととして、下記の諸点を示す。

○暴力を受けた子ども（隆志）から聴き取る際の配慮
○子どもたち（翔太ら）を暴力に向かわせる背景
○「いじり」とは？
○「いじめ」を定義づける「精神的苦痛」の見え難さ
○特定の標的に対する継続的な暴力としてのいじめ
○暴力を許容する親密な関係と、それを求める存在論的不安―孤立への恐れ

そのうえで、1で述べたような今日の友人関係の特徴を説明し、なかでも優先的に留意すべき問題として、暴力が友人関係に入り込み、見えにくくなるという問題があることを解説する。トピックとなるのは、「いじり」と「いじめ」の区別の困難さと、「いじり」と名付けられて暴力が関係に根付いていくことの問題である。提示されるのは、「精神的苦痛」によるいじめの判断の問題や、「標的の特定」と「暴力の反復継続」をいじめの特質としてみる必要性といった点である。また、暴力にさらされることによって、苦痛を訴えることから遠ざかること（自身が、他者が、それに値する存在として受け止められなくなってくること）がありうること、親密な関係を維持するために、つまり、孤立を回避するために、「いじられキャラ」として暴力を甘受することがありうること、などを提示する。

そのうえで、親密な関係における以上のようなネガティブな側面をふまえた課題が、公共性の実現にあることを示して、次回以降の授業へと接続する。

3.2. 学生の学習経験

本事例シナリオは、学生にどのように受け止められたのであろうか。そして、本事例場面での教師に求められる、時間的な視野と空間的な視野とを広く持ちつつ問題の所在確定と問題解決とにあたるという対応の追求は、学生においてどれほど可能であったのだろうか。実際の授業での、Q3からQ6に対する学生の記述をもとに、本事例シナリオを通じた学生の学習がいかなるものであったかを確認しよう。記述の全体的な傾向としては、「よくありそうな対応」に比べ、「別の対応」の方をより高く評価する記述が圧倒的に多いが、その内実を見ていきたい。

第1に、扱われている問題の質について、である。Q6「今回の授業全体の感想は何ですか」に対する答えを見ると、シナリオで扱われている事例の質に関して、よくある・ありそうな問題である、避けられない問題であるといった「現実性」への言及が、15%ほど見られた。「現実性」にあえては言及しない学生が一定数存在すると推測すれば、探究に値する問題が示された事例だと多くの学生たちに認識されうると解釈してよかろう。また、「問題の重大性」や「対応の困難性」に関する言及も、6割程度みられた。例えば、「起こった問題や「いじる」「いじめる」ことの問題についての理解がなければ、実際に私もありがちな対応をしてしまうのではないかと考えた」とか、「教師が決めつけてしまうことは本当に怖いことであると感じ」た、とかといった記述である。

第2に、時間的な広がりを有する対応の追求に関して、である。Q3からQ5への答えとして、時間的な広がりを有する対応の意義に言及したものが6割弱であった。これは、Q1の段階で、「今後の5人の行動にも注意して観察する」、「その後、4人に分からぬように隆志を呼んで面談」などと、時間的な広がりを有する対応に言及する数が4割弱であったのに比べて、多くなっている。このように、時間的な広がりを有する対応の意義については、一定数の学生には授業実施前の段階で既に認識されている可能性があるが、それでも、

シナリオの展開を通じてその意義を新たに確認した学生も、一定数いるといえよう。

　第3に、教室全体を視野に入れた、空間的な広がりを有する対応に関して、である。これに相当する言及は、Q1の段階では5%弱であったが、Q3からQ5への答えの段階では、6割強がそうした対応の意義に言及していた。学生において、シナリオに示された「別の対応」の特徴として、教室全体に向けた働きかけに特に着目する度合いが強いことがわかる。答えの具体的な内容としては、「クラス全体で考えられる分、解決に近づく」、「集団で「これはしてはいけないことなんだ」と考え意識する機会となる」といったように、多くはクラス全体へのこの投げかけを肯定的に評価していた。

　一方で、一部には、否定的評価も見られた。その代表的なものは、「クラスへの投げかけは隆志のプライドを傷つける」、「隆志のプライバシーを侵害してしまう」、「隆志を孤立させる恐れがある」といったものである。教師のこの対応には、暴力を受けていた隆志に対する配慮が欠けているという見解である。

　こうした意見は、学生全体では少数であっても、学級がどのような場であるべきなのか、より具体的には、学級が公共的な性格をもつ場である（べきな）のかどうかに関する論点を提起していると解釈できよう。つまり、他の生徒たちがいる教室での出来事（本事例シナリオでは、休み時間の教室で制服を脱がせること）について、学級全体の問題にすることの意義と課題を追求するための論点となりうる。したがって、例えば、本シナリオを用いた授業の次の回に、こうした意見を全体に紹介し、公共空間としての教室の意味を問いつつ、学級活動の指導をテーマにすることが可能であろう。その際には、必要に応じて、教員から例えば次のような問いを発して、議論の展開を促すことも考えられる。すなわち、①他の生徒たちもいる休み時間の教室は、公共的な場なのかプライベートな場なのか、②帰りの会での教員からの投げかけが、翌日に洋輔から事情をきくための条件になってはいないか、③帰りの会での投げかけにリアクションがなかったのはなぜか、④この投げかけの前後に隆志への配慮が必要だとすればどのような点か、といったことである。

　以上のように、本事例シナリオは、学生に対して、教師の立場に立って、問題の重大性や対応の困難性を自覚しつつ、その自覚にも促されながら、問題把握と実践構想を追求するという経験を保障しうるといえよう。学生たちは、現実性のある設定のもとで、自覚を強くもって対応を構想し、その構想の経験にも支えられつつ、示された2つの対応例に対する検討を行うのではなかろうか。その過程で、問題の複雑さの把握と、多面的な対応の追求とを意義あることとして経験しうるとも考えてよかろう。

　もちろん、1回の授業における、単一のシナリオと短時間の解説のみでは、子ども間の関係に関わる問題の所在を文脈に即して確定して実践構想するという、教師としての力量が十分に形成されることを期待しうるものではない。しかし、次回以降に接続される論点も生み出しながら、力量形成に向けた重要な経験を保障することが、本事例シナリオを通じて可能であろう。

【参考文献】

片岡洋子（2013）「いじめのなかの子どもたち」教育科学研究会編『いじめと向きあう』旬報社, 16-20.

事例シナリオ集Ⅱ

▌　事例シナリオの種—3—

同僚との関係づくり

大西宏明

●　シナリオの目的

　教師が直面する問題は実に様々であるが、それら問題に直面しストレスにさらされ続け精神疾患による病気離職や休職となる教師は増加傾向にある。授業や子どもへの指導といった実務に対する課題からのストレスだけではなく、同じチームとして教育実践をともにする同僚や先輩教員との人間関係に大きなストレスを感じている教師は決して少なくない（文部科学省、2012）。教員のストレスマネジメントに関する問題は、教育現場で起こる問題の複雑化、多様化する今日において看過できないものであるが、その問題の複雑さゆえに根本的な解決策を見出すことは容易ではない。特に若手教員にとって、同じ職場で出会う先輩教員は身近なモデルであり、その影響力は大きいものもあるが、それは良い影響もあれば、自らを困難な状況へと進ませてしまうこともある。若手教員にありがちな周りの指導や意見に縛られ身動きのとれない中でのストレスとの向き合い方について、事例を通して考えてみるものである。

　初任期の教員にとって、日々の授業実践や業務は常に手探りの状態であり、学生の頃から馴染んでいる「教えられる」姿勢、学ぼうとする姿勢が基本的なスタンスとなっている。常に自分はまだまだ未熟であるという自己批判をした上で、積極的に経験や先輩から学び成長しようとする積極性を強くもっている。しかし、その自分は未熟だから学ばねばならないという積極的な姿勢が、自分が持っている教育観や少ない経験の中でも実感としてもっている考えとの差異に出会ったときに、自己批判と他者批判との間で葛藤し身動きが取れなくなってしまう状況に陥ってしまいがちである。学生によくある意見として、意見をぶつけ合うことでお互いに納得し、よりよい着地点を見つけることが建設的であるとする考え方がある。それは決して間違いではないが、一歩方向を間違うと、自分は学ぶ身だからと周りの意見に従わざるをえない自己犠牲を重ね、最終的に自分だけがストレスにつぶされるという危険性を大いにはらんでいる。初任期にありがちな身動きの取れない状況とストレスにどう対処するのか、それらを考える契機の一つとして扱いたい。

●　事例シナリオの概要

　精神疾患として診断された若手教員の語り（インタヴュー）として次のような内容の話を紹介する。

　新しい学校へ着任しクラスの担任となったA先生。まだ教員になったばかりで、周りの先輩教員から研修や指導を受けながら教師として頑張っていました。A先生は次のように話をしてくれました。

　ある日、クラスの男の子が「洗濯したけど、アイロンかけるのを忘れました」と、しわくちゃの給食エプロンを持ってきたんです。明らかに、まあ・・・嘘をついているということが分かるものでした。すると、隣のクラスの先輩の先生、その学校にも何年かいてベテランに近い先生かな。その先生がやりとりを見て、「嘘でしょう？」と男の子に突然詰め寄ってきたんです。こちらの話を無視して。男の子は「洗濯しました」と言い張るんだけど、先輩の先生は「こんなエプロン誰も使えない。もう1回家に持って帰ってちゃんと洗ってアイロンしてきなさい」とエプロンを突き返しちゃったんですね。勢いがすごいので、もう男の子も何も言わずエプロンをランドセルにしまったので話はそこで終わってしまいました。

　その放課後、お家の人に事情を説明する必要もあったので男の子の家に電話をかけてみました。すると、お家の人から「今、学校で嘘をついてきたことを本人が話している」と。男の子も反省しており、お家の人

とそのことできちんと話をしたということでした。お家で事情が解決したことで、明日の朝に男の子からエプロンをＡ先生に持ってきてこの話はこれで終わりにするということをお家の人と確認して電話を切ったんです。それで、先輩の先生も事情を知っているので、報告だけはしておこうと電話でのやりとりを簡単に伝えたんです。すると、先輩の先生は「そうでしょ！嘘だってあんなのすぐに分かるもの。明日の朝、ちゃんと学級会開いて男の子に皆の前で謝らせなさいよ！」と、またすごい勢いで言うわけです。「ええ?!」となって。いや、でももうお家の人には明日その子と個別に少し話して終わりって言ってるし…なのでそのことを伝えたのですが、「それじゃだめ！ちゃんと指導して終わらせる！」と取り合ってくれません。

それで、次の日です。朝の会も終わりに近づいた頃、教室にその先輩の先生が入ってきて、「あの話終わったの？」と尋ねてきました。男の子はまだエプロンを自分に出していなかったので「これからです」とその先生に伝えると、その先生は黒板の前に立ち学級会を始めたのです。自分はわけがわからず、その場に立ちつくすことしかできませんでした。結局、男の子はクラスメイトの前で嘘をついてエプロンを持ってきたことを説明し、涙を流しながら「ごめんなさい」と謝っていました。その時どうしたらよかったのかということを先輩の先生はクラスの子どもたちと確認して教室を出ていきました。

● 学生の反応とどうすることができるかを考える

実際に教員養成課程に在籍する学生にこの話を語ってみると、Ａ先生の辛さというものを感じ、そうした同僚（先輩）との出会いも可能性としてあるのかという実感的な部分ももったようである。その上でもし自分がＡ先生だったらどうするのかを考えてみた。大半の傾向としては、自分で何とか解決しようとするものである。お互いの意見をぶつけ合い、結論を導き出すといった具体案もあれば、漠然とその先生との関係をどう改善、つくっていくかを考えようとする意見にまとまっていた。

Ａ先生はこの後、男の子の親から「昨日の話と違う」という電話を受け、自分がその子に嘘をついてしまったこと、担任としてその子を守れなかったと自身を責め、すぐに男の子の家へ行き謝罪をした。このことがきっかけで、その先輩の先生がクラスをのぞく姿を目にする度に、何か言われないようにとその場を取り繕うように、先輩の先生の指導を真似るような形でやり過ごす場面が多くなってしまった。そして、そのまま1ヵ月程で精神疾患の診断を受けるまでになり、休職という選択をせざるをえない状況になってしまった。

Ａ先生も、学生と同じように状況を悪くしないよう、自分の力で何とかしようともがいている。しかし、そのことが結果的に自分を犠牲にすることでその場をやり過ごすことしかできずに終わってしまっている。果たして、未熟だから、若手として学ばなければならない立場だから、という理由で自己を省みるのではなく、ただ自己犠牲を払い続けることでいいのかという、「教師」という言葉がもつ権威・権力の強さに少しでも気づく、感じることを期待したい。

自分の身体を壊すくらいまで無理をして、一人、担任としての責務を全うすることが本当に正しいのか。素直に周りに「助けて」と言えることの重要性をまずはもってほしい。自分が「助けて」ということで、周りへの影響を考えてしまったり、自身の未熟さとして捉えてしまい、それを否定したいがために自力で解決しようとしたりする道を選ぶことは、自分を自分で追い詰めるだけになることに気付くことが大事である。それでもどうしようもなく、身体を壊すほどの状況から身動きが取れないと感じたとき、「逃げる」ということも大事な選択肢の一つであると、学生に捉えさせておきたい。

【参考文献】

文部科学省（2012）「教員のメンタルヘルスの現状」
（http://www.mext.go.jp/b_menu/shingi/chousa/shotou/088/shiryo/__icsFiles/afieldfile/2012/02/24/1316629_001.pdf）（2018年2月21日）

4. 外国につながる子ども

前原裕樹

キーワード：外国につながる子ども、カリキュラムマネジメント、学校文化

1.　本事例シナリオの目的と位置づけ

　本講義では、外国につながる子どもが学校行事に参加しようとする過程で直面する困難場面の検討を通じて、学校におけるカリキュラムの捉え直しを行うことを主目的としている。これは、カリキュラムという単位で学校行事や授業をマネジメントしたり、デザインしたりしていく主体としての教師を目指す学生一人ひとりが、自身のカリキュラム観を見つめ直すことにも繋がるだろう。そのため、今回の事例では、学生が外国につながる子どもの具体的な支援方法を獲得することは、授業の目標としていない。

　それでは、以下にカリキュラムの捉え直しが必要な理由について述べる。

　文部科学省が実施している「日本語指導が必要な外国人児童生徒の受け入れ状況に関する調査」によれば、平成28年度は公立小・中・高等学校および盲・聾・特別支援学校において約34,000人の子どもが日本語指導を必要としており、またその数は年々増加傾向にある。

　そのような状況の中で、外国につながる児童生徒が多い地域にあっては、自治体が独自の取り組みや支援を行っている。例えば、浜松市においては、バイリンガル支援者を学校へ派遣したり、相談員が学校を訪問したり、NPO法人と連携して、児童生徒やその保護者を支援する取り組みを行っている[1]。

　しかしながら、既存の学校カリキュラムにおいては、外国につながる児童生徒を十分に配慮したものとはなっていない現状がある。そのため、学校のカリキュラムや文化になじむことができず、外国につながる児童生徒が学習面や生活面、友人関係などで困難さに直面しているという実態がある[2][3]。

　以上のことから、国籍や文化といったさまざまな背景が異なる児童生徒が増えていく中で、上記のような諸課題に対して、学校において、どのようにカリキュラムを構想し授業を展開するのか、どのようにして子ども同士の関係をつくっていくのか、ひいてはどのように保護者と連携していくのか、などを丁寧に考えていく必要がある。

　さらに、学校行事の場面を取り上げることで、児童生徒として参加する側の立場にいたときには気づくことのできない学校の文化性やその不問性に気づくこともできると考えられる。

　それでは、本事例シナリオの内容および実践について以下に詳しく述べる。

2.　シナリオの構成と展開

2.1.　授業計画（授業時間数）

　今回取り上げる事例シナリオは、筆者が担当する「教育課程論」の全15回のうち、第10回目に該当する。（各回のテーマとキーワードを参照）

各回のテーマおよびキーワード
1　世界から見た日本の教育（世界の学力マップ）
2　日本の教育と海外の教育（PISA、北欧の教育課程）
3　海外の教育課程（世界の教育課程）
4　学習指導要領の変遷①（ゆとり教育、脱ゆとり教育）
5　学習指導要領の変遷②（経験主義、系統主義）

6 学力論争（学力低下）

7 家庭の教育力（経済格差）

8 不登校の実態（フリースクール、特認校）

9 不登校支援（適応指導教室、オルタナティブスクール）

⑩ 外国につながる子どもの実態（外国につながる子どもの困難さ）

11 外国につながる子どもの支援（学校文化、中国の学校文化、南米の学校文化）

12 カリキュラム・メイキング①（探究的学び、横断的な学び）

13 カリキュラム・メイキング②（学校連携、地域連携）

14 教育評価の立場とその理論（評価の基準と規準、ルーブリック、ポートフォリオ）

15 本講義の学習の全体総括（リフレクション）

2.2. 対話的事例シナリオ材について

　今回、事例シナリオ材として用いたのは、「学校行事に参加することができなかった中学2年生のシンくん」である。このシナリオは、本学の学生が、2015年10月〜2017年3月まで、外国につながる子ども支援のボランティアとして、シンくんと関わりながら記録した、参加観察データに基づいて筆者が作成した。

　まず、シンくんの簡単なプロフィールについて説明する。シンくんは中国にルーツがあり、両親はともに中国国籍であり、約3年前に来日した。本人は来日以来、通っている学校の近くにあるNPOが運営している放課後の日本語教室に継続的に通っている。そのため、日常会話において、話すことや聴くことはある程度できるが、書いてある文章や教科書などをすらすら読むことは難しい場面が見られる。また、両親は日本語がほとんどできないため、家では主には中国語を使って話をしている。

　次に、シナリオの概要を以下に示す。なお、学生には以下の2場面を時間軸に沿って提示する。

場面1「保護者宛の手紙に対するシンくんの困り感」

（今は6月上旬）あなたは中学校2年の副担任（T）です。あなたの学校では、2018年6月下旬に学校行事として1泊2日の宿泊研修があります。その研修では、1日目の夜の時間帯に、親が事前に書いた手紙を子どもに渡す企画をする予定となっています。そのため、保護者へは、事前に子どもを通して、6月中旬までに子ども宛の手紙を提出してほしい旨が日本語で書かれた封筒を配布済みです。

　宿泊研修に向け、学級のグループづくりやしおり作りなども順調に進んでいました。

　ある日の放課後、あなたは中学校の近くにある日本語教室へ向かうシンくんと廊下ですれ違ったので、

T「これから日本語教室行くの？」

S「うん」

T「頑張ってね」

と会話した後、以前からシンくんが宿泊研修の準備ができているか気になっていたので、

T「宿泊研修の準備はどう？」

と尋ねると

S「あ、先生これどういうこと？」と言って、カバンから保護者宛の封筒（子どもへ手紙を渡す企画とそのための手紙を提出してほしい旨が書かれたもの）を取り出しました。

T「これをお家の人へ渡せばいいよ」

S「お母さん、日本語できないよ？」

と言いました。

場面2「しおりに書かれた宿泊に必要な持ち物を準備できないシンくん」

T「あとは、わからないことない？」

S「(しおりを出して) これ持ち物わからん」

と言って、以下の「しおりに書かれた持ち物」をあなたに尋ねました。

①しおり	⑧虫よけ
②敷物	(リング、シール、ガス灯は不可)
③ぞうきん	⑨懐中電灯
④ふきん	⑩軍手
⑤浴槽タオル	(滑り止めがついていないもの)
⑥バスタオル	⑪ビニール袋10ℓ用
⑦洗顔	⑫空のペットボトル500ml

＊実際のしおりに書かれていた持ち物

以上が事例シナリオの概要である。

　次に、この場面を事例シナリオとして設定した理由を述べる。まず、「保護者宛の連絡事項やお願いごとの手紙が日本語で書かれている」ことや「宿泊研修のしおりが日本語で書かれている」というのは、学生自身にとっては、被教育経験を通じて、ごく自然なことだと認識されていると思われる。

　しかしながら、外国につながる児童生徒および保護者にとっては、日本語で書かれた手紙を読んでも、その内容を理解することが困難な場合がある。こういった場面について、どのようなことで困っているのか、そしてどのように支援することができるのか、を考えることを通じて、関係機関との連携方法であったり、日常会話で用いる生活言語と学校や教室で用いる学習言語が異なっていたりする、というようなことを学生に気付かせることができる、と考えたからである。(例えば、生活言語：答えを書く場所、学習言語：解答欄)

　加えて、特別活動の学校行事において、教師だけで内容を立案したり運営するのではなく、外国につながる児童生徒に寄り添うような活動プロセスや企画内容を教師として立案したり、その役割を児童生徒に委ねることで、自主的な特別活動を組織することの重要性の理解も促すことができると考えたからである。

2.3. 授業の構想および展開（ガイディング・クエスチョン）

　まず、授業の全体の流れについて、以下に示す。

(1)前時のフィードバック

(2)本日の内容に関するめあての設定

(3)外国につながる子どもの実態に関する調査概要の紹介

(4)外国につながる子どものつまずきに関する動画の視聴

(5)「外国につながる子ども」に関するシナリオ材およびガイディング・クエスチョンの提示

(6)ガイディング・クエスチョンに対する自身の考えをワークシートへ記入

(7)グループでの意見交流および板書、お尋ね

(8)全体共有

(9)授業者からの補足（よくある対応とその問題点について）

(10)振り返り

　次に、(2)について、本時の内容と学生が設定しためあてを図1に示す。

図Ⅱ-4-1　本時の内容および内容に関して学生が設定しためあて

本日の内容

① 外国につながる子どもの現状と課題
　　　　　　　　　　　　を学ぶ。

② 具体的な事例について、自分なりの
　　　　　現象理解とその支援方法を考える。

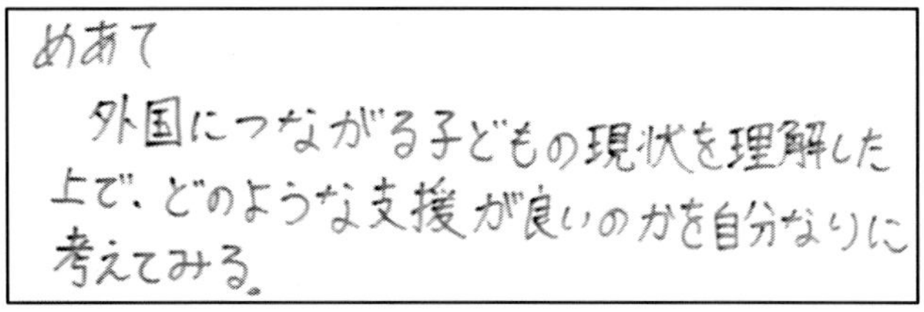

> めあて
> 外国につながる子どもの現状を理解した
> 上で、どのような支援が良いのかを自分なりに
> 考えてみる。

（実際に学生が板書しためあてを筆者が撮影）

　(3)については、文部科学省が実施している「日本語指導が必要な外国人児童生徒の受け入れ状況に関する調査」結果を示して現状を把握させる。(4)については、「NHK　うわさの保護者会　外国人ホゴシャーズの本音」(2015年11月26日放送) を視聴させ、外国につながる児童生徒をめぐるつまずきについて説明する。その後、(5)について、先ほどの事例を学生に示し、以下のようなガイディング・クエスチョンを提示する。

2.4.　ガイディング・クエスチョン（以下 G・Q）

　場面1を提示し、次のような G・Q を出し、学生に発言を促す。

ある日の放課後、日本語教室へ向かうSくんと廊下ですれ違った。
T「これから日本語教室？」　S「うん」　T「頑張ってね」と会話した後。
以前からSくんが宿泊研修の準備ができているか気になっていたので、
T「宿泊研修の準備はどう？」と尋ねる。
S「あ、先生これどういうこと？」と言って、カバンから保護者宛の封筒
　（宿泊研修で子どもへ手紙を渡す企画をするので、そのための手紙を学校へ
　提出してほしい旨の書かれたもの）を取り出した。
T「これをお家の人へ渡せばいいよ」　S「お母さん、日本語できないよ？」
と返ってきた。

G・Q1　（個人）

この時、あなたはどんな声かけをしますか？
（可能であれば、その根拠も教えて下さい）

　続いて、G・Q1 に関して学生から意見を聴いた後、場面2を提示する。

T「あとは、わからないことない？」　S「（しおりを出して）これ持ち物わからん」
①しおり
②敷物
③ぞうきん
④ふきん
⑤浴槽タオル
⑥バスタオル
⑦洗顔
⑧虫よけ
　（リング、シール、ガス灯は不可）
⑨懐中電灯
⑩軍手
　（滑り止めがついていないもの）
⑪ビニール袋10ℓ用
⑫空のペットボトル500ml

G・Q2　（個人）

シンくんがわからなかった持ち物は、
次の持ち物リストのうち、どれだと思いますか？
丸をつけてみましょう。

　G・Q2 について、学生の予想を聞く。聞いた後、実際にはシンくんは、①しおり、②敷物、⑩軍手、⑪ビニール袋10ℓ用、⑫空のペットボトル500ml、がわからなかった旨とその理由について解説する。そして、最後に次のような場面を提示し、G・Q3 を出す。

事例シナリオ集Ⅱ

日本語教室の開始時間が迫ってきたので、

T「残りのわからない持ち物は、日本語教室の先生や学生さんに聞いてね」

S「わかった。さようなら」

T「さようなら」

と言って、Sくんと別れましたが、なんだかSくんが宿泊研修に対して、あまり乗り気ではないような気がしました。

あなたの予感は的中し、当日Sくんは宿泊研修を欠席しました。

G・Q3　（10min）

①シンくんが宿泊研修に来なかった要因について、次のどれだと考えますか？自分で仮説を1つ選ぼう。（上記以外でも良い）

②選んだ仮説に関し、あなたがシンくんの学校の教師だったら、どのような方法やアプローチにより、自身の仮説を検証していくか考えよう。

＊実際にシンくんに直接尋ねた際は、「めんどくさかった」との返答が返ってきました。

　授業者からシンくんは宿泊研修を欠席した旨を説明し、次のようなG・Q3を提示する。その際、実際にシン君が「めんどくさかった」と返答した、という一文を示すことで、「直接シンくんに聴く」という言葉の意味を推測しながら、要因とその後の検証アプローチに多様な選択肢を持てるようにした。

　また、学生に示す仮説として、以下の5つを示した。

①行事の企画や活動の意味がわからず、乗り気になれなかった

②しおりに書かれている持ち物やその使い方、表しているものがわからず、準備することができなかった

③仲の良い友人がクラスにいない、またはそのようなグループになれなかった

④親が行事に関心がなく、行かせなかった（学校に対する考え方が文化によって異なるため）

⑤上記以外

　G・Q3に対する学生の考えは、以下であった。

図Ⅱ-4-2　学生から出された考え

要因	①	②	③	④	⑤
検証アプローチ	・宿泊の意味が分かるか、Sくん本人に直接聞く。	・買いにいく時間がない→Sくんに親の状況を尋ねる。 ・持ち物の使い方/売っているお店を教える。	・普段の様子を観察する。（誰といるか？コミュニケーション取れているか？）	中国の文化、学校行事を調べる。三者面談などで親に聞く。	なし

（実際に学生が板書した考えをもとに、筆者が作成）

2.5.　よくある対応方法とその問題点

　本学の学生が行った実際のシンくんの継続的な参加観察からは、参加できなかった要因として以下のことが想定された。1つ目は、学校行事や行事における活動の意味がわからない（本人および保護者）という要因である。特に、「保護者から事前に子どもへ手紙を書き、それを当日子どもが読む」という活動の段取りについて、理解することが困難であったと考えられる。2つ目は、しおりに書かれている持ち物が具体的にどのようなものかがわからず、準備することができなかったために参加できなかったという要因である。3つ目は、同じクラスに仲の良い友人がいなかったり、またはクラスに友人はいても一緒のグループになれなかったりしたため、参加しなかったという要因である。4つ目は、学校に対する考え方が文化によって異なるため、親が学校の行事に関心がなく、シンくんを行かせなかった、という要因である。

　以上のような欠席要因が予想されたが、上記のような要因の場合、学校や教師として以下のような支援方法を採用することで、シンくんが学校の行事に参加することを促すことができると考える。

　1つは、日本語支援員や日本語教室のボランティアスタッフを頼り、子どもに日本語の習得や理解を促すことで、行事に参加しやすくするというものである。2つは、仲の良い友人や配慮のできるクラスメイトと同じグループになるように教師が配慮し、参加しやすくするというものである。3つは、日本語支援の先生や日

本語教室のボランティアスタッフと連携し、活動の意味を保護者に伝えたり、行事に関する「しおり」等を絵文字化してわかりやすくしたり、翻訳したりして配布し、参加を促すというものである。

上記のような方法によって、外国につながる児童生徒が学校行事に参加できる可能性は出てくるかもしれない。しかし、上記に挙げたいずれの方法も、外国につながる児童生徒を日本の学校や文化へ適応させることを前提とした方法である。そういった場合、活動の趣旨が理解できるようになり、行事に参加できたとしても、そこで外国につながる児童生徒が主体的に活動や企画に参加しているとは限らないだろう。

2.6. 視点を変えて立ち上がる実践

以上のことから、以下の 3 つの実践が立ち上がってくる。1 つ目は、日本の学校文化へ外国につながる児童生徒を適応させるだけではなく、その児童生徒のルーツや特性を活かした活動や企画を設定することや、外国につながる児童生徒を含めた全ての児童生徒が主体的に参加できるような活動や企画を設定することで、活動をしていく中で相互理解を促しつつ、子ども同士の関係づくりをしていくような実践である。2 つ目は、特別活動における活動や企画の運営を教師と児童生徒とが一緒に行うような実践である。例えば、教師が一方的に枠や活動を設定するのではなく、児童生徒が行事の内容や運営について参加、議論することで、外国につながる児童生徒にとって魅力的な行事になったり、行事内容の理解が深まったり、困っていることを相互援助しあえるような学級・学年集団を形成することにつながっていくことが期待できる。3 つ目は、外国につながる家庭の持っている学校文化と日本の学校文化の違いを考慮し、そういった児童生徒が特別活動や学校行事に参加しないことを認めることも必要となる。

3. 作成者によるコメント

まず、受講生の中には、大学生活で教育に関するボランティアなどを通じて、外国につながる児童生徒と関わった経験やその学校での取り組みなどを思い返して考えている者がいた。学生たちが自分自身の経験も踏まえながら、教師として外国につながる児童生徒にどう関わっていくのかを考える機会になったと考えられる。また、学生のカリキュラム観については、「外国につながる子どもを配慮したカリキュラムの重要性」を学ぶことを通じて、より包括的なカリキュラム観へと変容したと考えられる。

今後の講義展開として、以下 2 つのような課題の設定が考えられる。1 つは、日本の教育課程や学校文化の意味や意義、その成り立ちを学生が探究的に学習できるような課題である。例えば、部活や学校行事などが教育課程にどのように位置付けられているのかを各自で調べたり、学校現場へ聞き取りを行ったりするような学習課題を設定することができる。2 つは、日本とは異なる教育課程や学校文化について、自身で気になった国や日本の学級に多く在籍する外国につながる子どもの出身国を探究的に調べるような課題である。

最後に、今回の事例シナリオでは、シンくんの欠席に関する要因を検証する方法を中心に考えていったが、その考え方やアプローチが妥当かどうかについては課題が残った。外国につながる児童生徒が多い自治体の取り組みなど、モデルとなるような先行実践を紹介することを通して、学生が考えた検証方法やアプローチが妥当かを振り返る機会が必要であろうし、先行実践や取り組みにおける理念などを踏まえて、学生が自分でカリキュラムを構想したり、展開したりできるような実践的な力を獲得させていく必要もあるだろう。

【注】

1) 齋藤ひろみ他（2015）『外国人児童生徒の学びを創る授業実践』くろしお出版
2) 志水宏吉編（2008）『高校を生きるニューカマー　大阪府立高校にみる教育支援』明石書店
3) 宮島喬一（2014）『外国人の子どもの教育　就学の状況と教育を受ける権利』東京大学出版会

事例シナリオ集Ⅱ

III　各専門領域の教育での展開

　事例シナリオIII章では、「各専門領域の教育での展開」と題し、以下の教科における実践を取り上げる。

　具体的な教科は、音楽科教育、図画工作科教育、技術科教育、社会科教育、国語科教育、福祉科教育の6つである。いずれも「教科の文化」や「児童生徒の学び」に関して、学習者の深い理解を促す事例である。

　さらに、同じく各専門領域の観点から、防災・減災教育、教科書の起源、福祉分野の3つをコラム（事例シナリオの種）として紹介する。

1. 子どもができること・できないこと

［音楽科教育］

根津知佳子

キーワード：鍵盤ハーモニカ、カンボジア、音楽表現、異文化理解

1.　本事例シナリオの目的と位置づけ

　本来、教員養成学部における音楽科教育関連の授業では、受講生の基礎的な実技能力や音楽理論を基盤とし、実践的指導力を形成することが望ましい。この場合の実践的指導力とは、対象となる子どもを十分に理解した上で音楽活動を展開することができる力量であり、教師自身も子どもたちと音楽の喜びや楽しみを共有しながら文化内容を伝えることができる力量である。しかし、小学校の音楽の授業を展開できるための最低限の実技能力に関しては、例年、教員採用試験前の弾き歌いで苦労する学生がいることに象徴されるように、大変厳しい現状がある。当然ながら、小学校の採用試験程度の音楽理論の理解度も低い。

　教員になる学生が音楽に対する苦手意識が強いという現状は、前述したような「音楽文化を伝える」ことはおろか、「子どもたちと音楽の喜びや楽しみを共有する」ことさえ困難にしている。とかく音楽の授業を感情的な側面で語ることが多いが、そもそも音楽の授業は記号（音譜、速度記号、曲想など）からの感性情報を表現に変換するという知的な活動によって成り立っている。

　また、音楽の授業を阻む要因として、音楽的な技能の差が挙げられる。楽器を習っている子どもは音楽が得意である一方で、音楽が苦手な子どもは授業によってますます音楽嫌いになるという負のスパイラルに陥ってしまいがちである。

　ところで、古くから「遺伝か環境か」というような音楽能力に関する議論があり、音楽能力と環境に関しては諸説ある。例えば、ジェンセン(Jensen,A.R. 1923-)は、遺伝的可能性が開花するには、固有の閾値があるとし、最適な環境条件における特性Dの例として絶対音感の獲得が例として挙げられることが多い。

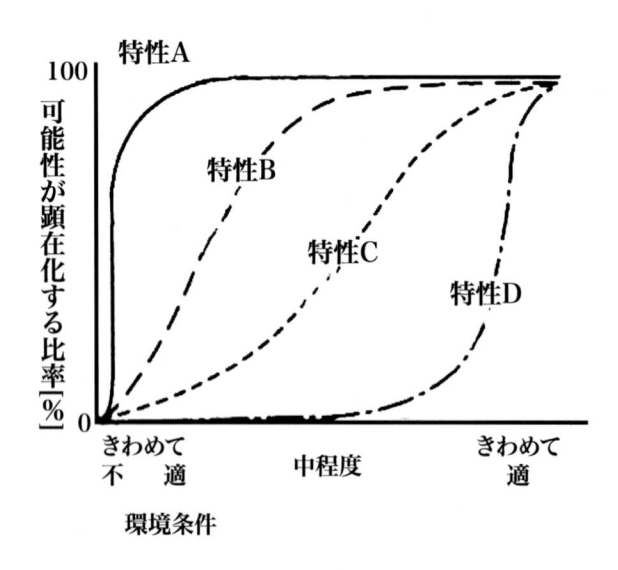

図Ⅲ-1-1　環境と可能性の関係

　音楽表現に関しては、特性 A は、成熟によって獲得する音域などについて説明が可能であり、特性 C は学習によって獲得する器楽表現（鍵盤ハーモニカやリコーダー表現）などを説明することができる。このように考えると、「音楽の授業を通して学習し、獲得する力とはどのようなものか」という本質的な議論をかわすためには、遺伝、発達、成熟、学習、成長に関する基礎理論を理解することが不可欠となる。そこで、学生自身の課題でもある器楽学習でもあり、環境条件が整えば獲得できる「特性 C」について議論することを企図したシナリオを作成するに至った。

2. シナリオの構成と展開
2.1. 授業計画（授業時間数）

　本シナリオを材とした授業は 1 時間扱いであるが、以下のように授業の目的に合わせて実施時期を変えている。

授業名	受講生	関連学習項目	実施時期
音楽教材研究	小学校の免許取得を目指す学生	音域の発達、変声期 鍵盤ハーモニカ導入	歌唱指導の学習後、器楽指導の学習前（第5~6回）
音楽科教育法	中学校の免許取得を目指す音楽教育コース学生	授業における発話行為 我が国の音楽教育の歴史	授業の終盤（第13回）
大学院	教育学研究科大学院生	アクションリサーチ 異文化理解	オムニバス形式

2.2. 事例の提示

　カンボジアの小学校における鍵盤ハーモニカの授業（映像）を流し、「カンボジアの小学校の音楽の時間の VTR を観て、子ども達ができないことは何かを考えてください」という第 1 のガイディングクエッスチョン（以下 G・Q とする）を提示する。

> 【場面．1】
> 　小学校の中学年から高学年と思われる児童が、熱心に音楽のボランティア教師による指導を受けている。映画『サウンド・オブ・ミュージック』の挿入歌である『ドレミのうた』の階名部分の範唱を熱心に聞いているが、摸唱できずに何度も繰り返している（約 5 分）。

　第 2 の G・Q として、「なぜ、子ども達は、歌えないのでしょうか。」を提示し、カンボジアの学校設立の背景に関する情報（カンボジアの歴史、日本からの支援等）の情報や音楽科におけるつまずきの要因について確認する。続いて、次の映像を提示し、「子どもたちができることは何か考えてください」という第 3 の G・Q を提示する。

> 【場面．2】
> 　場面 1 に引き続き、クラス担任と思われる男性教師が現地の言葉でタイミングを提示し、鍵盤ハーモニカでカンボジア音楽を演奏する。子どもたちは、運指はまちまちであるが、暗譜で演奏ができる（約 5 分）。

事例シナリオ集Ⅲ

　最後に、グループで「カンボジアにおける音楽支援のあり方」を討論する。尚、クメール語が理解できない学生でも、「範奏＝模奏」からなる音楽の授業構造は日本の授業構造と同じことから、学習内容は映像情報から推察できる。

2.3.　定説の提示

　映像は、『米百俵プロジェクト』によって 2001 年に設立された小学校での授業風景である。当然、1〜2 の G・Q に応えるためには、対象となる年齢・学年設定が必要となる。学生は、自己の被教育体験（音楽的経験）を根拠に問題に向かいあう。例えば、鍵盤ハーモニカが小学校の低学年で導入されること、また、その前に『ドレミのうた』を材とした音階の勉強があることなどを根拠として「できないこと」を探し始める。できないことを探すためには、「音楽教師とこども達との非言語的やりとり」に着目する必要があるが、背の高い女子もいれば小柄な男子もいるなど、学年を想定できない壁にぶつかることになる。

　学生が G・Q1〜2 を考える際に必要な情報は、次のように想定される。

　　① 　教室にドアがないのはなぜか。
　　② 　いろいろな発達段階の児童がいるが、何年生の授業なのか。
　　③ 　音楽教師がハンドサインを用いて音程を教えているが、教科書はないのか。
　　④ 　何度練習しても音程がとれないのは、なぜか。
　　⑤ 　なぜ、鍵盤ハーモニカだけに時間をかけるのか。

　カンボジア王国には、ポル・ポト政権時代（1975-1979）に教師、医者、公務員、芸術家、宗教関係者らが強制収容所に送られ、多くが虐殺されたという歴史がある。その後も内戦状態が続き、国際連合の監視下での民主選挙が実施されたのは、1993 年である。言うまでもなく、教育制度、教員養成、学校設置もほぼ「無」からのスタートであり、海外の支援が不可欠であったといえる。映像の学校は、プノンペンから車で 1 時間半ほどのコンポンチャムにあり、600 人ほどの児童が二部授業を受けている。

　授業で使用している鍵盤ハーモニカは、日本のある高校のプロジェクトの一環として寄附したものであり、学校全体も寄附金によって設立されている。

　これらの情報の提示により、就学率が伸びつつあるものの、家事や労働のために通学できない子ども達も多いことを知り、前述①〜⑤について新たな視点で考えるようになる。

　多くの学生は、G・Q1 の「できないこと」とは、「ただしく音程を歌うこと」であり、正しい音程で歌えない理由として、「歴史背景から、音楽を学ぶ教育環境ではないから」を指摘する。

　では、G・Q3 は、どうであろうか。児童は、日本ではなじみのない哀愁を帯びた音楽を演奏しているため、カンボジアの音楽であることが想定できる。そこで、G・Q1〜2 で想定した考えから、「ドレミの歌が歌えないのは、カンボジアの音楽と曲調が違うから」という音楽的視点・文化的視点へと拡がりをみせる。

2.4.　定説に対する批判

　確かに、演奏経験のない鍵盤楽器に慣れるためには、時間がかかるであろう。また、音楽の授業を体験したことのないカンボジアの子ども達が、音楽の授業スタイルそのものに戸惑いを感じるのは当然のことである。

　しかし、場面 2 のように、初めて演奏する鍵盤ハーモニカであっても、耳慣れた音楽を暗譜で演奏できるのは、なぜであろうか。映像から、子ども達が演奏していた音楽の音階構造は以下の通りである。

1音	2音	3音	4音	5音	6音	7音	8音
	全音	半音	全音	全音	全音	半音	全音

一方、『ドレミのうた』は、ハ調長音階であることから、次のような構造となる。

1音	2音	3音	4音	5音	6音	7音	8音
	全音	全音	半音	全音	全音	全音	半音

　前者は、「全半全全全半全」という構造の音律であり、後者は「全全半全全全半」という構造からなる音律である。このことから「耳慣れた音楽に比べて半音の位置が異なることが、ドレミの歌を歌えない＝できない原因かもしれない」という暫定的な仮説を提示することができる。あるいは、12平均律による構成ではなく、五音階である可能性も考えられる。

　図Ⅲ-1-2 は、小学校 1 年生の教科書である。子どもたちは、「みっつのおやま」と「ふたつのおやま」の間に「ど」があることを最初に学習する。〇は、カンボジアの子どもたちが暗譜していた場面 2 の楽曲の音律を示したものである。

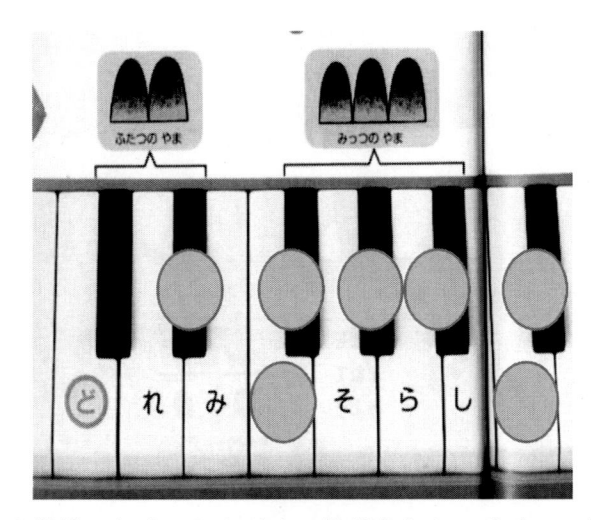

図Ⅲ-1-2　小学校 1 年生のおんがくの教科書とカンボジアの音構造（丸）

　日本の小学校の教科書で黒鍵が使用される場合は、調性記号（ヘ長調、ト長調）によるもので、1 つが限度であるが、カンボジアの子どもたちは、様々な指使いを駆使しながら容易に演奏することができる。では、学習経験がないと演奏できない器楽（鍵盤ハーモニカ）、それも難易度の高い楽曲を演奏することができるにもかかわらず、「ドレミファソラシド」の音程を歌うことができないのは、なぜなのだろうか。

2.5.　視点を変えて立ち上がる実践

　ここで、音楽科教育におけるつまずきについて、確認する。音楽科においては、「できない」理由を考える際に、次のような側面を意識する必要がある。

　① 身体・運動的側面
　　　鍵盤ハーモニカを演奏する場合には、指の巧緻性が求められる。
　　　音域は、声帯の成熟に左右される。

事例シナリオ集Ⅲ

② 認知的側面

音楽を認知し、コントロールすることができるか否かが表現に影響を与える。

例えば、正しい音を認知することができるか、自分の声や音を聴くことができるかなどは、表現に影響を与える。

③ 技能的側面

器楽（鍵盤ハーモニカ）の演奏には、楽器と関わる体験が必要であり、読譜力も求められる。

歌唱表現は、発声器官や呼吸器官のコントロールが必要である。

④ 環境的側面

音楽学習を促進する環境（学校、授業、教師、音響機器など）が整っているかどうかは重要である。戦争や災害などにより安全・安心が保証されていない環境下においては、音楽表現は困難である。

⑤ 文化的側面

音楽は、その地域の民族性、民俗性、気候などと密接に関わっている。

　①〜⑤を踏まえると、カンボジアの国情（④）により音楽に関する学習経験が圧倒的に不足している（①③）ことが、「ドレミの歌を歌えない」という原因であるとする定説からは、カンボジアの音楽の構造という文化的側面（⑤）や、異文化にある子ども達の音の認知の問題（②）を掬うことができなくなる。

　そこで、G・Q1〜2 では、「教師と子ども達とのやりとり」を軸として考えるものの、G・Q3 では、「子どもを取り巻く音環境」へと視点を拡げていく必要がある。

　しかし、その過程の中で、「カンボジアの子ども達には、<u>日本の音階を理解することが難しい</u>」という単純な結論に達する学生が多い。多くの学生は、「日本から送られた鍵盤ハーモニカ＝日本の音階」ということを前提とした思考を続ける。日本の小学校の教科書（3 社から発刊）では、必ず「ドレミのうた」を低学年の音階学習の材として位置づけていることから、学生が「日本の音階＝ドレミファソラシド」という誤った解釈をしていることも理解できない訳ではない。

　この段階で、改めて映像を比較することを通して、学生は①〜④に気づき、新たな Problem が生じる。

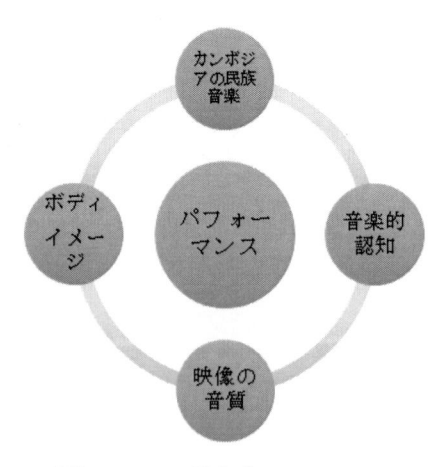

図Ⅲ-1-3　新たな problem

① 子ども達は、耳慣れた音楽を新しい楽器でも再現することができる。

　　→　図Ⅲ-1-3　カンボジアの民族音楽、音楽的認知

②「ドレミのうた」が歌えないのは、導音と主音が半音程ではないことから、声の

コントロールができないことが原因かもしれない。

→　図Ⅲ-1-3　音楽的認知、ボディイメージ

③ カンボジアの音楽には、日本の音楽にはない特徴がある。

→　図Ⅲ-1-3　カンボジアの民族音楽

④ 映像から流れる音は、子ども達の演奏（鍵盤）よりピッチが低い。

→　図Ⅲ-1-3　映像の音質（気候）

映像を観るうちに、絶対音感を持った学生の何人かが④に気づくが、それは、12平均律である日本の音環境での生活経験や、ピアノを中心とした音楽学習からくるものである。映像の音質の問題は、映像保存やダビングの問題とも考えられるが、教室には、硝子もない状態であることから、高温多湿での保管状態の問題であるとも考えることができる。

そこで、「カンボジアの小学校への音楽による支援は、どのように行ったらよいでしょうか」という第4のG・Qを提示する。この段階では、次のような新たな問いが生まれる。

① 学習指導要領の改訂では、日本音楽に関する学習が必須とされているが、そもそも、西洋音楽中心の音楽科教育に問題はなかったのか。

② 物資が不足しているとはいえ、カンボジアの文化を理解しないまま、一方的な支援をしてもいいのだろうか。

③ カンボジアの音楽教育（鍵盤ハーモニカ）に必要な学習内容のひとつに、楽器の保管、手入れの方法があるのではないか。

ここでは、我が国における音楽科教育の導入期に関する歴史的理解が基盤となり、この段階の議論を深めることが可能になる。

① 日本の音楽（唱歌）教育が教科として誕生したのは、明治5（1972）年である。

② 徳性の涵養を目的として明治14（1881）年に刊行された文部省音楽取調係編の『小学唱歌集』に西洋の音階が導入され、これが現在の音楽科教育における教材の原点となっている。

③ 日本の伝統音楽は、唱歌（しょうが）という形態での口承で伝えられていたため、教科書や楽譜による学習形態は、明治初期にはなかったと考えられる。

つまり、口承で伝えられていた音楽文化にあった我が国で、西洋音楽を導入した状況とカンボジアの鍵盤ハーモニカ導入を照らし合わせることによって、初めてこのシナリオに内在する「異文化理解」が深まるということになる。

3. 作成者によるコメント

このシナリオは、音楽を専門としない学生であっても、「教育とはどうあるべきか」「文化の伝承とはどうあるべきか」「異文化を理解するということはどういうことなのか」など、自己内対話を持続することができる点で、教員養成型PBL教育に適していると考えている。それは、自国の文化や教育史と対峙することにつながるからである。本シナリオでは、以下の4つのG・Qを設定した。

G・Q1「カンボジアの小学校の音楽の時間のVTRを観て、子ども達ができないことは何かを考えてください」

G・Q2「なぜ、子ども達は、歌えないのでしょうか。」

　　　G・Q3「子どもたちができることは何か考えてください」
　　　G・Q4「カンボジアの小学校への音楽による支援は、どのように行ったらよいでしょうか」

　ここでは、根津ら（2017）を再検討しつつ、教育学研究科『教育科学特別研究（必修科目）』における評価例について述べる。評価の詳細は、第一部第Ⅴ章を参照されたい。

　第1のG・Qに応えるためには、「音楽教師と子ども達との非言語的やりとり（範唱＝模唱）」に耳を傾ける必要があるが、まずは聴覚情報よりも、背の高い女子もいれば小柄な男子もいるなどの視覚情報を頼りとして、学年を想定しようとする学生が多かった。

　「なぜ、歌えないのでしょうか（G・Q2）」において、カンボジアの学校設立の背景（歴史、日本の支援等）や音楽科におけるつまずきの要因について確認するが、「歌えない」理由として、①身体・運動的側面、②認知的側面、③技能的側面があることが理解できても、多くの学生は、自分の体験を相対化できない段階であった（表Ⅲ-1-1）。授業者は、6の評価項目のうち3項目（太枠表示項目）を「段階1」と評価した。

表Ⅲ-1-1　G・Q1~2の段階

学習項目	1
「シナリオとの対話」 　問題のとらえ方	単声的に捉えている。
「シナリオとの対話」 　文脈性 　問題の複雑性の捉え直し	文脈を単声的に捉えている。
「他者との対話」 　他者理解	ガイディングクエスチョンに対して、自分の意見を述べることができる。
「他者と自己との対話」相対化	自分の経験で文脈を理解しようとしている。
「学習の統合」 　普遍化 　自分化	他の分野・領域への関心が低い。
「観の変容」	対話を通して、自らの観に暗黙的に気づいている。

　G・Q1における「できないこと」とは、「ただしく音程を歌うこと」であり、正しい音程で歌えない理由として「歴史背景から、音楽を学ぶ教育環境ではないから」を指摘する学生が多かったが、G・Q3では、日本ではなじみのない哀愁を帯びた音楽を演奏しているため、カンボジアの音楽であることを想定し始めた。その結果、「ドレミの歌が歌えないのは、カンボジアの音楽と曲調が違うから」という音楽的視点・文化的視点へと視点の拡がりが見え始めた。

　この段階は、国情（環境的側面）により学習経験（身体・運動的・技能的側面）が不足していることが「できない」原因とする定説からは、カンボジアの音楽の構造という文化的側面や、異文化にある子ども達の音の認知の問題を掬うことができないことを理解することが求められるため、定説に対する批判の段階といえる。「子どもを取り巻く音環境」へと視点が拡がっていく過程の中で、「カンボジアの子ども達には、音階を理解することが難しい」という結論に達した学生もいるが、「耳慣れた音楽を新しい楽器でも再現することができる」という児童理解について言及する学生も出てきた。意見の相違は、個々の経験や専門領域の相違に起因するだけではなく、授業者や他者との対話を通してどのような自己内対話を進めたかも影響していると考える。そこで、授業全体としては段階2～3と評価した（表Ⅲ-1-2）。

表Ⅲ-1-2　G・Q3 に関する他者との対話

学習項目	3	2
「シナリオとの対話」 　問題のとらえ方	シナリオの多声性を理解し、分析的に問題をとらえることができる。	シナリオの多声性に気づいている。
「シナリオとの対話」 　文脈性 　問題の複雑性の捉え直し	問題の多種多様な文脈要因に気づいている。	文脈を意識している。
「他者との対話」 　他者理解	ガイディングクエスチョンに即して、事象を解釈しながら自分の意見を述べることできる。	ガイディングクエスチョンに対する自身と他者の意見の相違に気づいている。
「他者と自己との対話」相対化	自己や他者の考えを対話の文脈内で意識している。	自分の経験を相対化しようとしている。
「学習の統合」 　普遍化 　自分化	複数の分野・領域を意識して課題を解決している。	他の分野・領域とのつながりを意識している。
「観の変容」	対話を通して、他者の観と自らの観の相違を認識できる。	対話を通して、自らの観を意識し、形式化できる。

　大学院生 A は、複数の分野・領域を統合させて新たな課題を提供した（下線は、授業者による）。授業者は、記述全体から他者の“観”を理解し、自らの“観”を再認識し、変容を自覚できていると判断し、すべての項目で段階 4 と評価した（表Ⅲ-1-3）。大学院生 A は、VALUE ルーブリックの基準で授業者の想定する「対話的事例シナリオ」の Capstone のレベルと考えられる。

表Ⅲ-1-3　大学院生 A の評価

学習項目	4	3
「シナリオとの対話」 　問題のとらえ方	シナリオの多声性を理解し、総合的に問題をとらえることができる。	シナリオの多声性を理解し、分析的に問題をとらえることができる。
「シナリオとの対話」 　文脈性 　問題の複雑性の捉え直し	問題の多種多様な文脈要因を認識し、問題解決しようとしている。	問題の多種多様な文脈要因に気づいている。
「他者との対話」 　他者理解	ガイディングクエスチョンに即して、他者の意見を理解しながら、事象を解釈することができる。	ガイディングクエスチョンに即して、事象を解釈しながら自分の意見を述べることができる。
「他者と自己との対話」 相対化	自己や他者の考えを適切に分析し、対話の文脈を重視している。	自己や他者の考えを対話の文脈内で意識している。
「学習の統合」 　普遍化 　自分化	複数の分野・領域を統合させて、新たな課題を提供できる。	複数の分野・領域を意識して課題を解決している。
「観の変容」	他者の観を理解し、自らの観を再認識し、変容を自覚できる。	対話を通して、他者の観と自らの観の相違を認識できる。

事例シナリオ集Ⅲ

【大学院生 A（抜粋）】

　前述の P.ブルデューは次のように述べる。「教育システムは、まさしくその存在によって、その存在に由来するいっさいの疑惑を解決している」（『再生産』）教育＝よいもの（こと）という認識ゆえに、私たちはもはや、それに疑いの目を向けることはなくなってしまっているのである。これは音楽においても言えることではないだろうか。したがって、音楽における学修支援のより良き在り方を常に考え続けることが大切である。私はそう考えた。おそらくそれが、音楽を通しての（学習）支援を継続させることでもあるからである。

　当該シナリオを用いた授業実践により「実践的指導力」を支える理論的な基盤を培うことのできる手がかりを得ることができた。第一部第Ⅴ章でも述べたように、対話的な事例シナリオによる学習の醍醐味は、輻輳する対話、とりわけ自己内対話が内在している点にある。

　そのような意味では、当該事例シナリオによって「学習の深化」のプロセスを把握することができた点で成果があったと言える。一方で、「学習者が学習項目を自律的に立てていく」というような「学習の拡張」については、開発の余地があると考えている。

【引用文献】

http://kyousai.info/sinrigaku/1-7.html の図を改変（2017 年 9 月 15 日閲覧）

特定非営利活動法人米百俵スクールプロジェクト　http://npokome100sp.oc.to/school.html（2015 年 1 月 20 日閲覧）

根津知佳子・山田康彦・森脇健夫・中西康雅・大日方真史・前原裕樹・大西宏明・守山紗弥加・赤木和重（2017）「教員養成型 PBL 教育における対話型事例シナリオの評価の開発 」『三重大学高等教育研究』　第 23 号，69-79.

2. 作品を作ろうとしないA君との関わり

山田康彦

キーワード：表現の自由と自己決定性、動機づけ主義的教育発想、技術主義的教育発想、子どもの作品評価

1. 本事例シナリオの目的と位置づけ

　本事例シナリオの学習目標は、図工・美術教育の中で教師がしばしば出会う、作品をつくろうとしない子どもたちに対して、一般的に採られる動機づけ主義的教育発想と技術主義的教育発想の両者を相対化して、表現に不可欠な真に子ども自身の思いに立脚しようとする教育発想に気づくことである。

　日本での図工・美術教育の考え方は、1920年代以降主に、①子どもの個性や創造力の尊重を重視する考え方、②生活から生まれる感性や認識を重視する考え方、③美術の基礎的な知識や技能の育成を重視する考え方などが連綿と陰に陽に相互に対立しながら今日に至っている。したがって実際の図工・美術の指導において、教師のみならず保護者の間でもそうした考え方の違いが根強く影響を与えている

　そのような背景のもとで、図工・美術教育で一般に評価される子どもの作品は、次のような特徴を持っていることが多い。

　①　生き生きした元気のよい、新奇性があるインパクトのある作品

　②　表現に密度があり技術的に達者な、いわゆる「うまい」作品

　幼児教育の段階では特に大きくて力強い作品がしばしば「子どもらしいよい絵」と賞賛されたり、造形遊びが図工教育の中心になる中で、保護者も教師も①の系統の作品が生まれていくことを強く求める状況がある。他方で社会的には描写力などのアカデミックな美術的技能が美術作品の評価の底流にあり、さらに現代ではコミック、アニメーション、テレビゲームなどのキャラクターに見られるようなイラストレーションなどのグラフィックデザインも注目されるようになり、②の系統の作品も根強く求める傾向にある。この②に関しては、そうした社会的評価を背景に、特に小学校中・高学年になって外部の価値観に敏感になっていく子どもたちの要求や不安に応える形で、「表現することができる方法をどの子どもにも保障する必要がある」と、○○方式や○○式といった絵画の技法を指導する傾向の広がりも見られる。

　このように主の2つの系統の作品が評価されがちな中で、それらに対応して以下のような指導方法が支配的である。

　①　様々な手立てを駆使して、子どもの表現意欲を引き出そうとする動機づけ的指導方法

　②　他者に「うまい」と感動を与える作品を生み出すための技術を身につけさせようとする技術主義的指導方法

　それぞれの指導法にはさまざまなバリエーションがあり、また相互に対立を含みながら展開されている。教員養成系の学生にもこれらの考え方が深く浸透している。

　本事例シナリオの目的は、子ども自身から生まれる率直な表現を尊重し評価する方法に目を向けることによって、支配的になっている2つの作品観と指導方法を相対化することである。

　ここで注目したい図工美術教育は、知らず知らずに身につけてしまっている大人側の価値評価から脱して、子ども自身が真に表したいものを率直に表現していくことを尊重し育て、そうした作品を評価していく、徹底した子ども中心主義の教育である。それは、指導を放棄する自由放任主義とはまったく異なり、表現の自由と自己決定性という表現本来の性格を尊重しようとする考え方である。先の2つの支配的な作品観と指導

方法を相対化する方法は、一つではなく、たとえば現代芸術の基本発想である異化作用を活用することも考えられる。したがって本事例シナリオが提示する方法が絶対的なものではなく、何よりも重要なのは既成の作品の見方や方法を相対化する力を身につけることである。

2. 授業計画（授業時間数）

　今回取り上げる事例シナリオは、「図工教材研究」という図工科の指導法の科目全15回のうちの第4回目に実施している。したがって授業時間は90分である。

　その授業では、①まず子どもたちの作品を見ることを通しながら造形活動の実際を知る。②それをふまえて図工教育の理論及び内容・方法について学びながら、同時に③事例シナリオを通して指導のあり方について考察を進め、最終的には④教材と指導案を整えて模擬授業を行うというカリキュラムになっている。

　本事例シナリオは、②において図工教育の理論の概要を学んだ上で、受講生がそれを授業に実際に応用できるかを考えるために実施する位置づけになっている。

3. シナリオの構成と展開

　この授業では、はじめから4人のグループをつくり、最後までそのグループで学習活動を進める。

3.1. 事例の提示

　最初の事例として次の〈エピソード1〉を受講生に配付資料として提示する。

〈エピソード1〉（概要）

　生活科での校区探検をきっかけに、小学校1年生の図工科で自分たちが住む町で将来どのように生きていきたいかを想像しながら立体地図を制作することになる経過が示される。そして入学当初から「絵、描くの苦手やもん。粘土もきらい。下手やで。」と言って自分から絵を描いたり、ものを作ったりすることがほとんどなく、この活動でも「なにもない、なにも思い浮かばない。」と言って、どうしても作品を作ろうとしないA君の様子が紹介される。

　このエピソードに対して、以下のG・Qを示す。

　G・Q1：このようなA君の姿に接したとき、あなたが教師だったら、どうしますか。そのように考えた理由も記してください（複数の対応も可）。

　このG・Q1に対する回答を、まず個人毎にワークシートに記入する。

　次にグループで共有する。その際、はじめに一人ずつ順番に回答を紹介する。その後グループ内で、共通する考え方と異なる考え方を確認して、意見交換する。

　その後、数グループにグループで出された考え方を発表させ、全体で共有する。

3.2. 定説の提示

　G・Q1に対する受講生の回答が、以下に示すように「定説の提示」という働きをすることになる。

　受講生たちは、教師としてどのように関わるか、様々に考えて回答する。想定される主な回答は以下の通りである。

① A君に質問したり、会話をして、A君の興味のあること、考えていることを引き出す。

　　現在住んでいる町でどのように生きていくかを考える課題なので、まずA君の好きなこと、この町で

好きな場所やお店などを尋ねたり、さらに将来になりたい職業を聞いたりする。たんに会話をするだけでなく、文字にして書き留めたり、「好きなものマップ」づくりをするという案を出す受講生もいる。

理由としては、興味のあることを言葉にすることによって作るもののアイデアやイメージが浮かんでくるなどが挙げられる。

② 友だちと関わりをつくる。

友だちの作っているものを見たり、友だちといっしょにつくったり、グループで制作活動をするようにする。

理由としては、友だちの作品をみて参考になったりするから、またいっしょに活動する中で刺激を得て、イメージがふくらんでくると考えられるから、などが挙げられる。

③ 教師といっしょにつくってみたりしながら、励ます。

A君は自信がないので、教師といっしょにつくり、そのプロセスでほめたり、励ますことによって自信をもたせることができると考えられるからである。

④ とりあえずやってみさせる。

実際に、材料に触ったり、箱に色を塗ったり、形をつくったりするなど、行動を起こさせる。

実際に活動することによって、凝り固まった心や身体がほぐれ、イメージがわいてきたりするからである。

⑤ 教師が手本を見せる。

教師が実際につくってみせることによって、つくり方を教える。

何をどのようにつくったらよいかわからない状態にあるので、例を見せることによって、つくり方がわかったり、同じようなものをつくるように誘うこともできるからである。

これらのように受講生たちはさまざまな手立てを考えるが、①から④に見られる多くの回答が質問や会話をしたり友だちや教師といっしょにつくったりするなど、さまざまに働きかけることによって A君の興味、関心や意欲を引き出し、制作へのイメージを持たせようとする動機づけ主義的な考え方から発想されている。

また少数ではあるが、③や⑤の背景には「つくり方（描き方）がわからないからつくれない（描けない）のだ」という考え方があり、そこからつくり方やつくる技術を教える必要があるという技術主義的な考え方も出されている。

このように一般に、回答されるほとんどの対応が動機づけ主義的あるいは技術主義的な考え方に基づいているため、それらの回答を定説が提示されたものとすることができる。

3.3. 視点を変えて立ち上がる実践例の提示

次の段階として、以下の〈エピソード2〉を提示する。

〈エピソード2〉（概要）

担任教師はA君の生活背景を思い浮かべる。母親と祖父母の家に住み始め、祖父になついており、祖父は孫のA君のために工場の仕事を辞めたが、A君はその工場に行ったことがあるなど。

担任教師は、このA君のエピソードを思い出した後、次のような行動をとる。A君の横に座り、A君と好きなことやおじいさんの話をし始める。周りの子どもたちもA君のことをよく知っているので、時々相づちをうちながら制作していた。すると突然A君は「じいちゃんの工場をつくる」と言って、黙々と作り始めた。

3.4. 定説に対する批判と総括

　＜エピソード2＞について、次のG・Q2とG・Q3を提示して、個人毎にワークシートに記入する。その後再びグループで、各自の回答を共有し、意見交換する。

　G・Q2：A君はなぜ作り始めることができたのでしょうか。その理由を考えてみましょう。

　G・Q3：この教師は、なぜA君に好きなことやおじいさんに関係するものをつくるように言葉かけをするのではなく、ただ好きなことやおじいさんのことについて話をしたのでしょうか。教師がどのような判断をしていたか、想像してみてください。

　これらの回答の実際の例を紹介する。一人の受講生は、G・Q2とG・Q3について、次のように記していた。

> **G・Q2の回答**
>
> 　作り始める前までは、何をどうイメージしたらよいのか、そもそものところが考えることができなかったこともあり、イメージを引き出すこともできず、作り方を教えてもなかなか作り始められなかっただろう。
>
> 　大好きな祖父のことを考えてみるということは身近なことであり、祖父を思うことで作り始めることができたと思う。A君のために仕事をリタイアした祖父にA君は祖父のために工場をつくってあげたいという思いで作り始めた。

　この受講生のグループでは、そのほかに「作品づくりが自分に遠いものだったが、おじいさんのことで身近に感じられるようになったから」、「おじいさんは大きな存在で、その工場は誇りに思えるものだった」、「A君が作った工場をおじいさんに見てほしいと思ったから」という意見が出された。

> **G・Q3の回答**
>
> 　そもそも作らないといけないことはわかっているから、何かに関するものを作るように言われてもなかなか気持ちも向かないだろうし、教えてもらっても、そもそも作るのが苦手だから作り始めることに抵抗があって、作り始めることができないだろう。
>
> 　だとしたら、A君が自分から作りたいと思えるようにするには、話をすることで自然に作りたいと思えるようにすることがよいと考えたから。自分のことを大切にしてくれ、自分が大切にしている人のことを考えたら、その人のために、こういうものをつくりたいと思えるのではないかと考えたから。

　このG・Qについても、このグループでは、「先生の指示に従うのではなく、A君自身の考えで作ったという思いにさせたかったから」、「うまい、へたではなく、表現することを大事にしようとした」などの意見が出された。

　この例に見られるように、受講生たちは提示された〈エピソード2〉とそれに対する2つのG・Qについて考えることを通して、外からの動機づけ主義的指導や技術的指導の限界を知り、表現における子ども自身の自己決定性の重要性に気づいていく。

　授業はその後総括の段階に入り、以下の2つの事項についてワークシートに記入して終了する。

1. A君の事例を通して、あなたが図工・美術教育のあり方として学んだことや考えたことについて記してください。

2．その他、この事例を通して感じたことや考えたことを自由に書いてください。A君に対する別の関わり方があると思った方は、それも書いてください。

　学習の総括の視点として上の2点を挙げているのには意図がある。第1点は、この事例を通して学んだことを改めて全体にまとめるためである。第2点は、結論を固定化させずにさまざまに思考を多角化させるためである。当然ながら、実際の教育活動の中では、教師たちはそれぞれの場や子どもに応じた多様な対応をしながら、よりよい考え方や教育方法を常に模索していく。したがって、たとえば表現の自由と自己決定性のもとに子ども自身が真に表したいものを率直に表現していくことを尊重する考え方の重要性を理解したとしても、そうした考え方に固着してはならない。それをさらに理論的に考察したり、問い直していく志向性が求められるからである。

4. 作成者によるコメント

　この事例シナリオの掲載にあたって何よりも紹介しなければならないのは、その作成のプロセスである。この事例シナリオは、当初からここに示したような形態になっていたわけではなかった。はじめのシナリオに改良が加えられることによって掲載した形になっていった。その際に、決定的な役割を果たしたのが、本書第Ⅰ部第Ⅴ章で取り上げられているルーブリックを使用した事例シナリオ教育の評価方法である。このルーブリックを活用することによって、当初の事例シナリオを対話的事例シナリオへと大きく転換させることができた。そこで改善されたのは、事例の内容ではなく、ガイディング・クエスチョン（G・Q）だった。その過程を紹介したい。

4.1. 最初の事例シナリオの構成と展開

　最初に作成されたときの事例シナリオの構成は以下のようだった。
［最初の事例シナリオ授業の構成］
（1）　エピソード1と旧G・Q1の提示
　　　＜エピソード1＞（概要）　＊現エピソードと同様
　　　旧G・Q1：A君にどのような関わりや働きかけをしたらよいでしょう。その働きかけを考えた理由も記してください。
（2）　旧G・Q1に対する回答とグループでの検討
（3）　旧エピソード2と旧G・Q2の提示
　　　＜旧エピソード2＞（概要）　＊現エピソード後半の教師が取った行動は記述されていない
　　　旧G・Q2：担任教師は、このA君のエピソードを思い出した後、ある言葉かけをしました。この言葉かけをきっかけに、A君は制作に取りかかることになりました。どのような言葉かけをしたのでしょう？
（4）　旧G・Q2に対する回答とグループでの検討
（5）　実際の教師の対応と結果を知る
（6）　各人で振り返りを行う

事例シナリオ集Ⅲ

表Ⅲ-2-1 事例に即したルーブリックの作成とその評価結果

学習項目	4	3	2	1
【シナリオとの対話】問題のとらえ方	シナリオの多声性を理解し、総合的に問題をとらえることができる。	シナリオの多声性を理解し、分析的に問題をとらえることができる。	シナリオの多声性に気づいている。	単声的に捉えている。
事例に即した評価の視点（子ども理解、教師の行動に対する理解の深化）	子ども自身の判断に委ねる。根拠を持った教師の判断への理解 。	A君を複数の視点で見る。A君に寄り添う。	A君が描けないことを複数の視点で見る。	作りたいものをイメージできたとだけとらえる。
【観の変容】	他者の観を理解し、自らの観を再認識し、変容を自覚できる。	対話を通して、他者の観と自らの観の相違を認識できる。	対話を通して、自らの観を意識し、形式化できる。	対話を通して、自らの観に暗黙的に気づいている。
事例に則した評価の視点（図工教育観を問う）	自らの図工教育観を再認識し、根拠を持って子どもに依拠して表現を委ねる 。	動機づけ主義、技術主義に疑問を持つ。図工教育を見直す。	多様な動機づけの観点からとらえる。技術主義の方法に気づく。	動機づけの観点からとらえる。
当初シナリオの該当者数			5/9	4/9
改良シナリオの該当者数	0/40	18/40	15/40	7/40

　以上の構成からわかるように、当初の事例シナリオ授業では、実際に教師がとった行動は最後に示されると同時に、その意味も受講生自身に考えさせて終わる展開だった。

　その段階でのこの事例シナリオの成果を、開発したルーブリックによって評価した。評価にあたっては、元のルーブリックを本事例の特性に即して再構成し記述も改めた。すなわち、学習項目4項目の内【シナリオとの対話】と【観の変容】に絞り、さらに評価の指標も改めた。そのルーブリックが表Ⅲ-2-1である。

　当初の事例シナリオでの受講生の回答と記述をこのルーブリックに照らし合わせて評価した。表Ⅲ-2-1の「当初シナリオの該当者数」欄に見られるように、その結果はすべての回答が2または1の段階にとどまっていた。それは、事例シナリオが受講生の【シナリオとの対話】（「子ども理解、教師の行動に対する理解」）も【観の変容】（「図工教育観を問う」）という面でも教育効果が不十分であることを示していた。

4.2. ルーブリック評価を契機に事例シナリオの改良

　そこで改めて事例シナリオを検討すると、当初の構成では私たちが開発してきた4段階構成と比べて、①事例の提示と②定説（よくありそうな対応）の提示はあっても、その後の③定説に対する批判と④定説にかわる実践例の提示があいまいな構成になっていることがわかってきた。そこで次のような改良を加えた。

（1）　受講生を問題解決主体に立たせる。
　　　G・Q1の改善：「A君にどのような関わりや働きかけをしたらよいでしょう。」を「あなたが教師だったら、どうしますか。」に変更。
（2）　「定説にかわる実践例の提示」を通して「定説に対する批判」等の検討が進むように、教師がとった行動を先に示して、受講生にその理由を考えさせるようにする。
　　　エピソード2の改善：教師が取った行動と、A君の変化を先に示す。
　　　G・Q3の追加：「この教師は、なぜA君に好きなものやおじいさんに関係するものをつくるように言葉かけをするのではなく、ただ好きなことやおじいさんの話をしたのでしょうか。教師がどのような判断をしていたか、想像してみてください。」

　この結果生まれたのが、本節ではじめに紹介した事例シナリオである。旧事例の翌年度に実施し、その学習過程で生まれてきたのが先に見たような回答である。そしてこの改良した事例シナリオの効果を改めて先のルーブリックで評価をしてみると、先の表Ⅲ-2-1 の「改良シナリオの該当者数」欄に示したような結果になった。すなわち、「子ども理解」の面で、旧事例シナリオでも対象の子どもを心理面や行動面などいくつかの側面からとらえて働きかけを考える受講生は多かったが、その子どもの立場に立って寄り添って理解することはできていなかった。また「図工美術教育観」の面でも、旧事例シナリオでは定説化している動機づけ主義的教育発想や技術主義的教育発想の枠内でとどまり、しかもそうした自己の教育観を対象化できない段階にいた。ところが改良された事例シナリオによって、約半数の受講生が第 3 段階に該当するようになり、子どもの内面に寄り添って考えたり、図工教育の面でも子どもの立場に立って、動機づけ的発想や技術主義的発想を相対化して表現における自由と自己決定の重要性に気づきつつある状態になった。

　したがって 4 段階構成に改良した事例シナリオが最初のものより効果的になったことがわかる。しかし評価の第 4 段階に至る受講生がいなかったことは、十分に検討する必要がある。この段階に至るためには、自身の理解を理論的に根拠づけることができなければならない。つまり一方で、子どもの自由と自己決定性に対する教育理論的理解、他方で図工教育における動機づけ的、技術主義的、そして表現の自由と自己決定性を核とする子ども中心主義的教育発想のそれぞれの意義や欠点についての理論的な理解、さらにはそれぞれの発想の下で生まれる子どもの美術表現に対する評価が必要とされるのである。したがって今後そうした理論的な探究も組み込んだ事例シナリオの開発が課題となっている。

事例シナリオ集Ⅲ

事例シナリオの種―4―

防災・減災教育

前原裕樹

● 防災・減災教育を取り上げることの意味とシナリオの目的

　防災・減災教育[1]については、直接子どもの命や教師自身の命に関わることである。よって、形式的な防災・減災教育ではなく、より実質的な防災・減災教育が必要となっている。

　そこで、実質的な防災・減災教育の取り組みを行ってきた釜石市の事例から学ぶことを通して、学生の防災・減災教育の理念を深めることを主な目的とした事例シナリオを紹介する。

　まず、今回取り上げる釜石市の津波防災教育の目的は、「釜石市津波防災教育のための手引き」の中で、次のように記されている[2]。

> 今日明日にでも発生するかもしれない三陸沖地震津波に備えて、児童・生徒に『自分の命は自分で守ることのできるチカラ』をつけることです。

　この手引きの特徴は、各学年の教科と地震・津波・防災に関連する単元がピックアップされており、その上で指導内容が記載されていることである。そして、この防災教育カリキュラムやカリキュラムに基づいた授業等が、後に「釜石の奇跡」と言われるような、津波から避難することを可能とした出来事の1つの要因だと考えられる。よって、この釜石市の手引きや釜石の奇跡、と呼ばれる出来事との両方から、より深く防災・減災教育について学ぶことができると考えられる。

● 事例シナリオ材とガイディング・クエスチョン

　それでは、事例シナリオの概要とガイディング・クエスチョン（以下 G・Q）について述べる。今回事例シナリオの材として用いたのは、NHK 総合で 2012 年 12 月 29 日(土)(08:05〜08:56)に放映された『釜石の"奇跡"〜3・11 子どもたちの記録〜』の冒頭の1分弱のアニメーション映像である。同様の映像は、のちに DVD 化もされている。番組の概要および提示する映像の場面は、次のようである。

> 東日本大震災で、「釜石の奇跡」と呼ばれた子どもたちがいる。大人顔負けの判断と行動で、大津波を生き延び、周りの多くの命も救った釜石小 184 人の子どもたち。ごく普通の子どもたちのどこに、そのような「力」が潜んでいたのか。子どもたちの証言をもとに、あの日をアニメーションで詳細に再現。子どもたちが学んできた「いのちを守る授業」の内容を振り返りながら、いのちを守るために何が大事なのか、考えていく。

　次に、冒頭の1分弱のアニメーションについて説明する。登場人物は、震災当時 3 年生だった愛海ちゃんである。愛海ちゃんは地震発生時は自宅の1階にある祖父の自転車屋にいた。そして、部屋で友達とおままごとをする準備をしていた。そして、午後2時 46 分、M9.0 の大地震が発生。激しい揺れがおよそ3分間続いた。愛海ちゃんは必死に机の下に頭を隠す。そして、揺れが収まった後、祖父たちは家の片づけをし始めたが、愛海ちゃんは祖父たちに対して必死に避難を呼びかけた。愛海ちゃんの真剣な訴えに祖父たちは避難することにした。

　以上が番組のアニメーションの内容である。

　それでは、なぜこの場面がシナリオ材に適しているのか、について説明する。その理由は2つある。1つ目は、愛海ちゃんの行動の背景を考えることが、教育実践の在り方について考える機会を提供してくれるからである。具体的に言えば、愛海ちゃんが祖父たちを高台まで避難させた、という結果から、どのような防

災・減災教育が行われれば、釜石市の奇跡、といわれる子どもたちの避難行動が可能だったのか、を考えさせることにより、学生の防災・減災意識を高めたり、防災・減災に関する知識を増やすことはもちろん、将来教師になった際、防災・減災教育に関する学校や授業カリキュラムを構築するのに役立つ、と考えられる。また、釜石市の防災教育に関する手引きと照らし合わせることで、個人の意見の羅列にとどまらず、さらなる防災・減災教育への理解を促すことができると考えられる。

　2つ目は、実際の津波の映像を用いることへの懸念である。すなわち、実際の映像をみせることは、実際に被災した学生や被災した親族や知人がいた場合など、学生に非常に辛い思いをさせてしまうことが予想される。また、そのようなショッキングな映像を見せることは、思考停止の状態を作り出してしまうことも懸念される。以上、2つの理由から、シナリオ材を選定した。

　シナリオ材に基づき、ガイディング・クエスチョンを設定した。設定したガイディング・クエスチョン(以下 G・Q)および、手順は以下である。

```
G・Q の項目、および手順
1　アニメーション映像をみせる
2　G・Q①　愛海さんは何年生でしょうか。根拠も述べなさい。(5分程度)
3　G・Q②　愛海さんの通っていた学校の他の児童も同じように避難することができていました。
　　学校や授業でどのような取り組みをしたら、この小学校の児童のような姿が可能でしょうか。
```

● 実施した際の学生の反応や手応え、改善の方向性等

　本実践を通して次のことが明らかになった。1つ目は、グループ談話の様子や感想から、教員志望である学生が、大学内のカリキュラムにおいて防災・減災教育について学ぶ機会があまりないことである。今後、教員養成段階において、系統的に防災・減災教育のカリキュラム構築が求められると言える。

　2つ目は、G・Q3 の学生から出たアイデアは、抽象的な記述が多く見受けられるが、教師としてある一定の知識や配慮を持っていることである。そのことから、抽象的な記述をより具体的にしていくような働きかけを実践し、実際の防災・減災教育の分析と照らし合わせながら、防災・減災教育についてさらに理解を深めるとともに、それを実践することが可能な段階まで指導していく必要がある。具体的な方法としては、学生が自分たちで釜石を始めとする防災・減災教育の先進的な事例を調査したり、自分たちで学校などに聞き取りを行ったりすることで、より具体的かつ実質的な防災・減災教育を行うことに繋がると考えられる。

　今後の授業改善としては、例えば G・Q2 について「防災・減災教育の観点から、愛海さんができていることは、どんなことか」というふうに投げかける方が、より学生たちの考えを焦点化していけるのではないだろうか。引き続き、G・Q の改善とともに、授業の目標の精緻化も行なっていく必要がある。

【注】

1) 防災を「公の備え」、減災を「自主的な備え」といった意味で分けて使用しているが、教育においては防災と減災の両方の性質を併せ持っていると考えられるため、小論においては、「防災・減災」および「防災・減災教育」として表記している。

2) 釜石市教育委員会・釜石市市民部防災課・群馬大学災害社会工学研究室（2010）「釜石市津波防災教育のための手引き」

【引用文献】

DVD 教材（2013）『釜石の"奇跡" 〜子どもたちが語る 3.11〜』NHK エンタープライズ

事例シナリオ集Ⅲ

3.　ものづくりにおける学び

［技術科教育］

中西康雅

キーワード：技術科教育、ものづくり、ブリッジコンテスト

1.　本事例シナリオの目的と位置づけ

　技術・家庭科技術分野（以下、技術科）に関して大谷は、「授業はただ作らせて終わり」という実情があり、大学生に「中学校の技術科の授業で何を教わったか」と聞くと、本立て等の製作物を挙げることが多いと指摘している（大谷、2009）。すなわち、教わったことや学んだことを問うても、学生は学んだことではなく、製作したものを挙げるというのである。また、筆者の授業において学生に中学校での技術科の授業について問うと次のような回答があった。

> 学生Ａ（大学 1 年生）
> 　自分が中学校の時の先生は教科書をさらっと読むだけで、あとはほぼ作業などの実習だったので、振り返るとたくさん物は作ることができて楽しかったが、結局、何の知識が得られたのか？と聞かれると、道具の具体的な使い方が分かるようになったくらいで、ほとんど何の知識も残らなかったというような印象であった。

> 学生Ｂ（大学 1 年生）
> 　自分が中学の時に受けた技術の授業は、言われたことをやるとか、説明書に書いてあるとおりに作るとか、みんなが同じものを作っていて、私の勝手なイメージは、「美術とか音楽みたいに感性とか必要なくて、言われたことをこなせばいい、できるだけ手本通りに作る。」のように、考えなくてもいいし、楽な授業だとしか思っていなかった。

　このように「説明書通りに作るだけ」「道具の使い方を習った」とする学生の意見もあり、中学校における技術科の授業の被教育体験によって、製作すること自体が技術科教育の目標であると誤解していると考えられる。すなわち技術科教師の授業そのものが、生徒の内側にある技術科という教科観形成そのものに大きな影響を及ぼしているのではないだろうか。このような現状を鑑みると、社会にある技術的課題を解決するような授業、そして技術を工夫したり創造する能力を育成するような授業といった視点が欠落しているように考える。

　そこで、ここでは技術科の教科書にも掲載されたことのあるブリッジコンテストの授業を取りあげ、製作指導の場面について改めて考えることで、技術科の教科観や授業そのものを問い直したい。

2.　対話的事例シナリオ材として『ブリッジコンテスト』を選定した理由

　ブリッジコンテストは、限られた材料を使用して最も強い橋をつくることを目的とした競技というのが一般的である。技術科の授業だけでなく、高等学校や大学の工学部などの授業でも実践され、製作する際の材料には木材や紙、鋼などと目的によって変えることもでき、適切な制約条件を設けることで多様な学習者に対し適した題材として活用されている。また、ブリッジコンテストが技術科の教科書に掲載されていたこと

もあり、技術科の教材としても認知度は高いのではないだろうか。また、「環境への負荷を低減し、コストを抑えるため材料の使用量を減らしたい」「これだけの力に耐えられるようにしたい」等の条件を設定すれば、これらの条件を満足するための最適な橋を創造するために材料や構造と強度に関する知識をもとに設計・製作に取り組むことができる。

　このような魅力ある教材である一方、設計はもちろんであるが、製作精度が強度に大きな影響を及ぼすことも確かであり、製作指導における指導の観点はどうしても細かい点に及び、そのことが生徒の学習意欲をそぐ場面に出くわしたこともあった。

　以上のことから、ブリッジコンテストを題材とすることとした。

3. 事例シナリオ
3.1. 事例とガイディング・クエスチョン
　以下は、事例とガイディング・クエスチョン（以下 G·Q）である。

■事例

　中学校1年生の技術の授業です。技術に関するガイダンスも終えた5月、材料と加工に関する技術の学習が始まりました。本立てを製作する前に、ものづくりの手順を体験的に学習するため、より強い橋模型の設計・製作を競うブリッジコンテストに取り組んでいます。

G·Q1．下の2つの写真は、設計図とこれをもとに製作した作品です。比較して気づいたことを挙げましょう。

図Ⅲ-3-1　設計図

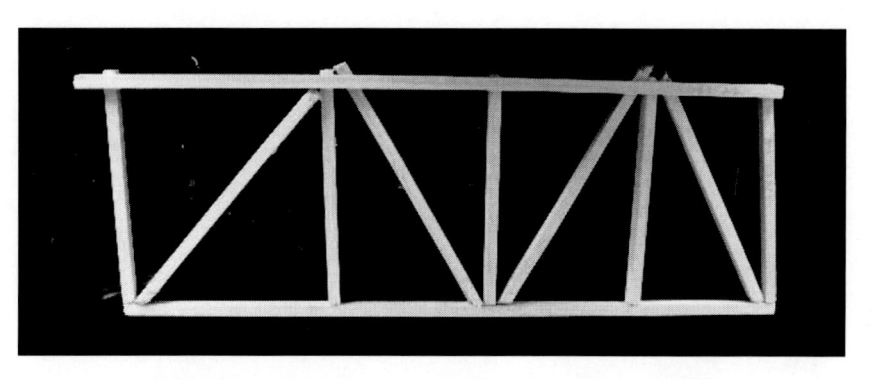

図Ⅲ-3-2　設計図をもとに製作した生徒の作品例

製作品

G・Q2.　あなたが教師なら、上のように生徒が明らかに設計図と異なる作品を完成したと言って持って
きたら、どのように対応しますか。

3.2.　よくある対応

　G・Q1については多くの生徒が設計図と製作品の構造部材の配置の違い、そして接合部分の違いなどに気
づくであろう。

　次にG・Q2については、教師の対応として次の2つが考えられる。

　1.　設計図通り作り直すよう指導する。

　2.「図面と比較してどう？」と問いかけ、設計図と製作物の構造が異なることを生徒に認識させる。

3.3.　よくある学生の考えの問題点

　それでは、上述の2つのよくある対応について考える前に、まずこの教材の位置づけを確認したい。技術
科は中学校から始まる新しい分野である。そのため学習指導要領では1年次の最初に教科のガイダンスを設
け、この教科を学習する意義と3年間の学習を見通すことができるようにされている。本稿で対象とするの
は、そのガイダンス後に学習されることの多い「材料と加工に関する技術」の領域の内容である。そのため、
初めての製作、実習を行われることが多い。

　この領域では、材料の性質や構造と強度の関係といった知識について学ぶとともに、材料を加工するため
の技能についても学ぶ。また、材料やそれを加工する技術を用いて社会や生活における課題を技術的に解決
する能力を育成することが求められる。そのため、技術が社会や環境に及ぼす影響とその役割について評価
し、活用することについて学習することも重要視されている。これを換言すれば、技術に関する知識と、そ
れを使うための方法論と能力を身につけることと言えるかもしれない。

　それでは、このブリッジコンテスト教材の学習内容を改めて考えると、次のようなことが挙げられる。

　　1.　材料の性質・特性

　　2.　構造と強度

　　3.　設計と製図法

　　4.　材料の加工方法、接合方法

　　5.　ものづくりの工程

　　6.　技術と社会・環境・経済

　一方で、この授業が材料と加工に関する技術の領域において製作を伴った初めての授業であることを考え
れば、本立て製作前に材料に関する知識と技能をもとに、課題把握から設計、製作、評価というものづくり
の流れを体験的に学習させようとしている点を重視しているとも考えられる。

　このような視点から事例シナリオを再確認すると、製作図からは木材の性質や特性、そして構造と強度の
関係を理解し、製図できていることが確認できる。また、接合部分についても詳細に描けていることもわか
る。翻って製作品に目を向けると、製作図と異なる構造と接合法になっていることなどがわかる。これらの
ことから考えられることは何であろうか。この事を踏まえて定説を確認していく。

定説 1. 設計図通り作り直すよう指導する。

　設計通りにできていないからと突き返す前に以下のことを考えたい。この教材は、ものづくりの基本的な工程を体験的に理解させることを目的としていたはずである。精緻に設計図通りに製作する必要はあるだろうか。

　生徒にとっては技術的な視点に基づき設計、製作するという初めての体験である。そのため、道具の制約による加工条件を十分に考慮できなかった、または自身の加工能力の限界をこえる設計をしてしまった可能性がある。そうであれば、今回できていないことを題材として学習する場面を演出することもできるのではないだろうか。すなわち、対象とする材料、使用できる工具、そして自身の技能をもとに、どのような加工であれば可能であるかを構想段階、設計段階で検討しておく必要性を生徒自身に認識させることである。そうすることで、次の学習過程である本立て製作の学習にいかし見通しを持って活動できるようになればよいのではないだろうか。

　一方、生徒が故意に設計図通りに製作しなかったと考えてみよう。製作する中で、より好い構造を考案した可能性もあるのではないだろうか。そうであるなら、生徒の考えやその具体物である製作物について作り直すように指示する前に、その意図を問うことが必要かもしれない。

　このように、設計図通りに製作しなかった理由を考えれば、知識・技能面での課題と時間的制約が挙げられる。材料加工に使用した工具は生徒の身体的側面から考えて適切であったか、学習時間は生徒の能力に適した時間を確保できていたか、生徒が設計・製作できるだけの知識・技能を身につけられていたかを確認する必要がある。

定説 2.「図面と比較してどう？」と問いかけ、生徒に認識させる。

　「図面と比較してどう？」と問いかけたところで、設計図通りにできなかったことは生徒も自覚しているのではないだろうか。それでもそのまま持ってきたということは、技能的にできなかったのかもしれない。このような問いかけが知らないうちに生徒を追い込んでいることも考慮する必要があるだろう。

　設計図通りに作り上げることを厳格に課すと、製作技能を向上させるしかない。一方で、自身の技能を把握した上で製作するものの形状や構造を決定することは、重要な技術科の学習内容である。しかしながら、まだ技術を学び始めた中学 1 年生にとってはかなり高度な内容とも言える。このような視点から考えれば、どういった設計なら製作できるのかを考えさせ、設計図を描き換えさせてもよいかもしれない。

　一方で、工学的技術を用いた製品製造において、設計者と製造者は別になることが多い。そして、設計者と製造者が同様の知識、技能を有しているわけでもないだろう。こういった現状を考え、設計図通りに作らないことがどのような問題を引き起こす可能性があるのかを検討することは、品質の保証や安全管理といった技術倫理の学習にもつながり重要である。また、製作するからこそ気づくこともあり、実製品においても何度も設計と試作が繰り返され改善されていることを体験的に学ぶ場ともできるだろう。

3.4. 視点を変えて立ち上がる実践

　さて、ここでは実際このような場面に出会った教師がどのように対応したかを紹介しておこう。

　その授業で、授業者は生徒の製作品をそのまま受け取り、強度評価を実施することにした。というのも、同じクラスに同じ構造を設計し、下の写真のように設計図通りに製作した生徒がいたからである。その生徒の強度評価の結果と比較し、クラス全体で検討する場面を授業後半で設けることで、構造と強度の関係、接合部の影響などを学習する機会としていた。生徒からは、構造や接合の仕方によって強度が変わること、設計するときには製作することまで考えて構造を決定する必要があることなどが挙げられていた。

図III-3-3 設計図通りに製作した生徒の作品例

　このように見てくると、技術科特有の課題として次のようなことが挙げられる。
○教員の製作至上主義からの脱却
　「技術科の授業はただ作らせて終わり」と言われることがある。例えば、電気領域の教材であるラジオのキットが動作しないと、授業終了後に教材会社に大量の確認依頼があるとも言われている。これは何を意味するのだろうか。もちろん教材そのものに課題があることも考えられるが、教師自身が教材を動作させることが出来ないということに課題は無いのだろうか。製作することが目的ではなく、製作を通じて学習する必要がある。上手く動作しないのであれば、その理由を追究する場面をこそ授業の中に設けたいものである。このような点から、教師による教材研究の充実と、ものづくりという活動を通じて学習することを重視する必要があるだろう。

○競争だけを煽っていないか
　技術科の授業では、ロボットコンテストやブリッジコンテストなど、競技性を導入した授業が展開されている。生徒は製作に熱中し、これらの題材としての有効性を示した論文もある。その一方で、競争だけを煽り、製作活動を通じて学習することを怠っていないだろうか。

4. 作成者によるコメント

　最初に述べた通り、技術の授業は「ただ作らせて終わり」や「作ること自体が目的」となっている課題がある。そこで、あえて製作過程に注目した事例シナリオを開発することで、このような現状を考える契機としたかった。
　また、ここでは挙げなかったが、授業実践の資料をもとに技術の授業について考えてみてもよいだろう。例えば、『技術科の授業を創る』（河野ほか、2005）には、ブリッジコンテストの実践例が掲載されている。そこには、課題を把握し設計、製作、評価までの流れを体験的に学習している様子が生々しく描かれている。また、多くの学生が受けてきたと考えられる「ただ作らせて終わり」という授業とは対照的に、作った作品を評価し、その結果をもとにさらに改善を繰り返すものづくり活動が展開され、明石海峡大橋の実例では何トンという重さに耐え、ミリ単位で作りあげる高度な設計・建築技術を学ぶ様子が描かれている。

【引用文献】

河野義顕・大谷良光・田中善美編著（2005）『技術科の授業を創る　―学力への挑戦―』学文社
大谷良光（2009）『子どもの生活概念の再構成を促すカリキュラム開発論―技術教育研究―』学文社, 23-24.

4. 社会科教育における対話的学習

[社会科教育]

小宮康子

キーワード：知識活用型授業、聴き合い、グループでの学び（対話）

1. はじめに

　若い教師の悩みの一つに「グループ活動をどう進めればよいか」とよく聞く。対話的学びの重要性が叫ばれ、自らの体験としてもグループワークの経験を多少持っている若い教師は、なんとかグループ活動を活用した授業をつくりたいと願っている。

　しかし、語句の意味解説を主とした講義型授業からの脱却はそう簡単ではない。基本的な知識を説明しておかないと、対話自体が内容のないものになってしまい、しかも従来型のテストに対応できないのではないかと考えてしまいがちである。そのような不安をどう払拭できるのか。事例を挙げながら考えていきたい。

2. 事例1　教師からの知識説明のあとにグループ活動（応用）をする

　教師が、教科書本文に書かれている基本的な用語を説明して、生徒たちがそれを理解してからでないとグループでの考える課題をすることはできない、と考えている授業例。

【歴史的分野　　1年生　】（「中学社会　歴史的分野」日本文教出版）
　第2編　古代までの日本　　②　日本列島の人々と国家の形成
　5　聖徳太子と飛鳥文化　　P36　蘇我氏と聖徳太子

　6世紀初め、ヤマト王権内部では、物部氏と蘇我氏が力をもつようになりました。渡来人と強く結びついた**蘇我氏**は、百済から伝えられた仏教をとり入れようとし、これに反対する物部氏をほろぼし、大きな権力をにぎるようになりました。

　6世紀末、女帝である推古天皇が即位すると、甥の**聖徳太子（厩戸皇子）**を国の政治に参加させ、蘇我馬子とともに天皇を中心とする国家のしくみを整えようとしました。そのため、**冠位十二階**の制度を定めて、家がらにとらわれず個人の才能によって役人を採用することにし、**十七条憲法**を定めて役人の心がまえを示したといわれています。

　また、ヤマト王権は、中国を統一した隋に小野妹子らの**遣隋使**を派遣し、対等の立場で国交を結ぼうとしました。さらに、隋の進んだ文化をとり入れるため、多くの留学生・留学僧を同行させ、制度や仏教を学ばせました。外交使節や留学生・留学僧には、渡来人が多く採用されました。

　教師は、この授業を小学6年で学習した内容の確認から始める。「聖徳太子はどんな人？」と問いかけると、生徒は小学校で聖徳太子に関して興味を持って学習したため、多くの生徒が口々に発言をする。しかし、それは単語を挙げるだけの発言であり、既習事項の確認となっている。

　授業の前半は、教師の［問い―生徒の答え］の形式で進められ、教師がそのやりとりを黒板にまとめる。生徒の発言を書くというよりは、教師が準備した板書計画を基に書いていく。それを生徒はノートに写す。

事例シナリオ集Ⅲ

　この形態の授業を繰り返すと、生徒は、教師が黒板に書いたことを全てノートに書きさえすればよい、という意識となり、生徒自身が学んだ内容を記録するという意味合いは薄れていく。そして、黒板に書いたことを基にして、教師の説明が加えられる。特に、定期テストで問われやすい内容であることを強調する。テストを作成するのは授業者であるため、この問題を出題すると予告しているようなものである。

　一方、聖徳太子について教師が知っている逸話を話すことで生徒の興味を引こうとすることもよくみられる。生徒たちは、一方的に教師の話を聞く時間となる。

　教科書に記載されている順に、[教師の問い—生徒の解答—板書を写す—教師の説明]を繰り返し、本時の学習予定範囲に達したら、グループ活動をさせる。グループ活動は、本時で学習した事項を用いた「話し合い活動」である。

【課題】

　　小野妹子ら遣隋使が隋に派遣された目的はなんだろうか。今日学習した内容を参考にして考え、グループの意見をホワイトボードに書く。

【子どもたちの話し合いの様子】

生徒A	聖徳太子って、本当に10人の話を一度に聞きわけられたのかなぁ？
生徒C	そんなの無理じゃない？
生徒D	でも、先生そう言ってたじゃない。
生徒B	うん、小学校の時の先生もそう言ってたよ。
生徒D	すごい人だね！
生徒A	遣隋使の話だけど、小野妹子は何をしに行ったのかな？
生徒B	えっ？私もわからない。Cちゃんわかる？
生徒C	教科書に書いてあったと思うよ。探してみるね。
生徒A	そっか、探してみるわ。
生徒D	今日学習した内容を参考にって先生言ってたから、ノートに答えが載ってるんじゃない？
生徒B	ここに書いてあった。
生徒D	「対等の立場で国交を結ぼうとしました」って書いてあるから、これでいいんじゃない！
生徒C	そうしよ。D、書いて。
生徒A	じゃあ、オレ黒板にホワイトボードを貼りに行くわ。
生徒B	今日習ったことだから、冠位十二階とか憲法17条とかも入るよね
生徒C	そこ関係ある？教科書に答えが書いてあったから、それでいいじゃん。

　各グループのホワイトボードを黒板に貼り、全体で意見を確認する。教師は、教科書に書かれた用語をつなぎ合わせた文が書かれると予想していなかったが、時間の都合で各グループの意見の紹介をするだけになってしまっている。

【考えてみよう】
　教師は、教科書にそって基本的な用語に関して説明を行い、その内容を黒板にまとめ、ノートに写させた。その用語を使っての話し合いを組織したのに、他のことのおしゃべりになってしまい、話し合いはなかなか始まらず、内容に関しても教師が意図したものではなかった。話し合いが低調であったのは、どうしてなのだろうか？

　このようなタイプの授業では前半の説明に時間がとられ、後半に予定した話し合い活動ができなくなるということが多い。よって、授業は、教師が作成したグループ活動を用いた授業案のとおりにはならない。
　話し合いが低調なのは、教師が授業の前半で説明したことを確認するだけの課題だったからである。生徒が探究する課題ではなく、探究するための史料もなかった。課題に取り組むことで、発見があったり、新たな問いが生まれたりということが生じなかったからである。

3. 事例2＜知識活用をねらいとしたグループでの対話型授業＞

【目標】蘇我馬子と聖徳太子は、どのような社会を目指したのかを知る。

【課題】
　①　隋に使いを送った（遣隋使）目的を史料から読み取る。
　②　隋の皇帝が国書を読んで不快に思った理由を探る。

【史料A】
　　大業三年　其王多利思北孤遣使朝貢
　　使者日聞海西菩薩天子重興佛法故
　　遣朝拜兼沙門數十人來學佛法　其國書曰
　　日出處天子致書日没處天子無恙云云
　　帝覧之不悦謂鴻臚卿曰蠻夷書有無禮者勿復以聞

　　　　　　　　　　　　　　　　　　（「隋書」倭国伝）

　教師は、本時の学習目標を子どもたちに提示する。学習課題が書かれたプリントと史料Aを配付し、課題①を提示する。机を4人グループの形にして取り組むように指示をする。
　教師は、子どもたちが分からないところを自分で調べたり、グループで互いに聴き合いながら、取り組んでいる様子を観る。この時に、わからないことや困っていることをグループの子どもに聴くことができない子どもがいれば、教師がグループの子どもたちとの間をつなぐ声かけをする。（10分ほど）

　子どもたちがグループで聴き合っても分からなさがあるようならば、わからないところをクラス全体で共有する。また、考えの差異を明らかにすることで、自己の考えを深めることにつなげる。そのために、グループの活動を解き、全体で話をする。

【子どもたちの話し合いの様子】

生徒A	「大業三年」って教科書の資料④に607年って書いてあるけど、これでいいのかな。
生徒C	うん、そうだと思う。
生徒D	それじゃあ、「使者」っていうのが小野妹子だよね。
生徒B	ということは、「海西菩薩天子」は推古天皇？「天」って書いてあるし。
生徒D	そうかなぁ？うう～ん・・・西の天子ってことは、日本から見て西・・・隋じゃない！
生徒A	あっ、そうか！
生徒B	「佛法」って2回出てくるけど、これ何？辞書で調べてみるわ。
生徒C	ねえ、「日出處天子」って小学校の時先生に聞いたことない？「日没處天子」も
生徒A	あぁ、その話知ってる。隋の煬帝は、日が沈むて言われて「無礼者！」って怒ったんだよね。
生徒B	「佛法」って仏教のことだった。それと、「來學」は学びに来たってことだと思う。
生徒D	遣隋使を送った目的は、仏教を学ぶためということ。
教師	さっき、「日出處天子」「日没處天子」の話が聞こえたけど、それはどういうこと？
生徒C	隋の煬帝が、手紙に自分の国のことを「日が沈む」って書かれたから「無礼者！」って怒ったんです。
教師	そう、それはどこかに書いてあるの？
生徒B	はい、史料Aには書かれていませんが、教科書の資料④に書いてありました。
教師	史料Aには書かれていないの？じゃあ、史料Aをもっとよく読んで、課題2に取組もうか。

　課題②を提示し、課題に取り組ませる。グループで1つの考えをまとめることがねらいではない。個々で考えを持つことが学習のねらいである。（10分ほど）

　教師は、それぞれのグループで、子どもたちが取り組んでいる様子を見たり、対話を聴きながら教室全体を見る。そこで、課題②について、史料Aを読んで深く考えずに、教科書に課題に対する「答え」らしき部分が載っているため、それを「答え」としてワークシートに書いている様子が見られた。
　子どもたちの対話を聴き、安易な答え見つけになっているので、グループの学び合いから全体へ戻す。そこまでの子どもたちの読み取りを共有する。子どもたちが簡単に課題を読み解いたように感じたところで、配付した史料Aに戻し、さらに追加史料Bを配付する。そして、もう一度史料を丁寧に読むように指示をする

【史料B】

　開皇二十年　俀王姓阿毎字多利思北孤號阿輩雞彌遣使詣闕　上令所司訪其風俗　使者

言　俀王以天為兄以日為弟　天未明時出聽政跏趺坐　日出便停理務　云委我弟　高祖曰

此大無義理　於是訓令改之

（「隋書」倭国伝）

※注　開皇二十年・・・西暦 600 年

【解釈文C】

　開皇二十年（600）は推古天皇の八年にあたる。この年に遣隋使の記録はないが、中国側の記録の正確さや、ウソをつく理由がないことなどを考慮して、隋書を信じるべきであろう。逆に言えば、日本書紀はウソを書く理由があると言うことである。

　姓と字の「アマタリシホコ」は「アメタラシヒコ」の聞き取り誤差。号の「アハケミ」は「オホキミ」の聞き取り誤差である。「アメタラシヒコ」は「天から降りてきた男」という意味で、中国語で言うなら、翰苑にある「天児（天の子）」ということになるが、翰苑は誤解して、大王を表す「アハケミ」を天児の称号だとしている。「ヒコ」なので、大王は男である。聖徳太子ということになる。跏趺は足を組み足の甲を反対側のももの上にのせる座り方。僧にならったもので、仏教の浸透がうかがえる。

　話し合いが滞っているグループがあったので、机の形をコの字に戻し、全体で課題に取り組む。

　教師は、時間調整をしつつ、半分くらいのグループが課題を明らかにできたと把握したら、机をグループ活動から全体に戻し、全てが解明できなかった子どもの「わかったところまで」を発言させ、そこから全体で対話をつなげて「わかる」に到達させる。

【全体の対話の様子】

教師	「隋の皇帝が国書を読んで不快に思った理由」は何だろうね。Eさん、「わからん」って話してたけど、わかったところもあるの？
生徒E	はい、わかったところもあります。
教師	わかったところまで聴かせてくれる？
生徒E	史料Bに「倭王」っていうのが出てきて、これは日本の皇帝のことだと思います。
生徒F	日本に皇帝はいないから、天皇のことじゃないかなぁ。
生徒E	あっ、そうか！
教師	そうすると、Eさんはどこからがわからないの？
生徒E	史料Bと史料Aがどうつながるのかがいまいちわかりません。
生徒G	史料Bにも史料Aにも「多利思北孤」の漢字が出てくるから、同じ人が関わっていると思います。それと、開皇二十年は西暦 600 年って注に書いてあるから、この2つの史料はBが先の出来事で、Aは後の出来事になると思います。
教師	Eさん、Fさん、Gさんが気付いたことをもとにして、さらにグループで課題2をもう少し考えてみようか。もう1つ史料Cを配りますね。それも使って考えてください。

事例シナリオ集Ⅲ

　もう一度史料 A に戻ることで新たな発見があり、それを補足する根拠として史料 B が活用された。さらに、史料を読む子どもたちの様子から必要性を感じ、史料 B の解釈文 C を配付する。

　グループで考えることにも限界がある場合があり、その時はグループでの活動にこだわらずにクラス全体での活動にする。全体で聴き合うことで、そこから新たな問いが生まれる場合もあり、また、歴史をつなげて考えることができる。

　史料 C を追加することで、600 年にも隋に使いを送っていることが読み取れ、皇帝の名前が違うことを見つけた。また史料 A の「無恙云云　帝覧之不悦」に着目した生徒 2、3 人の発言をつなげたところ、これは「お変わりありませんか」「お元気ですか」という意味であることがわかった。すると、「皇帝が代わっているのに、『お元気ですか』と聞くのは失礼なのではないか」と生徒たちから意見が出た。教師が「どうして失礼なのか」と問うと、他の生徒たちから、「初めて会うのなら、『初めまして』とか言うべきだ」「馴れ馴れしいから、皇帝は『はぁ？』って思ったんじゃないかなぁ」と意見が出た。

　このやりとりを教師はまとめずに、発言をした生徒たちを順に指名して、もう一度気付いたことを話させた。

　最後に、「蘇我氏と聖徳太子が目指した社会」について 100 字以内で記述させる。これは、本時の目標に対応しており、授業のふりかえりである。プリントを回収する。

【考えてみよう】
　　事例 2 は事例 1 とどこがちがうのか。
　　・事例 2 で生徒が学んだことは何だろう？
　　・事例 2 で生徒が「した」活動は何だろう？

4.　作成者のコメント

（1）授業について

　事例 1 の授業は、教科書に載っている知識を教えなければならないという意図から、教科書や資料集の史料を提示して教師が説明を行う。これによって、子どもたちに均等に情報を伝達することができる。しかし、一方向の知識伝達であり、子ども自身が思考することはない。知識事項（用語）の説明だけでは、知識は定着しない。一時的な知識の習得にはなるものの、歴史の流れを理解することや出来事の背景を兼ね合わせた事実の捉えにはならない。また、教師対生徒の一方向であるがために、全ての子どもが理解しているかどうかの把握は難しい。

　知識を伝達した後にグループ活動を取り入れたとき、わかったことをグループでまとめてホワイトボードに書くという作業に留まり、探究にはならない。また、わかった子の意見をグループの意見として発表するため、わからない子はグループ活動を行ってもわからないまま授業が終わる。

　事例 2 の授業は、教師から教科書に載っている知識を教えることはない。知識を定着させずに課題に取り組む。しかし、授業を終えたとき、事例 1 で教師から説明された教科書内容は、課題を考えるための資料として子どもたちは活用している。つまり、「覚える」という活動で知識の定着を行わず、「考える」という活動のために「活用した」ことで知識が定着する。

（2）グループ活動の在り方と位置づけ

　グループ活動を、協力してひとつのことを完成する場とするならば、わかったことを持ち寄らなくてはならない。グループ活動を、わからなさを聴き合う場とするならば、スタートはわからなくていいということ

だ。「わからない」から「わかる」までの思考の過程で、史料を活用したり、根拠を基に自分の考えを表現したりすることを繰り返すには、教科書に載っている語句を使わなければできないことである。

　つまり、知識が定着していない段階でグループ活動を始めたとしても、探究活動の中で自分なりに知識をつかまえることができるならば、知識は自分のものとなる。「知識のなさ」を怖れる必要はない。

（3）適切な史料によって聴き合う授業が成立する

　授業のねらいとして、子どもたちにつけたい力が何であるのかを授業者が持ったうえで、授業を組み立てなければならない。また、授業者が教材として使用する資料（史料）を吟味し、子どもたちの学びが深まるものを準備しなければ成立しない。史料が適切でない場合、根拠を求めることができず、考えることができないということになる。

　適切な資料（史料）とは、子どもたちが探究するための手がかりとなる資料（史料）であり、安易に答えを探し出すようなものではない。資料（史料）は、文章であれば原文になるべく近いもので、難易度については、やや難しいものがよい。辞書を使ったり、資料（史料）を読み取るために他の資料を使ったりと、少し子どもたちが困るくらいのものがよい。易しすぎると子どもたちは考えることをしないからだ。

　グループの形に机を寄せても、ただのおしゃべりになってしまったり、わかった子だけで進む授業であれば、全ての子どもの学びは保障できない。

　社会科においては、思考が深まる史料を用いたグループ活動を設定し、授業で自ずと対話が生まれる空間を作ることが求められる。そして、知識伝達型授業から知識活用型授業に変えることで、子どもたちの思考から問いがうまれ、深い学びへとつながる。

▌ 事例シナリオの種—5—

教科書の起源

森脇健夫

● 教科書を「教科書的に教えない」教育の意味とシナリオの目的

　教科書は授業で使用される主要な教材であり、教員養成教育の教育方法と技術科目においては、必ず扱われるトピックである。

　しかし、どのような角度からどのように扱えば教科書の教材としての本質を理解することができるのか、また教科書との適当な距離をとるにはどうすればよいか、等の重要な課題に迫ることがなかなかできにくいのも現実である。それは、現実に授業で使用される教科書をある程度距離をおいて相対的に独自な存在として対象化することが難しいからだと思われる。教科書を離れて授業を構想することはほぼ日常の学校の授業ではきわめてまれだし、年間のカリキュラムも教科書の進度が基準として設定される場合が多い。しかし教科書の後追いばかりしていては、授業はその世界の中にとらわれたままである。教科書に即しながらもいったん教科書から離れてみるというような授業づくりも教師の力量形成のプロセスにあっては必要なことである。そうしたことを学生に教科書的（目配りは行き届いているが、面白みに欠ける）ではないやり方で教えることはできないだろうか。

　これまで筆者は、教育内容方法論（「教育の技術と方法」の一授業科目）において、①　「おもしろくないけど正しい教科書」と「おもしろいけど正しくない教科書」とどちらがいいか（「くにのあゆみ」と「初等科国史」を比べる）や②　「教科書を教える」と「教科書で教える」とどう違うのか　③　350 年前にできた教科書（コメニウス著『世界図絵』1658 年）の画期的意義　などを取り扱ってきた。

　①、②については学生たちの活動を組織することが比較的容易で、また盛り上がりもあるのだが、③については、知識先行型の授業になってしまい、文字通り、紹介に終わることが多かった。そして、画期的意義についてはまったく伝えることすらできなかった。それを今回は事例シナリオ風に改善してみようと思う。

● 事例シナリオ材とガイディング・クエスチョン

　コメニウス著『世界図絵』は、「世界最初の絵入り教科書」、「子どものための最初の絵本」と称される、絵と文章を用いて事物を説明した本である。子どもが理解できる程度のやさしい言葉を用いており、木版画による挿絵には番号が付され、文章中の言葉と対応している。『世界図絵』は 1658 年に、ドイツにおいてラテン語とドイツ語で出版された。

　これまでの授業では、コメニウスについて触れ、今から 350 年以上前のヨーロッパで世界で初めての子ども用の教科書である『世界図絵』がつくられた。それが教科書の原型となったことを説明してきた。そして教科書をつくるにあたってコメニウスが立てた 3 つの原則、第一に学校をよろこびと感じられるようなところにすること、第二に、注意を事物にむけさせるのに役だつこと、第三に、世界の基本的な知識をよろこびをもって吸収できるようにしていくこと、を紹介し、それは現在の教科書づくりの原則となんら変わらないことを話してきた。

　しかし、それではまさに「教科書的に」コメニウスの教科書を扱ってしまうことになり、学生の反応もかんばしくなかった。

70―陶工

陶工はろくろの前に腰をかけ、陶土からつぼ、水さし、三脚のかめ、深皿、陶製のなべ、タイル、ふたなどを形づくります。その後かまの中で焼きかため、うわ薬をかけます。こわれたつぼはかけらを生じます。

図 5-1　コメニウスが作成した教科書『世界図絵』の「陶工」
（出典：J.A.コメニウス　井ノ口淳三訳（1995）『世界図絵』平凡社, 166-167）

● **教科書を発生論的に教える**

そこで一計を案じた。

私たちが見慣れている教科書からすれば、なんの変哲もない上記の教科書（「陶工」）。これが実は非常に画期的であったことを発生的に認識させる方法である。

この本における絵解きという手法には、コメニウスの哲学的な見地が反映されている。

「あらかじめ感覚の中に存在しないものは、何事も理性の中に存在することはありません」と、コメニウスは『世界図絵』の冒頭の「読者への序言」において述べる。つまり、これまでの教授法が言葉だけのものであったのに対して、ここでは、描かれたものを「見る」という感覚に基づいて様々な事物を理解させようとしていることも学習者に気づかせたい。

また『世界図絵』の特徴は、頁ごとに一枚の絵があり、そこにテーマごとに様々なものが描かれていることである。例えば「人間の身体」であれば、男女の姿が描かれ、身体の各部に番号が記され、文章の中でその番号のついた箇所の名前と説明がなされる。

現在の図鑑では、個々の事物がばらばらに図や写真で説明されることが多いと思われるが、全体像の中での位置づけが必要な場合は、この手法が生かされている。コメニウスは百科全書的に子どもが事物のことを知っていくことには批判的だった。むしろ、彼の主眼は知識欲を育てることにあり、そのための基礎としての体系性・実用性・わかりやすさを重視した。それがこの本の中に具体的に体現されている。そのことにも気づかせたい。

事例シナリオ集Ⅲ

1.「農業」「牧畜」「工場での仕事」といった仕事を子どもに言葉で教える。

　どう説明するか考えさせてから学生をペアにして、一方にお題を与えて説明をさせる。

意図としては、「絵や写真、図を使わないで言葉（話）だけでは伝わりにくいこと」を学生に体験的にわからせることである。

　コメニウスの『世界図絵』以前はこのような状態だったことを伝える。それが発生論的な構成という手法である。

2.　そのあと、世界図絵の「陶工」や「牧畜」を見せる。

　絵（ここでは写真でもよい）を用いて事物に興味をひかせ、そして説明する、活動をさせる。絵や写真の持つイメージ力を感じ取らせる。

3.　そしてコメニウスのさきほどの画像を見せ、個々の事物が全体に配置されていることに気づかせる。また項目がつながりを持って並べられていることを紹介する。

　例えばアルファベット順で並んでいる（百科事典）と比較してメリットとデメリットを考えさせる。そして、『世界図絵』をカードにして配り、もっとも気に入ったものを選び、その理由を考えさせる。

4.　その後の『世界図絵』の辿った歴史の紹介

　コメニウスの『世界図絵』は、出版後、教科書や絵本としてのスタンダードとしての輝きを失わずに今日までいたる。ヨーロッパ18世紀には聖書に次ぐベストセラーとして、子どもも、そして大人もこの本を読んだ。

　多くの偉大な先例がそうであるように、『世界図絵』もその内包している要素が独自に展開し、初期のコメニウスの初志とは異なる発展もあった。例えば「語学教育」「読み物」や「百科事典」風に発展していったものもある。異版本もたくさん出される。その中には日本語に訳された本もある。出版事情から項目数の縮小があったり、社会の変化を反映して内容の書き換えもあったりする。時代を映す鏡としての位置づけもあった。

　コメニウスの問題意識「人びとがすべての知識を共有することによって、戦争が終わり、ヨーロッパが一つになる」と教授学と汎知学に基づいて彼は、『あらゆる人にあらゆる事柄を教授する』ことの必要性を説いたその意図は、今日でも色あせていないのではないかと話す。

【引用・参考文献】

J.A.コメニウス　井ノ口淳三訳（1995）『世界図絵』平凡社 , 166-167.

井ノ口淳三（2016）『コメニウス「世界図絵」の異版本』追手門大学出版会

5. 物語文における「問い」

［国語科教育］

牧野江津子

キーワード：物語文、子どもの問い、主体的な学び

1. 当該事例シナリオの目的と位置付け

物語文における発問の重要性については次のように指摘されている。

○効果的な発問と話し合い

　教師の発問による豊かな話し合いが、授業の基本となります。教師がよい問いを生めなければ、子どもたちがよい問いを生めるはずがありません。教師のよい発問が、子どもたちの問いのモデルにもなります。よい発問は、次の条件を満たします。

① 知的好奇心を喚起する

　（当たり前だと思っていたことが当たり前ではなかった。わかっていたと思っていたことがわかっていなかった。できそうでできない、そんな背伸びすれば届きそうな課題）

② 全員を参加させる　　　　一人残らず自分の考えがもてるようにする

　（二者択一型の発問・選択型の発問・集約型の発問）

③ 考えが適度に分かれる⇒自分の考えの正誤・適否・良悪が気になる。

④ 論点がはっきりしている（論点が明確になるように発問を工夫する。）

⑤ 変容や向上が自覚できる

　（「できた」「わかった」「なるほど」と変容や向上を実感できることが大切）

日本国語教育学会（2015）『シリーズ国語授業づくり　発問－考える授業、言語活動の授業における効果的な発問―』

pp.74-76,東洋館出版

　だが、多くの教師は国語の発問について悩みを抱えている。とくに初任期の教師は「国語の授業で、教師が提示した問いに対して、反応が少なく、きょとんとしている子に対して、どのような声かけをすればいいのか」わからない。教師がわかりやすくその問いの意味を解説しようとするが、よけい混乱させてしまう。子どもの読解力の差も考えられるが、より根本的な問題として教師が考えさせたい「問い」と子どもが考えたいと思う「問い」との間にズレがあるのではないだろうか。

　多くの国語の授業では、問いは教師から与え、子どもは与えられた問いについて考えるという授業が主流である。しかし、そのような授業のみでは、「今日は、どんなことを考えるのかな」という教師から出される問いをただ待つだけの受動的な子どもを生みかねない。教師の指示を待っている限り、子どもの思考は活性化せず、学びは主体的にならない。では、子どもが自ら解決したいと思える問いを設定するにはどうすればいいのだろうか。国語の物語文「海の命」を事例として検討する。

2. シナリオの構成と展開

2.1.「教師主導の発問」の事例の提示

　小学校　6年生　『海の命』　立松和平　　「海の命」の5場面（太一が瀬の主に出会った場面）

事例シナリオ集Ⅲ

身につけたい力（指導目標）＊指導書より

● 教材文を読んで考えたことを発表し合い、自分の考えを広げたり深めたりすることができる。

● 登場人物の相互関係や心情、場面についての描写を捉え、優れた叙述について自分の考えをまとめることができる。

（本文）5場面　（国語　光村図書　六年下より）

追い求めているうちに、不意に夢は実現するものだ。

太一はゆれる穴のおくに、青い宝石の目を見た。

（中略）

興奮していながら、太一は冷静だった。これが自分の追い求めてきたまぼろしの魚、村一番のもぐり漁師だった父を破った瀬の主なのかもしれない。太一は鼻づらに向かってもりをつき出すのだが、クエは動こうとはしない。そうしたまま時間が過ぎた。太一は永遠にここにいられるような気さえした。

しかし、息が苦しくなって、また、うかんでいく。

もう一度もどってきても、瀬の主は全く動こうとはせずに太一を見ていた。おだやかな目だった。この大魚は自分に殺されたがっているのだと、太一は思ったほどだった。これまで数限りなく魚を殺してきたのだが、こんな感情になったのは初めてだ。この魚をとらなければ、本当の一人前の漁師にはなれないのだと、太一は泣きそうになりながら思う。

水の中で太一はふっとほほえみ、口から銀のあぶくを出した。もりの刃先を足の方にどけ、クエに向かってもう一度えがおを作った。

「おとう、ここにおられたのですか。また会いにきますから。」

こう思うことによって、太一は瀬の主を殺さないで済んだのだ。大魚はこの海の命だと思えた。

学習が進む中、5場面の学習で次のような問いが教師から出されます。

なぜ、太一はクエ（瀬の主）を殺さなかったのでしょうか？

・クエをおとうだと思ったから。

・クエを殺すと本当の一人前の漁師になれないと思ったから。

・こんな感情になったのは初めてだから。

・「クエはこの海の命だと思えた」と書いているから。

児童から上記のような考えが出されました。しかし、教師はどうしても「海と人間の共生」や「瀬の主は海の命で神聖なもの」というような考えを児童から出したいと考えます。しかし、そのような表現は本文に書かれていないので、なかなか児童から教師が求める答えが出てきません。

このような時、あなたは教師としてどのような対応をしますか？

2.2. 定説の提示とその批判

「なぜ、太一はクエ（瀬の主）を殺さなかったのでしょうか？」という物語の主題にせまる発問である。子どもたちは叙述をもとに、今までに学習してきた情景や登場人物の行動や地の文に着目して、登場人物の心情を想像し、自分の考えをノートに書き込み、教師の求めに応じて発表する。

その中で、「父」や「与吉じいさ」のセリフ（「海のめぐみ」「千匹に一匹」）や生き方をもとに意見を出す子どもがいれば、ここぞとばかりに誘導し、最後には「海と人間の共生」や「神聖なもの」と難しい言葉を教師が紹介し、「まとめ」を書いて授業が終わる。

または、子ども同士である程度意見を発表した後に、「みんな、それぞれよく考えることが出来ましたね。どの意見もとてもいい意見です」と答えをうやむやにして終わってしまう授業もある。結局、子どもたちの話し合いによって答えを導き出すことはできない。定説のように、教師が誘導したり、答えを言ってまとめ

たりする授業においては、「正しい読み方」を教えてもらうことで、その教材の学習内容を理解し、テストではいい点数を取ることができるかもしれない。しかし、その授業で学習したことを他の物語文で学習する時に、活用することはできない。

　発問を子どもたちに投げかけた時、物語の読みが浅い子は、ついその理由を「クエをおとうだと思ったから」「クエを殺すと本当の一人前の漁師になれないと思ったから」「こんな感情になったのは初めてだから」などの表面的な読み方か、または描写の根拠もなくイメージや感覚で答えてしまう。

　そして一部のかしこい子が教師の求める答えを推測し、発表したりすることで授業が終わってしまう。

　なぜ、このような授業になってしまうのか。それは教師が出した問いがいきなり物語の本質に迫らせようとしており難解でかつ、本文にはその答えが直接書かれておらず、その根拠を見つけられないからである。問いの答えを導くために、教師はそれまでの場面を細かく読み取りをさせるのだが、その読みが問いの答えにはつながらず、結局は教師が誘導し、教師の解釈を伝えて授業をまとめるしかない。

　そこで発想を転換し、問いの主体を教師から子どもたちにして、自分たちで問いを作らせることはできないだろうか。自分が分かりたい、解決したいという思いから生まれた問いは自分のものとなり、追究する気持ちが生まれてくるものである。では、子どもに問いをもたせるためにはどうすればいいのだろうか。

2.3. 視点を変える実践例の提示

①物語文を自力で読む力をつけるための共通の土台づくり

　どんな教材に出合ったときにも使える力を身に付けさせるために、「用語」「方法」「原理・原則（きまり）」を習得しておくことが必要である。読み取るための道具や技術が必要であり、それが学習の土台となる。

　物語文には「要旨」・「要約」・「要点」のような物語文の「用語」があるにもかかわらず、あいまいにされてきた。国語の教科書（光村図書）には、学習のポイントや学習に用いる「用語」やその意味を載せて、学習に役立てることができるようにしている。「用語」だけでなく、その他にも「方法」や「原理・原則」を子どもたちが身に付けることができれば、それは他の教材にも生かすことができる。

　白石範孝(2013)は国語の「用語」・「原理・原則」について、下記のように述べている。

　漠然と「読み取れ」と言ったところで、論理的な思考は生まれない。読み取ったこと、考えたことを認識し、思考を組み立てるための「道具」こそが用語だ。

白石範孝（2013）『国語授業を変える「用語」』p.13,文溪堂

　「国語の原理・原則」とは文章を読んだり、書いたりするときに使う、ものさしや分度器といった技術や道具である。

白石範孝（2017）『国語授業を変える「原理・原則」Ⅱ物語・詩編』p.8,文溪堂

　低学年から系統立てて「用語」・「方法」・「原理・原則」を習得・活用し、子どもに物語の読み方を教えることで、教師が誘導する授業ではなく、物語を自力で読み取ることができる力をつけていくことができる。物語を自力で読み取る過程で、「なぜだろう」「どうして」という気持ちが芽生え、それが自ら解決したいと思える「問い」へとつながる。

②「主体的な学び」ができる「問い」を設定する。

　⇒「用語」・「方法」・「原理・原則」を共通の土台とし、解決したいと思えるような「問い」を、子どもたちが設定する。

　ただし、子どもが考えた「問い」ならばどんなものでもいいというわけではない。物語文においては、「なぜそのようなことがおこったのか」「どうして、そのように変わったのか」というような因果関係をとらえた読み方が必要である。子どもの「問い」の設定においては、本文の叙述や描写を根拠にして考えることを前提とする。

　田近洵一（2016）は「問い」について、下記のように述べている。

> 　課題は、教師によって与えられるものではない。学習における課題は、学習者自ら問題として発見し、それをもとにして自ら解決すべき問題（＝問い）として（あるいは実践すべき活動として）自らに課したものである。
>
> 　「問い」として設定する学習課題は、学び手の内側から引き出されるものでなければならない。〈読み〉の学習において、「問い」の根底にあり、追究の原動力となるのは、読者の想い（興味・関心）であり、問題意識である。教師は、学習者の想いや意識が何に向かっているかをとらえ、それを掘り起こしてやらなければならない。できたら、学習者自身に、読者として作品のどこに心惹かれているか、何に問題意識を持っているかを自覚させ、その上で「なぜ、そのことが心に残るのか」「そこに問題を感じるのはなぜか」などを考えさせるようにしたい。
>
> 　　　　　　　　『子どもと創るアクティブ・ラーニングの国語授業－授業者からの提案－』p.215,東洋館出版社

　すべての子どもたちが問いを立てることができるように、「用語」・「方法」・「原理・原則」を参考にして、子どもたちに問いを設定させることを目指す授業改善案を示す。

2.4. 教師の発問が子どもの「問い」を誘発する事例

　単元の構成及び、単元のまとめの授業

> （1）　子どもの「海の命」における、太一の行動や生き方に対する素直な想いや疑問を掘り起こし、ふくらませて書かせる。
> 　①　「海の命」を音読し、初発の感想（心に残ったこと、分からないこと、疑問に思ったこと等）を書く。
> 　②　全体交流を通して、個人で解決したい「問い」を設定する。
> 　　　初発の感想をもとに「分からないこと」を出し合い、その中から「何が分かるようになりたいか」を聞く。全体交流を参考に、解決したい問いを設定する。
> 　※　個人で難しいようなら、グループでの活動にする。解決したい課題は 3 つ以内に絞るなど、条件をだす。
>
> 　（例）「①クライマックスで何が変わったのか。」
> 　　　　「②クエを殺さなかった理由」「③海の命とは何か（主題）」
>
> （2）　「原理・原則」を活用し、それぞれが設定した問いを考える。
> 　①　「クライマックスで何が変わったのか」について考える。

「海の命」の学習において、中心人物の変容やその原因をとらえ、主題にせまるために「クライマックス」を理解することが必要である。白石は、主題の「用語」と「クライマックスに着目する」という「原理・原則」を次のように述べている。

用語:「主題」とは

作品の中にある作者の思想内容のこと。作品の内容から自然に見出されるもの、あるいは、作者が意識して表現の中心としたものなどがある。「主題を読む」とは、作品の表現を通して作者の意図を探ることである。

【主題に迫るための方法】
① 作品全体にわたって、繰り返し出てくる事柄や言葉を見つける。
② 価値づける。中心人物がこだわり続けたものやこだわり始めたものに、それなりの価値を付加する。

白石範孝（2013）『国語授業を変える「用語」』p.88,文溪堂

「クライマックス」に着目する

「山場」：冒頭・展開・山場・結末という4つの部分でできていて、最も緊迫した場面。「クライマックス」「山場」の中に最高潮の点として存在し、物語において、感想や緊張感が最も高まる部分。中心人物の心情や様子がいちばん大きく変容したところで、主題がいちばんあらわれている。

「クライマックス」の探し方
① 描写の文、または会話文である。
② 一文で書き抜ける。
③ 中心人物の心情が大きく変化したところ。
④ 視点の転換（語り手の視点が変わるところ）のすぐ後にある。

「クライマックス」に着目することによって解決できること
・作品の山場をとらえることができる
・中心人物の変容やその原因をとらえることができる
・作品の主題をとらえることができる

白石範孝（2013）『国語授業を変える「用語」』p.88,文溪堂

クライマックスは一文で書き抜けるという「原理・原則」を活用しクライマックスについて考える。

【単元のめあて】	登場人物の関係をとらえ、人物の生き方について話し合おう
【個人（グループ）のめあて】	「クライマックスで何が変わったのだろうか」について考えよう

太一の心がいちばん大きく変わったところはどこだろう。クライマックスを一文で取り出して考えてみよう。

（考えの流れ）	「本文をもとに、一文で取り出してみたけど、クライマックスはどこになるだろう？」
A　これまで数限りなく魚を殺してきたの	

事例シナリオ集Ⅲ

	だが、こんな感情になったのは初めてだ。
B	この魚をとらなければ、本当の一人前の漁師にはなれないのだと、太一は泣きそうになりながら思う。
C	<u>水の中で太一はふっとほほえみ、口から銀のあぶくを出した。（クライマックス）</u>
D	もりの刃先を足の方にどけ、クエに向かってもう一度えがおを作った。

「原理・原則」の活用へ

「クライマックス」の探し方をもとに考える

①描写の文、または会話文である。
②一文で書き抜ける。
③中心人物の心情が大きく変化したところ。

父の仇であるクエとの対決をずっと願っていた太一が、クエに向かって笑顔を作ったという大きな変容があったことから、「水の中で太一は、ふっとほほえみ、口から銀のあぶくをだした。」の一文がクライマックスとなる。
＊A、Bの一文は、太一がまだ悩んでいる。
　Dは気持ちの変容後の行動

②　クライマックスに着目し、「太一がなぜクエを殺さなかったのか」を考える。

・（クライマックスの前）「太一はクエのことをどのように思っていたのでしょうか。」

・（クライマックスの後）「太一はクエのことをどのように思うようになったのでしょうか。」

　　1.　「なぜ太一はクエを殺さなかったのか」「なぜ気持ちが変わったのか」。ここから、「海の命」が伝えているものに迫っていく。クエを父の仇と思っていた太一は、どうして考えを変えたのか、「海の命」は何を象徴している言葉なのかを考えることで主題に迫る。

③　「海の命とは何か」を考える。（題名から作品の主題を意味づける。）

「海の命は～である。」とまとめ、どうしてそのように考えたのかノートにまとめる。

　（例）「海の命は、そこに生きるすべての命の源である。」

　　　　「海の命は、太一の父や与吉じいさ、そして海に生きるすべての命を象徴するものである。」

（3）　全体交流

　　　自ら考えた「問い」に対する考えを発表する。（パネル・ポスター・リーフレット等）

3.　作成者によるコメント

○「主体的な学び」ができる「問い」を設定するために

　これまでクライマックスを探す手立てを教えてきたことを用いて「クライマックスを一文で取り出して考えてみよう」と指示することで、クライマックスを探すことができる。それと同時にクライマックスの前後における太一の気持ちの変化を子どもたちが自ら問題を立てながら追究することになる。そこでの教師の関わり方としては、子どもの個別学習において、それぞれにヒントを与えたり、学習ノートでアドバイスを行ったり、子どもに応じて必要な材料を与えたり、子どもと話し合って考えの根拠の矛盾を指摘して検討を加えたりする等、様々な指導を行うことが必要である。さらに、全体交流を行い、学びを深めるために、「子どもが全体で考える場面の焦点化」や「相互交流での教師の関わり（出場）」が重要になってくる。これらの教師の関わりが、学級全体の学びの質を保障する。

○「問い」の質について

　小学校6年生の3学期に学習する「海の命」は小学校での最後の物語文であり、6年間の学習の積み重ねがあったからこそ実践できる授業改善案である。だが低学年から小学校6年間の学びを系統立てて、教師が

　良質の問いのモデルを示し、繰り返すことで自分の問いを作成することができるようになる。

　「主体的な学び」ができる国語の授業においては、「問い」の質はとても重要になってくる。そのための「問い」の条件として白石（2016）は次のように述べている。

○教材を読んでいく価値のある「問い」であること。

○子ども全員の「問い」となること。

○「問い」が教材の論理や「用語」「方法」「原理・原則」の習得・活用によって解決できること。

○読みのねらいを達成できること。

○論理的に「考える」思考活動が設定できること。

○教材の論理を糧とした「表現活動」ができること。

○「問い」を解決することで学び（基礎・基本の習得）があること。

『子どもと創るアクティブ・ラーニングの国語授業－授業者からの提案－』pp.93-94,東洋館出版社

　教師のよい発問が、子どもたちの問いのモデルとなる。そのために、上記の「問い」の条件を意識して子どもたちの中に良質な問いが根付くような学習を重ねることが必要である。

【引用・参考文献】

白石範孝（2013）『国語授業を変える「用語」』文溪堂

白石範孝（2017）『国語授業を変える「原理・原則」II 物語・詩編』文溪堂

全国国語授業研究会・筑波大学附属小学校国語研究部編(2016)『子どもと創るアクティブ・ラーニングの国語授業－授業者からの提案－』東洋館出版社

日本国語教育学会（2015）『シリーズ国語授業づくり　発問－考える授業、言語活動の授業における効果的な発問―』東洋館出版，74-76.

事例シナリオ集III

6.　実感として「分かる」福祉

［福祉科教育］

角谷道生

キーワード：福祉観、利用者との関わり、実感してわかる

1. シナリオの目的と位置づけ

　本シナリオは、ディベートを通し、生徒が授業の中で学ぶ「共生型」について、①実感してわかること、②利用者とのあり方を問い直すこと、を目的としている。

1.1. 福祉教育の現状…「共生型の押し付け」の問題点

　福祉や介護業界におけるイメージは、ネガティブなものが多い。低賃金、人手不足など、職員に対する待遇に関するものもあるが、福祉や介護を受ける利用者（以下：利用者）に持つイメージも同様である。

　福祉や介護職員、それ以外の一般の人が、利用者に持つイメージとして、自分の立場を相手との関係で、上に立ったり、下に置いたり、という立ち位置で、下記の 3 つに大別される。こうしたイメージは、そのままの形で利用者に対する関わり方にも反映される。

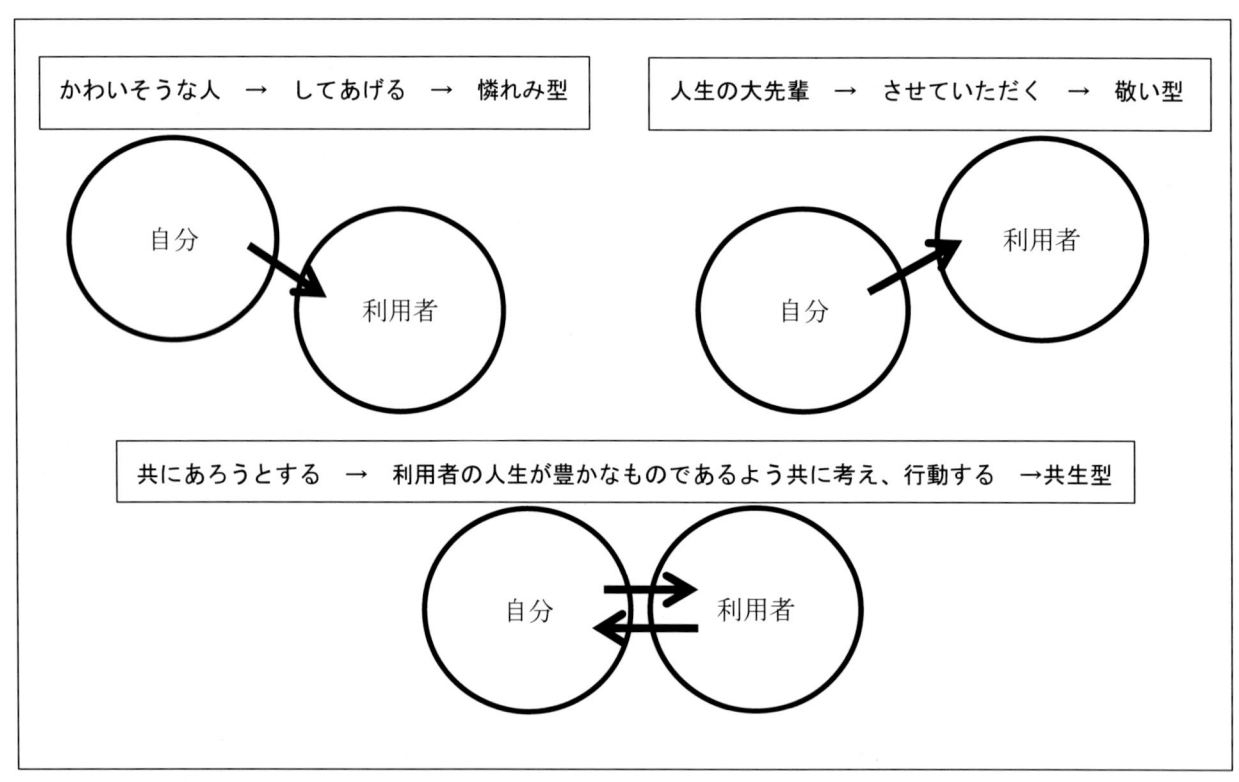

図Ⅲ-6-1　利用者との 3 つの関わり方

　一般的に介護職員を育成するための授業においては、2005 年の介護保険法の改正により、介護の理念として「尊厳を支えるケア」と「自立支援」が掲げられたことを根拠に、「共生型」であることを、生徒に求めて

いる。生徒は授業の中でそのことを学び、言葉としての理解はできる。しかし、本当の意味で、どれだけ理解できているのだろうか。

　実際の介護現場で働く職員においても、職員全員が共生型であるわけではない。憐れみ型や敬い型の気持ちを心の奥に持っていても、それを口にすることはできずに、どこかに違和感を持ちながら、日々業務に従事していることもある。そういう職員は、自分の考えが他者には受け入れないことを知っている。だが、そういう考えには本人なりの根拠や理由があることが多い。そこに光を当てずに、「共生型であるべき」と働きかけても、言葉だけが上滑りし、本当の理解を得られることはない。

1.2. 授業が立脚する理論

　本当の意味を理解するということは、「できるようにする」ことを目標にせず、「実感として納得して『わかる』」ことが必要である。下記の図は、佐伯胖（1984,p.16）を参考に、「できるようにすること」と「実感として納得してわかる」ことを示したものである。

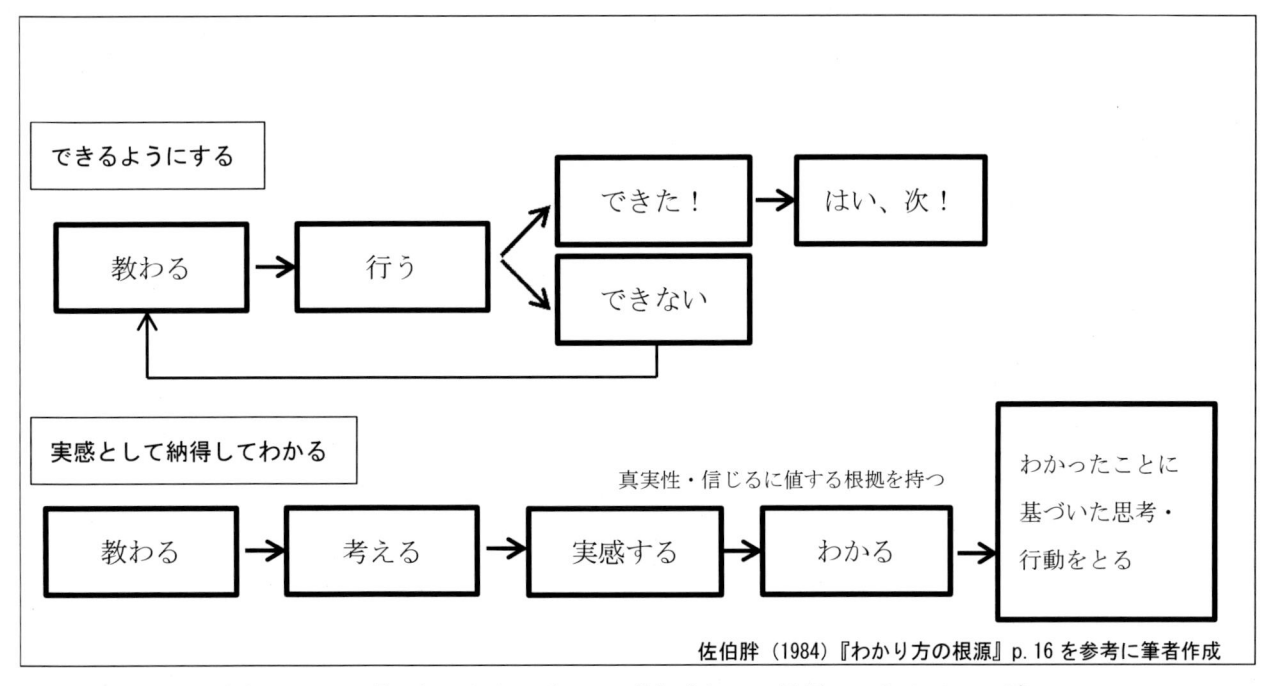

佐伯胖（1984）『わかり方の根源』p.16 を参考に筆者作成

図Ⅲ-6-2　「できるようにする」・「実感として納得してわかる」の違い

　佐伯の言葉を要約すると、「『わかる』ということは、文化への参加であり、理解という作品の創出によって、新しい文化の創造の原点である。「わかる」ということは、ひとりひとりのものであり、ひとりひとりにとっての大切な作品である。それは、文化の中で、他の人々によって共感され、共有されるべき、文化としての価値をもっていること」としている。つまり、「わかる」ためには、対象となる事物や人物が持つ文化にふれ、考え、実感する必要があるということである。しかし、授業の中で、当事者として身を置き、本当に実感することは、現実的ではない。

2. 授業計画

　1回の授業（50分）を想定している。本授業での学びは、利用者とのあり方の根底に位置するものになると予想する。それは、これからの学習において、利用者とのあり方が関わる諸課題においても影響を及ぼしうるものである。よって、教科福祉を学び始める4〜5月ごろが望ましい。科目は「介護福祉基礎」（1）介護

事例シナリオ集Ⅲ

の意義と役割　ア.尊厳を支える介護　イ.自立に向けた介護（参考：「高等学校学習指導要領」2009（平成21）年版）において実施することが望ましいが、社会福祉基礎、コミュニケーション技術、生活支援技術においても実施できる。

3.　シナリオ（授業）の構成と展開

本授業では、上述した佐伯の「考え、実感して、わかる」をベースに、「利用者との関わり方を考え、実感して、わかる」授業を提案する。それに伴い、「深く考えて自覚的に自分の立ち位置をつくる」ことを目標に、ディベートの技法を取り入れた議論を行う。

3.1.　導入（立場の提示とシュミレーション）

教師から、利用者との関わりにおいて、3つの立場があることを提示し（図Ⅲ-6-1）、「現在のあなたは、どの立場に近いですか。またそう思う理由は何ですか」と問いかける。生徒は、個人で考えた後、ペアで意見を交流する。

生徒から出てくる意見として、「敬い型」が多いと予想する。高校で福祉を学ぼうとする生徒の中には、家族や身内の中に介護を受けている、もしくは過去に受けていた人がいる場合が少なくない。そうした生徒は、実際の介護場面を目にしており、介護職員が発する「利用者様」、「○○させてもらう」という言葉を聞いている場合がある。現場の介護職員がその言葉を使う背景にはさまざまな思いがあるのだが、言葉だけを聞いた生徒は、「人生の大先輩」、「させていただく」という「敬い型」の関係をイメージしやすくなる。

この導入では、それまでなんとなく感じていた、利用者と自分の立場を明確に自覚することがねらいである。そのため立場を形成するに至った過去の出来事を思い出させながら、明確な理由が持てるように促す。その際、プライベートな問題に触れることもあるので、生徒が安心して話すことができるよう、「言いたくないことは、言わなくてよい」と生徒に声をかけるなど、配慮が必要な場合もある。

3.2.　介護保険の立場からの定説の提示

教師から、2005年の介護保険法の改正により、介護の理念として「尊厳を支えるケア」と「自立支援」が掲げられたことを根拠に、「共生型」であることが介護職員に求められていることを伝える。生徒はそのことについてどう思うか、個人で考えた後、ペアで意見を交流する。

導入の中で、「敬い型」が多い場合、「共生型」に対する批判的な意見が出されると予想する。「なぜ敬い型ではいけないのか」「敬い型は間違いなのか」という意見が出た場合、そのまま次節の「3.3 介護保険の立場からの定説に対する批判」に移行する。

3.3.　介護保険の立場からの定説に対する批判

教師から「共生型の考え方に納得できない、現実的でないという意見はありませんか」と問いかけ、共生型に対する批判的な意見があれば発表を促す。

批判的な意見が出ない場合は、「実際に福祉施設などで働いている職員さんは、みんな共生型を実現できていると思いますか」「憐み型や敬い型は、全くの間違いなのか」と問いかけ、共生型が良いと表面的に理解していた生徒をゆさぶる。

3.4.　「深く考えて自覚的に自分の立ち位置をつくる」議論

議論のテーマを、「利用者や自分自身にとって、どのような関わり方が適切か？」とし、生徒を無作為に、憐れみ型、敬い型、共生型に分け、それぞれの立場から主張を行う。その中で、「どうして憐れみ型や敬い型

ではいけないのか」「共生型は本当に、利用者のために、そして自分自身のために適切と言えるのか」「共生型よりももっと良いものはないのか」等の議論が交わされると予想される。

また、生徒の状況に応じて、2つの立場に分ける方法もある。教師がテーマを「共生型はきれいごとではないのか」という、賛成と反対の2つの立場に別れるものを設定し、議論する方法もある。

一般的にディベートの技法を用いるにあたり、テーマが明確であること、発言する時間や順番、質問の仕方を事前に決めておくことが必要である。また口げんかではなく、建設的な議論を展開するために、生徒が根拠にもとづいた主張を作成する時間をとってもよい。

さらに、本授業においては、特別な留意事項が2点ある。1点目は、無作為に生徒の立場を決めることである。自分とは異なる、もしくは意識が及んでいなかった立場に擬似的とはいえ身を置くことは、その立場にいる人の考えを知る機会になり、それは自分の考えを拡げることにもつながる。「実感を通してわかる」ことを重視する本授業において、この点は外すことができない。一般的なディベートでは、1度、議論を終えた後に、立場を入れ替えることがある。本授業では1度の議論で終えることを想定しているが、生徒の状況や授業時間等に応じて、適宜、立場を入れ替えてもよい。2点目として、まとめは生徒個人に委ねることである。一般的なディベートでは、いかに論理的で説得力があったかという基準のもと、最後に審判が勝敗を決めるが、本授業での目的はそこにはない。本授業での目的は、生徒が「実感を通してわかる」ことである。活発な議論が交わされたにも関わらず、最後に教師がまとめたり、審判を下したりしてしまうと、それが生徒たちにとっての「答え」になる可能性がある。議論の結果、介護保険法が提唱する介護の理念と異なるものになっても、生徒なりの根拠があり、そこに至ったのである。根拠が不十分であれば、その点を論理的に教師が指摘すればよい。「考え、実感して、わかる」は、本授業だけで終わってしまうものではない。本授業を通して生徒が「考え、実感して、わかった」ことを、授業後の感想用紙などにありのままに書き留めることが、今の自分の立ち位置を自覚することになり、将来様々な出来事と遭遇する際の一つの道標となる。

3.5. 議論の中で起こる生徒の反応の予測（新たに立ち上がる考え方の可能性）

利用者を高齢者と限定した場合、議論の中で出される、それぞれの立場からの肯定意見・批判意見は下記の表のようなものが予想できる。

表Ⅲ-6-1　3つの立場における肯定意見・批判意見の予測（利用者は高齢者に限定している）

立場	肯定意見	批判意見
憐れみ型	身体が動かない、物事がわからなくなることは、かわいそうなことだ。だからこそ、手伝いたい、支えたいと思う気持ちが出てくる。	そう思われている利用者はどんな気持ちになるだろう。 かわいそうではなかったら、手伝いたい、支えたい対象にはなりえないのか。
敬い型	利用者には私たちにはない豊富な経験がある。今まで立派に生きてこられた。そんな方には敬意を持って接するのは当然である。	全員が、豊富な経験があり、立派に生きてきたわけではないのではないか。 豊富な経験や立派に生きてこなければ、敬えないのか。
共生型	人はどのような状態になろうとも、その人らしく生きる権利がある。利用者と共に、よりよい人生を考え、行動することは、利用者にとっても、自分にとっても、よりよいを生きることに繋がるものである。	理想的なことかもしれないが、本当に実現できるのか。 利用者が「死にたい」と言えば、それについて考えるのか。

事例シナリオ集Ⅲ

　本授業の中で、生徒は異なる価値観、考えに対し、肯定したり、批判したりを繰り返しながら、実感を通して、生徒なりの「わかる」をつくり上げていく。また、今回あげた3つの立場は、全く別のものとして、きれいにわけられるものではないということに気づくことも予想される。

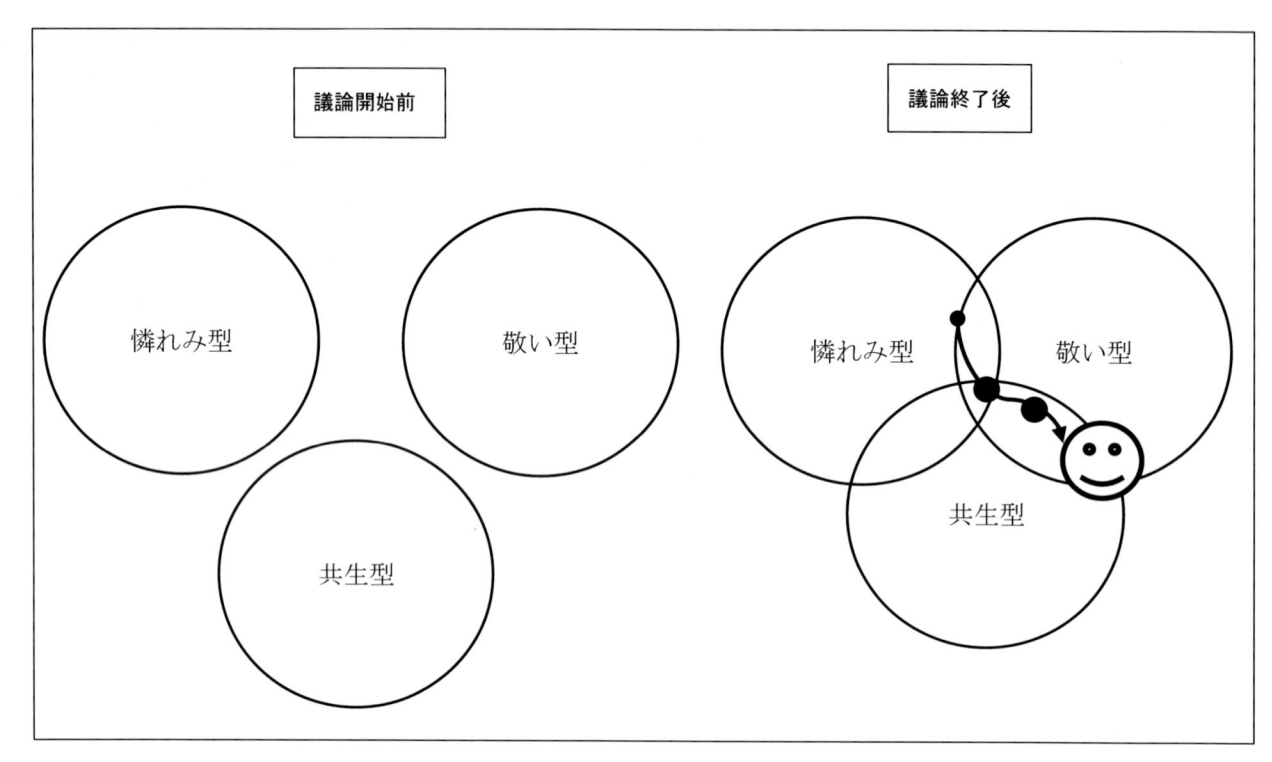

図Ⅲ-6-3　生徒の3つの立場に対する捉えかたの変容の予測

　上記の図（図Ⅲ-6-3）は、議論を開始する前後とで、生徒が3つの立場に対する捉え方の変容を示したものである。議論を開始する前は、3つの立場を相容れぬものとして、個別に捉えている。しかし、議論を通して、3つの異なる価値観や考えにふれることで、3つの立場は重なり合いながら、状況に応じて選び直すことができるものであるということに、生徒自身が自分の実感を通して「わかる」可能性がある。

　共生型は、教師が言葉として伝えることはできても、最初からその意味までも教えられるものではない。生徒自身が、さまざまな考えや思いにふれ、その時々の状況に応じて、自分で選び続けていき、その中で、利用者との立ち位置が、自分なりに「わかる」ことに到達するのである。

　また、表Ⅲ-6-1の予測は、あくまで予測であり、そこに到達しなくてはいけないものではない。むしろ、教師が予測したものに、最終的に誘導してしまったのでは、生徒が本当の意味で「わかる」ことは難しくなる。「考える、実感する」機会を提供し、その中で生まれる生徒の「わかる」を大切に育むことが、この授業では重要となる。

4. 作成者によるコメント

　2018（平成30）年3月に文科省から出された「高等学校学習指導要領」において、生徒の「各教科・科目等の特質に応じた物事を捉える視点や考え方」の重要性が示された。これからの教師には、生徒のそういった視点や考え方を鍛える授業が求められている。その点では、本シナリオで紹介した授業は有効なものとして期待できる。しかし、生徒の意見や考えを尊重するあまり、生徒の非社会的・反社会的な考えさえも「良い」としてしまうことには問題がある。また感情や思いだけで意見を述べることに対しても、指導が必要である。

　このような課題に対して教師は、生徒の意見を引き出したり、異なる意見をつないだりする力や、生徒の意見に対し、論理的に根拠の未熟さを指摘する能力などが必要になる。こうした力は、すぐに身につくものではなく、毎日の授業を教師が振り返り、生徒の意見の背景にある思いや生徒なりの根拠に思いをはせながら、日々学び続けることが必要である。

　本シナリオで紹介した授業はあくまで一つの例である。ここでは、導入時に生徒は「敬い型」が多いことを想定しているが、学校や校種、地域が異なれば、「憐み型」や「共生型」の考えを持っている児童・生徒が多い場合も予想される。それは、利用者や他者との「関わりのあり方」は、個人の経験や思いによって意識的・無意識的に形成され、更新される多様で複雑な要素を含むからである。実感を通して自分自身のあり方を問い直すことは、それまでの自分を知り、他者を知る機会となり、物事に対する見方や考え方を拡げることにもつながる。目の前の生徒や、実践者である教師が持つ個性に合わせて、適宜アレンジを加えながら実践されることを期待する。

【引用文献】

佐伯胖（1984）『わかり方の根源』小学館，16.

事例シナリオ集Ⅲ

▌ 事例シナリオの種—6—

介護施設利用者への対応

角谷道生

● シナリオの目的と位置づけ

　介護は「介護サービス」と称されるように、サービス業と位置づけられている。しかし、お客のニーズのすべてに応える、一般のサービス業とはやや意味合いが異なる。

　「介護保険法　第一章　総則　目的　第一条」には、（要介護状態となった方）が「その有する能力に応じ自立した日常生活を営むことができるよう、必要な保健医療サービスおよび福祉サービスに関わる給付を行う」とあり、介護の目的は「自立した日常生活を営むことができるようにサービスを提供する（以下：自立支援）」ことである。ホテルやレストランでは、お客は座っているだけで、料理が運ばれ、食べ終われば食器は片付けられる。しかし、自立支援の観点から、食事の配膳や片付けを施設利用者（以下：利用者）自身で行う施設もある。

　本シナリオでは、福祉施設において実際にあった事例を通して、「介護におけるサービス」という観点から考察することで、自分は何を根拠にその行動や言動に至っているのかについて知ることを目的とする。

● 授業計画

　本授業の必要時間数は1時間（50分）を想定している。校種は小中高・教科は総合的な学習の時間、高校福祉、家庭などさまざまな場面で活用できる。後述する授業においては、表記を統一するため、児童生徒のことを「生徒」とする。

・ シナリオの構成と展開

　本シナリオの目的は、「介護におけるサービス」を通して、意識化・無意識化している自分の中にある思いや価値観を浮かび上がらせることである。そのため、ペアワークやグループワークを通して、自分の考えや意見を問い直す機会を設ける。

・ 導入（自立支援の前提となる根拠を提示）

　介護におけるサービスとは、一般のサービス業とは異なり、その根拠として、介護保険の目的が自立支援であることを生徒に伝える。

・ 事例の提示と発問
シナリオ「食事の片付けをすることに納得できないＡさん」

> 　ある福祉施設では、自立支援のために、毎食の配膳と片付けは、利用者自身で行うこととなっている。これは介護保険の目的である「自立支援」を目指したものであり、施設の理念として、開設当初から行っている。
>
> 　施設に入所する利用者やその家族には、契約時にそのことについて、説明し、同意したうえで、入所を決めてもらっている。
>
> 　先日入所したＡさん（男性　69歳）は、食事のたびに下記の言葉を繰り返している。

> 「わしは、施設利用料を払っている！　介護はサービス業だろ！　食事の配膳や片付けぐらいちゃんとしろ！わしは客だぞ！」
>
> 「足も不自由で、目も見えにくくなってきた」
>
> 「手足がおぼつかないのに、食事の片付けをさせるのか」

ガイディング・クエスチョン

　あなたが介護職員なら、どのような対応をしますか？下記の項目から選んで、その理由についても考えてください。

　① Ａさんの言うとおり、職員（自分）が配膳や片付けをする

　② 自分が食べる以上、配膳や片付けはやって当然なので、Ａさんにしてもらう

　③ 施設の方針として決まっているので、方針の説明をする

　④ その他（　　　　　　　　　　　　　　　　　　　　　　　　　　　）

　生徒は個人で考えた後、ペアで意見を交流する。生徒から出てくる意見として、③「施設の方針として決まっているので、方針の説明をする」が多いと予想する。筆者が、本授業を実際に高校生に行った際、7人中4人が③を選んだ。その理由として、「方針をきちんと丁寧に説明すれば、Ａさんにわかってもらえる」というものが主だった。また②「自分が食べる以上、配膳や片付けはやって当然なので、Ａさんにしてもらう」を選んだ生徒はその理由を、「施設に入ったからといって、Ａさんができなくなってしまうのはイヤだから」としていた。④「その他」を選んだ生徒は、「まずＡさんの話をしっかりと聴く」という意見を出していた。

● 　意見に対する反論（ゆさぶり）

　同じ回答を選んだ生徒同士でグループを作り、下記の反論について、どのように返答するかグループで考える。④その他を選んだ生徒は、その場で教師が反論を考えるか、他のグループに合流して活動してもよい。筆者は、実際の授業の中で④を選択したグループに対して、「Ａさん以外にも利用者はたくさんいて、業務に追われて忙しい。Ａさんの話を聴くなんて、そんな時間がとれるのか」という反論を出した。

問いの回答に対する反論

①－ⅰ　自分でしてもらうことで、認知機能や身体機能の低下を防ぐことにもつながるのではないか

②－ⅱ　あなたの思う「当然」をＡさんに押し付けてよいのか

③－ⅲ　方針を前面に出すことで、逆にＡさんを頑なな姿勢（「出て行けと言っているのか！」など）にしてしまわないか。

　グループで話し合った意見を全体で交流する。筆者が実際に行った授業の中で出てきた反論に対する意見は、下記の表のとおりである。

表 6-1　反論に対する意見の予測

立場	反論	反論に対する意見
②片づけることは当然	あなたの思う「当然」をＡさんに押し付けてよいのか	今までＡさんが出来ていたことが、できなくなるのは、私もつらいし、Ａさんにとってもつらいはず。できること、できないことを見極めて、少しでもできることをしてほしい。

③方針を説明する	方針を前面に出すことで、逆にＡさんを頑なな姿勢（「出て行けと言っているのか！」など）にしてしまわないか。	Ａさんの思いを無視するのではなく、Ａさんの意見を尊重しながら、説明することで、わかってもらえるはず。
④Ａさんの話を聴く	Ａさん以外にも利用者はたくさんいて、業務に追われて忙しい。Ａさんの話を聴くなんて、そんな時間がとれるのか	Ａさんの思いや意思を聴くことは当然で、それが基本となって自立支援が行える。時間がないというのは事実かもしれないが、すべての利用者に対しても、思いや意見を聴くというのは、基本とするべき。

● **視点を変えて立ち上がる実践例の提示**

　ここで、事前に介護施設職員の方へインタビューをして聞き取ったものを一つの参考例として取り上げる。介護職員の回答は下記の通りである。

　選択肢の回答：①Ａさんの言うとおり、職員（自分）が配膳や片付けをする

　理由：入所間もない状態では、Ａさんとの関係性ができていない。そのため、この場はＡさんの言う通りにする。その後、Ａさんとコミュニケーションや、家族からＡさんの話を聞き取り、Ａさんの生活歴やアセスメント（日常生活動作や様々な情報）を収集し、Ａさんと介護職員が本音で話し合える関係性をつくる。

　Ａさんとの関係性を作るものとして、介護職員がありのままの自分を出すことが必要である。ごまかしや嘘はつかず、素直に接することが重要である。そういった関わりの中で関係性が築かれていく。Ａさんから、「あれをやりたい、これはやりたくない」という言葉を引き出せる関係づくりを目指す。こうした言葉は、自己選択・自己決定であり、自立支援につながるものである。

　事例の選択肢の①〜③はどれも現場ではよくある。ただ、やみくもに行うのではなく、選択肢にある行動を数名の介護職員が意図的にやってみて、Ａさんをさまざまな角度からアセスメント（情報収集）していくことが大切である。そこで得られた情報を元に会議等で分析し、Ａさんとの関わり方を検討していく。

　こうした過程の中で、誰のための介護かということを忘れてはいけない。入所したばかりのＡさんに「施設の理念だから、食事の片付けをやってください。」と言うのは、施設のための介護になってしまう。1990年代の「社会福祉基礎構造改革」において、「利用者主体の福祉サービス」が打ち出され、介護の主体は利用者であり、利用者の自立支援のために介護があるとされている。そのことを忘れてしまうと、介護の中身が、施設の理念や介護職員の価値観を優先させたものになってしまい、利用者が置き去りになる。利用者と職員が本音で話し合える関係性を築くことで、その人（Ａさん）らしい生活が明確になり、支援内容も明確になる。そのような過程を通して、自立支援につながっていく。

　介護職員の回答を聞いた生徒は、「一番ありえないのが①だと思っていたが、介護職員の方の理由を聞いて納得した。自分の考えや価値観を拡げる機会になった」というコメントを残している。

● **作成者によるコメント**

　実際に本シナリオの授業を行うことで、生徒たちは、それまで意識していなかった自分の考えや価値観に光を当て、自らを見直す機会となっていると感じた。これは生徒とって、自らの思いや価値観を広げ、深めることになり、物事を多面的に捉え、考えることにもつながるものである。

　介護において、唯一無二の正解はなく、刻一刻と変化する目の前の利用者に対し、自分の思いや価値観といった枠組みを通しながら、即興的な対応を求められることは少なくない。このような状態は、介護に限った話ではなく、日常的な生活においても行われていることである。児童には児童の、生徒には生徒の、教師には教師の思いや価値観があり、その枠組みを通し、目の前の状況をより良くしようと行動している。本シナリオや提示した授業を通し、自分自身の思いや価値観に光を当て、それぞれの立場から、自らのあり方を

見直す機会になれば幸いである。

図 6-1　自らの思いや価値観を問い直す

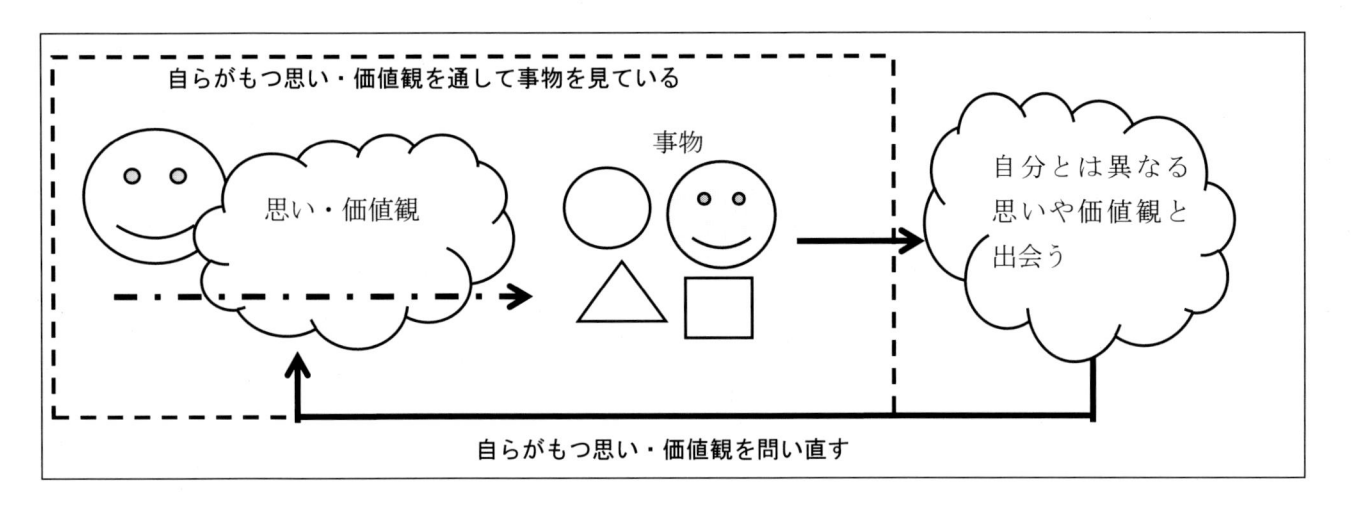

結び

2009年の春のことである。

「私たち」は、授業の合間の時間帯に集い、勉強会を開始した。当時は、国立大学法人化にかかる様々な取り組みも落ち着き、第2章で述べたPBL教育（Problem-based Learning、及びProject-based Learning）の推進も学部全体の取り組みから科学研究費によるグループ研究に移行しつつある時期であった。おそらく、私たちの心の中の「何か」が「研究したい」というエネルギーを生み出したのではないかと思う。

PBL教育を軸とした本書を出版するに至るまでには、様々な潮流があった。大学改革という大きな流れ（三重大学PBL教育推進）とその支流である学部改革（PBL授業開発）のために、私たち大学教員は多くの時間を重ねていた。しかし、今思えば、各々のフィールドワークの時間を削ることはなかったように記憶している。むしろ、授業の参与観察や実践報告について意見を交わすことを今まで以上に欲していたように思う。

「教室での教師と子どもの対話を伝えたい」「子どもたちの思考のプロセスを伝えたい」「現代的教育課題に悩む卒業生や現職教員の声に耳を傾けたい」など、各自の動機はまちまちではあったが、通底していたのは、「教育実践における対話の輻輳をどのように読み解くのか」あるいは、「対話の多層性をどのように研究的視点で記述するのか」を追求する志ではなかったろうか。私たちがたどり着いたのは、ミハエル・バフチン（1895－1975）の「対話論」であった。

バフチン理論のキーワードである「多声性」が音楽用語であることは周知の通りである。グレゴリア聖歌に象徴される中世の単旋律は、宗教曲や歌曲の発展と共に複数の声部持つモテットとして「多声化」し、ルネサンス期にソプラノ・アルト・テノール・バスから成る4声体の確立へと発展する。現在、私たちが耳にする多くの楽曲は、伴奏を基盤とした旋律を構成する音楽であるが、それらの確立は18世紀まで待たなければならない。この伴奏と旋律の調和や、4声からなる和音の調和は、教育現場での関係性を比喩する際に頻繁に使われている。しかし、私たちが求めたものは、調和や響き合いではなく、「多声性」であった。音楽史で例えるならば、あえて自律した旋律を重視する「多声性（ポリフォニー）」に着目し、歴史を遡ったことになる。

本書を手にとっていただいた読者にはご理解いただけるように、本書は、まさに「多声性」に満ちた図書である。それは、著者全員が、各々の教育実践、とりわけ現場に関わることに対して誇りを持っているからに他ならない。しかし、音楽における「多声性」と最も異なる点は、自律した各声部（それぞれの報告・実践）に、明確な「宛名」が存在することである。それは、教員を目指す学生であり、教育実践を協働する現場である。

このようにこの本書は、「子ども達や教師の声を届けたい、伝えたい」という思いに支えられている。つまり、教会や宮廷などの閉ざされた場所ではなく、地域や現場との対話を求めている点も音楽におけるポリフォニーと異なるといえよう。前述したような大きな潮流・支流の流れを受け止めながらも、それぞれの著者は、9年間、脈々とした自律した流れを作り、今回、ひとつの新たな「川」となって合流した、それが本書である。

この新たな「川」には、大きな潮流に身を委ねていた頃には想像していなかった、しかし「私たち」が協働を望んでいた新たな流れと合流することができた。2017年度に設置された教職大学院の学生による報告である。大学教員と博士課程の学生を中心とした当時の「私たち」が、9年後には、教職大学院で学ぶ現職の先生方を迎えることができたことを大変光栄に思っている。

また、私たちの9年間の成果を京都大学で開催された「大学教育研究フォーラム」の席上で報告した際に、フロアから示唆に富んだ意見や新たな課題を受け取ることができたことも嬉しいことであった。貴重な指摘をまとめると、次のようになる。

①例えば、初年次で「対話的事例シナリオ」を用いる場合、異なる授業において、観の変容をどのように関連付けるのか。

②異なる学年では、「対話的事例シナリオ」を用いた学びは変わるのか。

③それぞれの「対話的事例シナリオ」は、どのようにPBL教育の要件を満たしているのか。

ポリフォニックな研究姿勢を保持しながらも、学界全体から見れば、単声的（モノローグ）とも思われがちな期間が長かっただけに、フロアーとの対話から、新たな段階に移行しつつあるという希望を抱くことができた。これらの新たな課題と向かい合い対話的事例シナリオを改善することで教育現場や学生に還元したいと考えている。

最後に、2005年に策定した教育学部のPBLのガイドラインをもう一度見直してみよう。

①学習者の主体的な学習を促している。

②ある問題を解決する、もしくは、あるプロジェクトを完成させる、といった「問題解決事態」の中での学習を進める。

③集団での問題解決活動が含まれている。

本書の出版にあたり、ガイドラインのキーワードとして私たちが重視してきた「問題解決事態」において関わった現場のすべての方々に感謝申し上げたい。また、ボトムアップ型FDと連動して推進したPBL教育において対話を重ねた学生諸君、卒業生そして大学職員各位の一層のご活躍を祈念したい。最後に、三恵社の木全俊輔氏に本書の出版に関し大変お世話になったことを特筆して感謝申し上げたい。

教員養成PBL教育の一つの節目となる本書の出版は、教員養成PBL教育の第1楽章の終結であると同時に新たな第2楽章の始まりであるという予感・期待をこめて、「結び」とさせていただく。

編著者を代表して

根津知佳子

執筆者一覧

【編著者】

山田　康彦（YAMADA, Yasuhiko）
三重大学・教育学部・名誉教授
担当：第一部Ⅰ章（共著），第二部Ⅲ-2

森脇　健夫（MORIWAKI, Takeo）
武庫川女子大学・教育研究所・教授
担当：第一部Ⅲ章，第二部Ⅰ-3（共著），Ⅱ-1，授業づくりアラカルト(5)（共著），事例シナリオの種-5-

根津　知佳子（NEZU, Chikako）
日本女子大学・家政学部・教授
担当：第一部Ⅱ章，Ⅴ章，第二部Ⅲ-1，結び

赤木　和重（AKAGI, Kazusige）
神戸大学・人間発達環境学研究科・准教授
担当：第一部Ⅳ章，第二部Ⅱ-2

中西　康雅（NAKANISHI, Yasumasa）
三重大学・教育学部・教授
担当：第一部Ⅰ章（共著），第二部Ⅲ-3

大日方　真史（OBINATA, Masafumi）
三重大学・教育学部・准教授
担当：第二部Ⅰ-6，Ⅱ-3，事例シナリオの種-2-

守山　紗弥加（MORIYAMA, Sayaka）
三重大学・高等教育デザイン・推進機構・特任講師（教育担当）
担当：第二部Ⅰ-1，Ⅰ-7，授業づくりアラカルト(1)，(4)

前原　裕樹（MAEBARA, Yūki）
三重大学大学院・教育学研究科・准教授
担当：第二部Ⅰ-2，Ⅰ-4，Ⅱ-4，授業づくりアラカルト(2)，(3)，(5)（共著），事例シナリオの種-1-，-4-

大西　宏明（ŌNISHI, Hiroaki）
三重大学教育学部附属特別支援学校・教諭
担当：第二部Ⅰ-3（共著），Ⅰ-5，事例シナリオの種-3-，-4-

【執筆者】

小宮康子（KOMIYA, Yasuko）
三重県総合教育センター・研修主事
担当：第二部Ⅲ-4

牧野江津子（MAKINO, Etsuko）
四日市市市立下野小学校・教諭
担当：第二部Ⅲ-5

角谷道生（KAKUTANI, Michio）
三重県立みえ夢学園高等学校・教諭
担当：第二部Ⅲ-6，事例シナリオの種-6-

206

PBL事例シナリオ教育で教師を育てる
―教育的事象の深い理解をめざした対話的教育方法―

2018年9月25日	初版発行
2020年8月26日	第2刷発行
2023年4月13日	第3刷発行

編著者　　山田　康彦・森脇　健夫・根津　知佳子
　　　　　赤木　和重・中西　康雅・大日方　真史
　　　　　守山　紗弥加・前原　裕樹・大西　宏明

定価（本体価格2,200円＋税）

発行所　　株式会社　三恵社
〒462-0056 愛知県名古屋市北区中丸町2-24-1
TEL:052(915)5211
FAX:052(915)5019
URL:http://www.sankeisha.com

乱丁・落丁の場合はお取替えいたします。
ISBN978-4-86487-938-5 C3037 ¥2200E